No Es Fácil ser Hombre

ROBERT HICKS

BETANIA

Un Sello de Editorial Caribe

© 1996 EDITORIAL CARIBE
Una división de Thomas Nelson
P.O. Box 141000
Nashville, TN 37214-1000, EE.UU.

Título del original en inglés:
Uneasy Manhood
© 1991 por *Bob Hicks*
Publicado por *Oliver Nelson*

Traductor: *Juan Sánchez Araujo*

ISBN: 0-88113-156-3

Impreso en EE.UU.
Printed in U.S.A.

E-mail: 76711.3125@compuserve.com

1ª Impresión

A
mi padre
C. N. Hicks

aviador, ejecutivo, jugador de tiro al plato,
coleccionista de armas, mecánico de automóvil,
«arreglalotodo», marido y el más grande aficionado,
conocido por todos como «Jack»,
pero por mí como
«papá».

Gracias por ser mi padre...
y ser hombre.

«Y la honra de los hijos, sus padres».
Proverbio del rey Salomón
Proverbios 17.6

Javier:
        Te compré este libro,
pero la curiosidad me mató
y ya lo leí. me hizo analizar
desde otra perspectiva las
exigencias de ser hombre.
Ahora te quiero más, te
valoro más y te respeto más
aún. Le doy gracias a Dios
por permitir que seas mi
HERMANO.

Contenido

———— ∎ ————

Prólogo

───────── ■ ─────────

Como los anuncios electrónicos de Times Square, un aviso de neón expresa expectativas contradictorias a los hombres de hoy. Autos, cigarrillos, trajes y estéreos, se venden como maneras de incrementar la virilidad. La masculinidad se reduce a un debate pendenciero de taberna de mal gusto. Los héroes cinematográficos se enfrentan a las balas con la confianza de aquellos que saben que el guión garantiza que al final el protagonista derrotará al enemigo y conseguirá la chica.

Al otro lado de la calle, las revistas de moda para hombres presentan a modelos con peinados que tardan tres horas en hacerse, meticulosamente acicalados para aparentar que acaban de levantarse de la cama. Los «verdaderos» hombres llenan sus armarios de sedas finas, trajes coloridos y montones de zapatos para todas las ocasiones. Ha surgido el señor Mamá. La sensibilidad es el camino al corazón de las mujeres. Las diferencias entre los sexos se minimizan.

Sumada a esta cacofonía de neón producida por las expectativas de los medios de comunicación y de los modelos de conducta, las esposas pueden tener otra lista: caballero de reluciente armadura, servidor, consejero, Rambo personal, canguro, osito de peluche, cocinero y máquina de producir dinero.

En medio de la confusión muchos hombres se han retirado. Derrotados al tratar de seguir los modelos de la competencia masculina que sólo existen en Hollywood, sin amigos íntimos de su mismo sexo y lamentablemente inadecuados para la relación con las mujeres, los varones de hoy escuchan muchas críticas pero no reciben ninguna ayuda constructiva. Es desde ese abismal precipicio que se escribió *No es fácil ser hombre*.

Sin embargo, este libro no es una versión machista de las obras populares de sicología que existen a montones sobre temas como la afirmación femenina, la superación de la codependencia, la maternidad en los años 90 o la madre que trabaja. Se trata de una obra para el hombre, escrita con los ejemplos y las duras y concretas realidades que el varón necesita. No es un libro acerca de cinco pasos fáciles o tres artimañas secretas. Plantea asuntos directos. No provee soluciones simples, puesto que la mayoría de nosotros sabemos que no existen. Aunque sí indica algunos pasos sensatos para que los hombres empiecen a hacerse cargo de esas cuestiones en su propia vida, y echen las bases de una comprensión saludable de la masculinidad en la experiencia de sus hijos.

Bob es un íntimo amigo mío, y está plena y eminentemente calificado para escribir este libro. Como oficial reservista de la Fuerza Aérea, ha comprendido que los países, las esposas y los hijos necesitan protectores. Como marido de Cinny, sabe que la masculinidad se entiende mejor en el contexto de la feminidad. Como padre de tres adolescentes, sabe que criar hijos en el mundo actual no es para cobardes. Como profesor de enseñanza superior, está al corriente de todas las teorías; pero como consejero, sabe cuáles son las que no funcionan. Como teólogo bíblicamente orientado, recurre a la sabiduría de Dios y da respuestas que traspasan lo físico y lo emocional y va al fondo del problema en el terreno espiritual.

Quizás sea en esta última categoría donde este libro resulta más profundamente único. La verdadera sanidad comienza en la raíz de la espiritualidad masculina, y Bob es un guía confiable.

Está usted invitado a unirse a él en lo que tal vez sea un viaje difícil, pero gratificante.

Howard G. Hendricks
Presidente, Centro para el Liderazgo Cristiano
Profesor distinguido
Seminario Teológico Dallas

Agradecimientos

———— ■ ————

Habiendo dedicado este libro a mi padre, debo también reconocer la parte importante que han tenido otras muchas personas en el proceso de redacción. Doy gracias a mi madre por ser tan comprensiva en la educación de su hijo. Tú, mamá, siempre estuviste ahí, soportándome y aguantando todas esas «cosas de hombre» en las que se meten los chicos y los adolescentes varones. Gracias por todas las comidas, la ropa limpia y el increíble compromiso que demostraste a lo largo de mi arduo camino a la hombría.

También agradezco a mi segunda familia que cediera a su esposo y padre durante días enteros para producir este volumen. Ellos son mi verdadera inspiración. Sin su indulgencia no hubiera podido escribir en absoluto acerca de cuestiones tan personales. Charis, Ashley y Graham, los tesoros que el Señor me ha dado: son extraordinarios, cada uno a su manera, pese al padre que tienen. Gracias por ser unos hijos tan magníficos. Cinny, eres la mejor de todos. Desde el primer día de nuestro matrimonio creíste que yo podía escribir. Gracias por tu apoyo abnegado y tu respaldo durante el disparatado proceso de escribir un libro que parecía no terminarse nunca. Aunque sé que no lo crees, no soy digno de ti. ¡Realmente he hallado el bien!

AGRADECIMIENTOS

La mayor parte de este libro se escribió en la costa de Nueva Jersey, sobre el agitado Atlántico, en invierno, y en el hermoso parque de Stone Harbor durante el verano. Sin la casa playera de Bob y Debbie Blum, estoy seguro de que este libro no existiría. Gracias, Bob y Debbie, por proporcionarme un lugar cómodo donde escribir acerca de un tema incómodo.

También quisiera agradecer a mi editor el que creyese en este proyecto. Gracias a Vic Oliver por sus oportunas sugerencias y su compromiso.

Introducción

———— ■ ————

Conozco a los hombres. ¡Durante los últimos cuarenta y cinco años he sido uno de ellos! A lo largo de los veintitantos más recientes, he trabajado con hombres en el ejército, en los negocios bancarios, en el ministerio y en la educación superior. He hablado con ellos por todo el mundo. Los he escuchado a bordo de barcas pesqueras en Fiji, en estaciones de esquileo de ovejas en las llanuras desérticas de Australia, ante almuerzos en comedores para empleados y en prestigiosos restaurantes de Honolulú, Dallas y Filadelfia. He oído sus preocupaciones, sus miedos y sus frustraciones. Los he acompañado en los momentos de pérdida de sus seres queridos, en las complejidades de la bancarrota, los consejos de guerra, las infidelidades conyugales y la pérdida de empleo. He orado, reído, llorado y compartido innumerables desayunos y almuerzos con ellos. Este libro es una conversación ampliada, una charla que afirma lo siguiente: la masculinidad no se alcanza fácilmente, ¡si es que llega a alcanzarse!

La primera vez que pensé en escribir un libro sobre este tema, se lo mencioné accidentalmente a mi secretaria, que como buena soltera, anunció: «Espero que lo titule *Los hombres deberían traer un manual de instrucciones*». Su comentario estaba cargado de perspicacia. El lado masculino de la vida con frecuencia se malinterpreta o no recibe la oportunidad de ser comprendido por el otro sexo. Las mujeres parecen tener la ventaja de la conversación íntima entre ellas, la clase de charla que revela su personalidad interior y las pone de inmediato en la misma longitud de onda.

> *Los hombres no empiezan a tratar temas relacionados con la masculinidad hasta que se encuentran con determinados problemas profesionales, conyugales o relativos a su condición de padres.*

Los varones pueden beneficiarse de esta característica femenina si están dispuestos a escuchar. Por otro lado, ellos no hablan de manera tan abierta acerca de sus cosas como las mujeres. El resultado: la masculinidad implica una mística mayor de la que el otro sexo jamás soñó. Hoy, casi todas las universidades de un tamaño significativo ofrecen cursos, si no un departamento completo, sobre estudios femeninos. Las asignaturas acerca de los hombres son raras.

La mayoría de las facultades no presentan ni siquiera un curso acerca de nada que tenga que ver exclusivamente con los varones. Sin embargo, muchos hombres que conozco no se sienten menospreciados por esta omisión. Siguen adelante, sin desear ni enfrentarse con las feministas ni enfurecerlas; pero, al mismo tiempo, no se dan cuenta de que hay gran cantidad de actitudes, ideas falsas, prejuicios y mitos en cuanto a la masculinidad acerca de los cuales nunca han mantenido una conversación seria. Según mi experiencia, los hombres no empiezan a tratar temas relacionados con la masculinidad hasta que se encuentran con determinados problemas profesionales, conyugales o relativos a su condición de padres. Entonces, sus singulares planteamientos varoniles o sus dificultades en las relaciones los llevan a confrontarse con su difícil hombría.

El tema de estos capítulos no es resultado de un proyecto de investigación a gran escala. En realidad, el bosquejo original me llegó mientras escuchaba un aburrido sermón cierto domingo por la mañana. (Véase el capítulo 8, «No es fácil ir a la iglesia».) ¡Al menos los sermones dominicales les proporcionan a los hombres mucho tiempo para pensar, que de otro modo no tendrían! Sin embargo, los capítulos de este libro reflejan las cuestiones con las que, según me han dicho ellos mismos, forcejean más a menudo. Para confirmar mi valoración de los problemas masculinos, he realizado una encuesta entre diversos grupos de hombres por medio de una circular mensual que escribo dirigida a ellos. Estas respuestas son muy útiles para determinar si estaba en lo correcto y el grado en que ciertos temas podían ser problemáticos.

He intentado escribir como un compañero de viaje en esta jornada hacia la masculinidad. He tratado de expresar lo que muchos sentían que no podían decir a sus esposas, patrones, pastores y amigos. A este respecto escribo como su abogado, como defensor de sus sentimientos y perspectivas. No deseo encender la llama del antifeminismo ni enfrentar entre sí a los sexos. Mi más profundo deseo es unir a hombres y mujeres mediante la comprensión y la reconciliación. Como consejero matrimonial he sentido durante años que los varones necesitan comprender mejor a las mujeres y viceversa. Esa es la única forma en que los matrimonios pueden fortalecerse. Sin embargo, las mujeres han salido ganando debido a que hablan más, y por tanto se conoce más acerca de su vida interior que sobre la de los hombres.

Espero que este libro supla las carencias existentes, ayudando a las mujeres a comprender mejor a los varones y a éstos a entenderse mejor a sí mismos. El objetivo es proporcionar algunas de las instrucciones que mi secretaria tanto deseaba poseer acerca de los hombres. Cualesquiera sean las ventajas que estos últimos parezcan tener en nuestra cultura, sostengo que el camino a la masculinidad no resulta fácil.

Hoy en día los hombres están resentidos por las opciones limitadas que tienen en sus roles en comparación con las mujeres. La revista *Time* dedicaba su edición especial de otoño de 1990 a los temas femeninos. El número se titulaba: «Women: The Road Ahead» [Las mujeres: El camino por recorrer]. Su último artículo, «What Do Men Really Want?» [¿Qué quieren realmente los hombres?], constituía un apéndice. En este ensayo añadido, Sam Allis señala:

> Pero como resultado del movimiento feminista, algunos hombres están empezando a levantar la voz[...] Están aireando sus frustraciones con los roles limitados que se les plantean, comparados con las múltiples opciones que las mujeres parecen haber ganado. Sobre todo, buscan a tientas redefinirse a sí mismos en sus propios términos en vez de según las normas de rendimiento establecidas por sus esposas, sus jefes o sus fantasmas familiares[...] En muchas partes hay resentimiento. El hombre americano quiere que le devuelvan su masculinidad.[1]

Este libro intenta traer algunas de esas frustraciones a la superficie, con objeto de ponerlas en un nivel consciente tanto para los hombres como para las mujeres. A lo largo de todo el proceso, no he intentado «arreglar» nada. Como abogado de los sentimientos y las frustraciones de los hombres, no creo que ese sea mi cometido. Asimismo, soy escéptico en cuanto a cualquier libro que pretenda «arreglar» la imponente complejidad social de los roles y los problemas masculinos. Otros volúmenes pueden ofrecer para dichos problemas sus soluciones en cinco pasos, pero no ha sido ese mi objetivo. Mi propósito consiste en iluminar, examinar y pedir comprensión para eso que se llama masculinidad... una masculinidad que no resulta fácil.

---

1. Allis, Sam, «What Do Men Really Want?» [¿Qué quieren realmente los hombres?], edición especial de *Time*, otoño de 1990.

CAPÍTULO 1

No es fácil ser niño

O por qué los niños y los hombres se parecen tanto

——————— ■ ———————

No puedo recordar qué aspecto tenía el señor Snell, pero *lo* recuerdo. Fue el primer profesor que tuve. Le gustaban los deportes e incluso organizó una liga de fútbol americano cuando las demás escuelas primarias no tenían una. Nos permitía hacer cosas de cuero, cuerdas y otros materiales «toscos». Estaba encargado de nuestra patrulla de varones, que interrumpía el tráfico de los adultos, antes y después del colegio, cada día. Por primera vez, en sexto grado, sentí que contaba con un aliado, un amigo, alguien que podía comprenderme y a quien no le importaba que los chicos se ensuciaran o fueran a veces un poco bravucones. El señor Snell hizo que crecer como varón resultara relativamente más fácil aquel año. Hace tres décadas, los miembros de esa tribu eran pocos, hoy casi han desaparecido. ¡Encontrar profesores varones en la escuela primaria es tan probable como ganar los concursos del *Reader's Digest*!

Ahora estoy al otro lado de la vida. Tengo una pequeña imagen de mí mismo que comparte mi apellido, mi mentón hendido y la lucha con la masculinidad. Amo a mi hijo, pero aborrezco sus notas en conducta. La capacidad social de Graham nunca ha alcanzado las expectativas de ningún profesor. Durante una entrevista con uno de ellos, cuando se nos sugirió que enviásemos a nuestro hijo a un aula de enseñanza individualizada, expresé:

—Por curiosidad, ¿a cuántas chicas mandan a dicha clase?

—A muy pocas —respondió el profesor de inmediato.

—Hmmm —musité—, ¡debe haber alguna diferencia de comportamiento o intelectual entre los chicos y las chicas!

No estoy seguro si el profesor apreció mi «razonamiento». ¿Estaba excusando el comportamiento de Graham? Desde luego que no. Es cierto que se mete en líos. Pero, ¿tenía alguna validez mi comentario acerca de la diferencia entre chicos y chicas? Tal vez nuestros problemas con la masculinidad comiencen con la niñez y la manera en que nuestra sociedad, e incluso la iglesia, enfoca la educación y la crianza de los varones.

Feminización de las instituciones educativas

Creo que desde la Segunda Guerra Mundial ha habido una feminización cada vez a mayor escala de las principales instituciones formativas. La cantidad de tiempo que los chicos pasan con las mujeres, en comparación con el que emplean en el trato con hombres durante sus primeros doce años de vida, es tremendamente desproporcional. No intento hacer de esto una cuestión buena o mala, sino que simplemente constato la realidad de la situación. Como los hombres se van a trabajar durante las horas más significativas del día, y pocas veces se especializan en la educación temprana o elemental, el contacto entre varones ha quedado reducido al mínimo. Añádase a esta tendencia la tasa de divorcio así como las leyes que lo regulan actualmente, que favorecen a la madre en cuanto a la custodia de los hijos, y los chicos tendrán muy poco contacto con los hombres adultos. Ahora que las madres están entrando en el mercado de trabajo cada vez en mayor número, las funciones de crianza se dejan a las guarderías o a los hogares de cuidado que están dirigidos e integrados principalmente por mujeres. Ellas siempre cuidaron de los chicos en los primeros años, pero ellos también estaban en el hogar. En la antigüedad, gran parte de los maestros eran hombres. Ahora ambas situaciones son distintas. Los hombres no están ni en casa ni involucrados en los primeros años de la educación.

La iglesia no es inmune a esta tendencia. Conozco iglesias que nunca dejarían que una mujer enseñe a los hombres, pero no tienen otra cosa que maestras en el departamento de niños de la Escuela Dominical. (Casi siempre se debe a que es más fácil reclutar a las mujeres que a los hombres y a la indiferencia de estos.) Desde la perspectiva del desarrollo de los niños, esta instrucción influye más en el niño que en el adulto. Sin embargo, a los líderes de las iglesias les preocupa más lo que las mujeres puedan enseñarles a los hombres adultos que el impacto general de la enseñanza de ellas en los chicos. Por tanto, incluso en la iglesia, la enseñanza de éstos, su disciplina y gobierno están principalmente en manos del sexo opuesto.

Un puñado de «hombres buenos»

Cuando fui pastor en Hawaii, mi pequeña congregación estaba situada cerca de la Base Aérea de Kaneohe. Siempre tenía un buen surtido de musculosos reclutas. Los jóvenes, en su mayoría soldados solteros, tenían un gran corazón, pero no mucho tacto. Cuando andaban sin uniforme y lejos de su sargento, estaban como esperando que alguien les dijera lo que podían hacer. En una de nuestras reuniones sobre la Escuela Dominical, varias maestras describieron sus problemas de disciplina con los niños varones. No podían controlarlos durante la hora de la lección bíblica. Lo habían intentado todo y estaban a punto de darse por vencidas.

Entonces tuve un destello de lucidez. Agarré a un par de soldados y les dije que fueran a esas clases el domingo siguiente, se pusieran a dos chicos bajo cada brazo, «pelearan con ellos y se les sentaran encima». Para las mujeres, aquella estrategia rayaba en el abuso infantil, ¡pero los chicos lo consideraron como una muestra de afecto! Nuestros problemas de disciplina se resolvieron colocando a un soldado en cada habitación con la orden de amontonar chicos sobre sus rodillas y sostenerlos mientras la maestra daba la lección. ¡En un sólo domingo comprendí que todo pastor necesita un puñado de «hombres buenos»!

Trabajo con un sicólogo que antes era empleado del sistema público escolar de Filadelfia. Cierto día, mientras almorzábamos, le pregunté: «¿Qué porcentaje de los niños problemáticos que has tratado eran chicos?» Él se rió, revelando lo que era del dominio general entre los sicólogos educativos. «Aproximadamente el 80 por ciento», respondió. He hecho la misma pregunta a varios maestros: «¿Quiénes son sus alumnos más problemáticos, los chicos o las chicas?» La respuesta, por lo general acompañada de risas, es la misma: «¡Los chicos, naturalmente!»

En un estudio de los trastornos vinculados al sexo de los niños («Gender Identity Disorders and the Family» [Los trastornos de identidad sexual y la familia], del Dr. George Rekers), el investigador llega a la conclusión de que «la literatura se ocupa casi exclusivamente de los casos de desarrollo deficitario masculino». Considere, por ejemplo, los problemas para aprender a leer, la dislexia o el control de la conducta. Nuevamente son los chicos quienes acaparan la mayoría de las estadísticas. John Guidubaldi, profesor de educación infantil temprana y director de un estudio, comentaba:

> Los chicos sufren mucho más los efectos perjudiciales del divorcio que las chicas[...] Resultan mucho más afectados por el divorcio de sus padres, ya que a los pequeños les va mejor con el progenitor del mismo sexo, y el 90 % de todos los derechos de custodia van a parar a las mujeres. De los 341

niños procedentes de familias divorciadas del estudio, el padre sólo tenían la custodia en 24 casos.[1]

Con estos datos, uno puede sacar la conclusión de que crecer como varón en la cultura actual supone graves riesgos, especialmente en la escuela. La investigadora de la Universidad de Stanford Diane McGinnis comentaba: «Pareciera que existe una conspiración entre las madres, los profesores y los médicos para mantener medicados en el colegio a los varones normales y activos, cargados de testosterona, a fin de que se estén quietos».[2]

Profesores, notas y cerebros

¿Por qué rinden tan poco, o al menos por debajo de las chicas, los niños varones? Sostengo que hay tres razones para ello: los profesores, las notas y los cerebros. En primer lugar, ¿quiénes son los primeros maestros en la experiencia de los chicos? ¡Mujeres! ¿Y qué clase de alumnos les gustan más a éstas? ¡Las niñas! Sí, las niñas, que se mantienen limpias, se sientan donde deben, no se salen de las líneas coloreando, disfrutan haciendo las tareas, especialmente las de matemáticas, y aborrecen dar empujones. Las escuelas primarias fueron diseñadas para las niñas. Por consiguiente, les va mejor en ellas que a los chicos, que se encuentran más a gusto en el patio de recreo, escupiendo, jugando con las ranas o con un modelo de superarma que con un mapa del país. Los chicos no encajan del todo en el sistema y, por tanto, se meten en muchos más líos.

La segunda razón son las notas. También en esto los chicos se encuentran en gran desventaja respecto de las niñas. En los primeros años de la escuela primaria, la capacidad de razonamiento de las chicas se desarrolla más rápido que la de los niños.

---

1. Extraído de *The Family, a Report to the President* [La familia, un informe al presidente], del grupo de trabajo de la Casa Blanca sobre la familia, pp. 13 y 14.
2. Citado por Joy en la cinta «The Innate Differences Between Males and Females» [Diferencias innatas entre los hombres y las mujeres].

Con estos datos, uno puede sacar la conclusión de que crecer como varón en la cultura actual supone graves riesgos, especialmente en la escuela.

Ellas tienen una ventaja, de leve a grande, en las áreas de pensamiento abstracto, que incluyen temas como la facilidad para el lenguaje y las matemáticas. El problema reside en que durante ese tiempo los chicos se destacan en aquellas áreas relativas a la coordinación física, y la mayoría de los sistemas educativos dan más importancia a las notas en el terreno del pensamiento abstracto que en las actividades corporales. No tardan mucho los niños en darse cuenta de que son víctimas de una competencia desleal que hace difícil para ellos ganar o simplemente ser aceptables para los sistemas educativos o los educadores.

Este problema es rodeado por cierta ironía. Respecto a las notas, el evaluar a chicos con chicos y chicas con chicas resultaría más justo. Y si llevamos más lejos esa lógica, lo indicado sería tener clases separadas para unos y otras. He aquí la ironía: las escuelas parroquiales católicas y los colegios preparatorios privados han tenido siempre razón, pero contaban con pocos estudios para apoyar sus planteamientos.

Con la llegada del movimiento de derechos civiles y la igualdad de la mujer, el velo que separaba las escuelas de chicos y las de chicas se rasgó por la mitad. Ahora las escuelas de niñas aceptan niños y las de niños tienen niñas. Los cambios introducidos no se argumentaron en base a investigaciones o teorías del aprendizaje, sino en puros derechos civiles. En la actualidad, sin embargo, contamos con estudios que sugieren, ¿sabe usted qué?, que los hombres aprenden de un modo distinto a las mujeres, y los niños, especialmente, de manera diferente a las niñas.

¿Cuál es la razón de ello? Sus cerebros procesan la información en forma distinta. El doctor Peter Blitchington, profesor de sicología, observa:

Sorprendentemente, los pocos estudios que se han llevado a cabo sobre el tema demuestran que los niños en clases separadas por sexo, es decir, aquellos a quienes se enseña en un aula con un profesor y compañeros de su mismo sexo: chicos con chicos y chicas con chicas, rinden más académicamente y manifiestan una satisfacción mayor con el sistema educativo que aquellos otros enseñados en clases de coeducación.[3]

De modo que la tercera razón por la que los chicos están en desventaja en la escuela primaria es que sus cerebros y los de las niñas procesan los datos de manera distinta. Con los experimentos de división del cerebro realizados a finales de los años 70, se abrió un nuevo campo de investigación. Los primeros estudios revelaron que un lado del cerebro comunica información al otro e integra la misma en un conjunto para que sea comprendida por la persona. Estas investigaciones enseñan a los científicos acerca de las muchas diferencias que hay entre el modo en que aprenden los hombres y las mujeres, los niños y las niñas. Aun en el vientre, el cerebro masculino empieza a revelar diferencias (desde la semana 16 hasta la 26).

A lo largo de este tiempo, el cerebro responde al cromosoma XY, y un cierto lavado del hemisferio izquierdo deja inconclusa su constitución. El tejido que une ambas partes del cerebro, llamado *corpus callosum*, tiene en los varones menos terminaciones nerviosas, lo cual es la causa de su menos efectiva transmisión lateral entre las dos mitades. Como consecuencia de esto, el sexo masculino cuenta con una cierta deficiencia temprana en lo referente a capacidad de expresión, pensamiento abstracto, funciones lineales y facilidad para las matemáticas, básicamente las cosas en que se especializan las escuelas primarias y que les encantan a las chicas.

El doctor Richard Restak escribe en su éxito de librería *The Brain* [El cerebro]:

3. Blitchington, *Sex Roles and the Christian Family* [Los roles sexuales y la familia cristiana], p. 109.

Basándonos en la información disponible, parece poco realista seguir negando por más tiempo la existencia de diferencias entre el cerebro de los varones y el de las mujeres[...] Más del 95 % de las personas hiperactivas son varones. El cerebro del varón aprende manipulando su entorno y, sin embargo, al estudiante típico se le obliga a permanecer sentado y quieto durante largas horas en las aulas. El cerebro masculino es principalmente visual, mientras que la enseñanza en clase exige escuchar atentamente. Los chicos son torpes en la delicada coordinación de las manos, no obstante, se les obliga a una edad temprana a expresarse por escrito. Por último, en la mayoría de los colegios hay pocas oportunidades, aparte de los períodos de recreo, para grandes movimientos motores o respuestas musculares rápidas. En esencia, las aulas de la mayoría de nuestras escuelas primarias en los Estados Unidos están adaptadas para habilidades que a las chicas les vienen de un modo natural pero que los chicos desarrollan con gran lentitud. Los resultados no deberían sorprendernos: niños «minusválidos en cuanto al aprendizaje» y, a menudo, «hiperactivos»[...] Ahora tenemos la oportunidad, basándonos en la evidencia que está empezando a surgir sobre las diferencias en el funcionamiento del cerebro entre ambos sexos, para reestructurar los grados primarios a fin de que a los chicos les resulten menos estresantes sus primeros contactos.[4]

Si el sistema educativo no está dispuesto a dar a los niños un respiro y hacer un poco más llevadero su viaje a la masculinidad adulta, ¿dónde obtendrán éstos la comprensión que necesitan? Uno pensaría que la respuesta se encuentra en la institución familiar, pero la familia también puede resultar dañina para los chicos y hacer difícil su masculinidad.

Padres inaccesibles

El investigador familiar de la Universidad de Harvard Armand Nicholi ha dicho: «Las familias humanas constituyen las

---

4. Restak, *The Brain* [El cerebro], pp. 230 y 231.

células vitales de ese cuerpo que llamamos sociedad[...] La fortaleza de las familias determina la salud de la nación, y su desmembramiento no sólo impone una gran carga económica sobre el estado sino que inflige más dolor y sufrimiento a los individuos que la guerra, la pobreza y la inflación juntas».[5] Siendo este el caso, ¿quién se ve más afectado cuando se deshacen los hogares... los chicos o las chicas? Nuevamente, la literatura sugiere que son los primeros; especialmente cuando se ha perdido a papá como jugador importante en la vida del chico. El número cada vez mayor de padres inaccesibles que hay en nuestra cultura puede ser una de las causas más perjudiciales del desarrollo inadecuado de los varones. En el estudio de Rekers, los chicos clasificados como más profundamente perturbados sufrían la ausencia paterna. Nicholi observa que la ausencia del padre durante largos períodos de tiempo contribuye a una baja motivación para el éxito, la incapacidad de posponer el placer inmediato, una autoestima reducida y la susceptibilidad a la influencia del grupo.[6]

> *El número cada vez mayor de padres inaccesibles que hay en nuestra cultura puede ser una de las causas más perjudiciales del desarrollo inadecuado de los varones.*

Como consecuencia de un estudio realizado por la Universidad de Harvard con hombres en posesión de un *post grado* en Administración de Empresas que llevaban diez años en el mundo de los negocios, un investigador escribió: «Las entrevistas que mantengo con hombres entre los treinta y cuarenta y tantos años de edad me convencen de que la ausencia sicológica o física del padre de familia es una de las tragedias más subestimadas de nuestro tiempo».[7]

---

5. Family Research Council, *Changes in the American Family* [Cambios en la familia americana], p. 1.
6. *Ibid.*, p. 5.
7. Osherson, *Finding Our Fathers* [En busca de nuestros padres], p. 4.

Con la ausencia paterna incrementándose casi a diario, el niño varón es dejado a su madre o a los sustitutos de ella la mayor parte del tiempo. Ya que muchas de estas madres solteras están solas y soportan la carga económica de la familia, francamente, tienen poco tiempo para ser comprensivas con el desarrollo del varón. Al igual que sus homólogas maestras, desean simplemente «paz y tranquilidad» para poder llegar al final del día. Como me explicó cierta profesora: «Toda la educación se reduce a llegar hasta la hora siguiente e intentar mantener a los niños bajo control».

Sin un sistema educativo que comprenda a los niños, una iglesia que los tome en cuenta, un padre que los afirme o una madre que vea más allá de sus ropas sucias y su comportamiento sin inhibiciones, la infancia del varón resulta muy difícil. Y una niñez disfuncional da como resultado una masculinidad adulta complicada. No es extraño que a los hombres no les vaya bien en nuestra sociedad. Herb Goldberg afirma: «Según cualquier estadística crítica, en el área de la longevidad, la enfermedad, el suicidio, el crimen, los accidentes, los trastornos emocionales en la infancia, el alcoholismo y la adicción a las drogas, los hombres muestran una tasa desproporcionadamente más alta [que las mujeres]».[8]

El problema de la masculinidad adulta radica en la infancia del varón. Pero los hombres crecen, al menos físicamente. Dejan el hogar, se gradúan en la universidad y consiguen un trabajo; y con el tiempo se «adaptan». Sin embargo, cuando se casan, su masculinidad contribuye a formar una unión complicada, y todo hombre, tarde o temprano, debe hacer frente a la realidad de que su esposa jamás estará plenamente satisfecha con él.

8. Golberg, *The Hazards of Being Male* [Los riesgos de ser hombre], p. 5.

CAPÍTULO 2

No es fácil el matrimonio

O por qué las mujeres nunca están satisfechas con sus maridos

— ■ —

Soy un clásico miembro de la generación de la posguerra. Nacido en 1945, me considero sin dudas una celebración no muy sutil de la Segunda Guerra Mundial. Mi época estuvo llena de héroes más importantes que la vida misma: los generales Eisenhower, Patton y MacArthur, así como el tan condecorado soldado Audie Murphy. Mi generación fue la primera de la historia criada con imágenes en «tecnicolor». Si los héroes de la Segunda Guerra Mundial eran lo más importante, la televisión y las imágenes cinematográficas se convirtieron en figuras colosales alrededor de las cuales se forjaban muchas de nuestras expectativas para conformar la masculinidad. Tanto para los chicos como para las chicas, John Wayne, el Llanero Solitario, Hopalong Cassidy, Randolph Scott y el sargento Preston del Yukón se convirtieron en el prototipo de la verdadera masculinidad. Recuerdo cómo revivía muchos de los argumentos cinematográficos que había visto en la pantalla; y, naturalmente, yo era el bueno que rescataba, protegía y luchaba. Me vestía como mis héroes, hablaba como ellos y tenía el mismo tipo de arma que ellos llevaban. El patio trasero de mi casa se convirtió en la frontera, un ventisquero en mi fuerte, y las chicas del vecindario eran las víctimas inocentes a quienes tenía que rescatar.

Entonces, alguien me jugó una mala pasada. Los años 50 y 60 se llevaron a mis héroes. Cary Grant y Rock Hudson, más blandos, cambiaron un poco la imagen masculina. Y luego, con la publicación y proclamación de *The Feminine Mystique* [La mística femenina], las mujeres comenzaron a decir que querían varones más sensibles. Para la especie masculina aquella fue una época de imágenes contradictorias. Los hombres continuaron casándose, pero la tasa de divorcios se duplicó durante ese mismo período. Las difíciles cuestiones referentes a la masculinidad resultaron en muchas uniones complicadas entre esposos y esposas. La tasa actual de rupturas matrimoniales revela cuán incómodas fueron y siguen siendo esas uniones.

Imágenes contradictorias

Este conflicto de imágenes afectó profundamente las expectativas tanto de los esposos como de las esposas. Las distintas ilusiones basadas en esas imágenes contradictorias crearon muchos problemas, tanto para los hombres como para las mujeres, a lo largo de las décadas de los setenta y los ochenta. Ahora es el momento de estudiar cuáles han sido las causas de una desilusión de tal envergadura con el matrimonio y al mismo tiempo del aumento extraordinario de la tasa de matrimonios y divorcios. La nuestra es, simultáneamente, la sociedad que más se casa y la que más se divorcia de todo el mundo. ¿Cuáles son algunas de las cosas que han hecho del matrimonio una unión fatigosa para los hombres?

Primeramente, debemos enfrentar la realidad de que las imágenes antiguas de la masculinidad eran mitos. ¿Quiénes eran esos hombres que veíamos en la televisión y en el cine? ¡Eran nada, sólo celuloide! Como comenta cierto escritor: «El tomar como modelo a otro hombre ya es en sí problemático. Pero hacer lo propio con la *imagen* de ese hombre retocada para la cámara, resulta peligroso. Al compararse con la gallarda figura que cabalga hacia el sol poniente o que cruza como un relámpago la línea de meta, el varón común no puede sino sentirse eclipsado en la vida diaria».[1] Sabemos que los héroes reales, como Eisenhower y Patton, no fueron necesariamente lo más grande de la vida, sino líderes que cometieron errores y estuvieron lejos de la perfección.

Pero los mitos acerca de la masculinidad difícilmente mueren. Soy producto de dos mitos: uno, que la virilidad verdadera se demuestra siendo el rey de la montaña y el proveedor de la familia; y otro que las mujeres de ahora desean maridos sensibles y vulnerables. (Sí, también creo que esto es un mito.) Por un lado, los hombres de nuestra cultura ya no son los señores, sustentadores o héroes irrefutables. La imagen victoriana del señor protector y proveedor constituye hoy en día un chiste, salvo para algunos cristianos con tendencias tradicionales que intentan descubrir ese modelo en las Escrituras. Sin embargo, esa es la imagen con la que me criaron, con la que me identifiqué y que vi ejemplificada en mi padre y en la sociedad en general.

Una cultura diferente

Muchos de nosotros estamos ahora atrapados en un dilema de desarrollo. Nuestra cultura desecha, en su mayoría, la imagen de la masculinidad con la que nos criamos; aquella que, a nivel intelectual, pudiéramos reconocer es victoriana o fanática. Pero, al mismo tiempo, la nueva imagen del varón solícito y sensible, tipo Alan Alda, nos resulta muy molesta. Por consiguiente, al contraer matrimonio, la mayoría de los hombres experimentan una masculinidad entre John Wayne y Alan Alda.

---

1. Gerzon, *Choice of Heroes* [Héroes selectos], p. 5.

> *Nuestra cultura desecha, en su mayoría, la imagen de la masculinidad con la que nos criamos; aquella que, a nivel intelectual, pudiéramos reconocer es victoriana o fanática.*

Y lo que es peor: nuestras esposas quieren tanto al uno como al otro, pero pocas veces lo reconocen. Por esa razón jamás estarán satisfechas con nosotros, y nosotros nunca podremos agradarlas por completo. John Wayne está muerto y Alan Alda resulta o muy amenazador o muy inverosímil.

Una razón para este lío es que nuestra cultura se aparta radicalmente de la de nuestros antecesores. Mark Gerzon comenta:

> Mi padre era bioquímico, no leñador. Los hombres viajaban con billetes de tren, no eran vaqueros. Yo llevaba una raqueta de tenis, no un rifle, y vestía camisas Arrow, no prendas de cuero. Los únicos Mustangs y Colts que montaba y utilizaba eran hechos en Detroit. Los únicos indios que conocía jugaban béisbol. En vez de desierto había centros comerciales. Dodge City era un concesionario de autos baratos.[2]

Expectativas distintas

Con el cambio experimentado por la cultura, nuestras expectativas respecto al matrimonio también cambiaron. En el pasado, el matrimonio era una de las varias instituciones en las que se encontraba significado y se satisfacían las necesidades de intimidad. En el mundo de hoy, el vínculo matrimonial se ha hecho autónomo. Se ha replegado en sí mismo. La relación marital es el único lugar que queda donde la mayoría de la gente puede buscar intimidad y compañerismo. Como una sociedad de nómadas siempre dando caza a nuestras profesiones, nos hemos aislado de nuestras familias extendidas. La mayoría de

2. *Ibid.*, p. 13.

las amistades que tenemos están relacionadas más bien con el trabajo que con el vecindario, y la pareja promedio tiene que valerse por sí misma en esta selva moderna.

El resultado es esa horrible expectativa de que todas nuestras necesidades sean suplidas por nuestro cónyuge. Una mujer cuenta conque su marido será al mismo tiempo señor protector y sustentador de la familia, mientras que quiere y espera que sea un hombre sensible, capaz de leer su mente. Además de estas ilusiones matrimoniales, están las expectativas corrientes hoy en día de que el hombre participe más en el proceso de crianza de los hijos.

El hombre debe tener éxito en su trabajo y en su matrimonio, e incluso estar disponible para asumir responsabilidades domésticas. Si no lo hace, tendrá que escuchar diversas acusaciones: no se encuentra realmente lo bastante comprometido con su trabajo y su familia, necesita aprender a administrar mejor su tiempo, y/o tiene sus prioridades completamente equivocadas. A algunas personas les gusta añadir otra observación condenatoria: Si no es capaz de controlar todas esas cosas al mismo tiempo, puede que no esté «caminando con Dios».

Un hombre me dijo en cierta ocasión: «Entre mi jefe, mi esposa y mis hijos, todos los días hay alguien que está enfadado conmigo por no ocuparme de algo». Un siquiatra confesaba que los hombres no comenzarían a cambiar hasta que se empeñaran en resolver los «innumerables e imposibles líos que los asedian, las rígidas definiciones del papel que deben desempeñar, la presión constante para ser todo para todos, y la forma culpabilizada y abnegada con la que se han relacionado tradicionalmente con las mujeres, sus sentimientos y sus necesidades».[3]

· A veces, cuando aconsejo, utilizo una técnica para destacar este dilema masculino. Le digo a la mujer:

—Déjeme ver si la entiendo bien —a ellas les encanta esta expresión porque actúo como el hombre solícito y sensible que quieren ver en sus esposos—. ¿Usted desea que su marido esté más en su misma longitud de onda, prevea sus sentimientos,

---

3. Goldberg, *op. cit.*, p. 5.

mantenga más conversaciones de tipo femenino, disfrute comprando y cosas por el estilo?

Por lo general, ella responde:

—Sí, eso sería maravilloso.

—Bueno... —le contesto—, ¡debería haberse casado con una mujer!

Casi siempre el punto se aclara.

Sensibilidad o fuerza

Muchas mujeres quieren que los hombres sean más femeninos, pero si son sinceras aún desean varones fuertes según la imagen más antigua. ¡Ello supone un buen problema para los hombres! Las féminas quieren que los varones sean fuertes cuando necesitan fuerza, pero también sensibles y solícitos si precisan dichas cualidades. Y, naturalmente, los hombres han de adivinar lo que quieren o necesitan ellas en un momento dado. Las señoras no pueden tener lo uno y lo otro.

Un buen amigo mío relataba cierta conversación que mantuvo con su esposa y que ilustra bien el asunto. La pareja había estado recibiendo orientación matrimonial, y el consejero centró su atención en la incapacidad del marido para comunicar sus sentimientos. Intentando por primera vez expresarle sus sentimientos a su esposa, mi amigo se aventuró a ello cierta noche, mientras cenaban. En respuesta a la pregunta de su esposa: «¿Qué ha ocurrido hoy en el trabajo? ¿Anda algo mal?», él se sinceró en vez de contestarle «nada», como hubiera sido su típica respuesta masculina.

Y le respondió: «Nuestra compañía se enfrenta a una absorción hostil por parte de otra empresa que puede eliminar, por etapas, cincuenta puestos de trabajo de mi departamento, uno de los cuales es posible que sea el mío.

»Hoy comí con algunas personas de mi oficina para hablar de ello, y durante todo el tiempo había una joven secretaria que me rozaba la pierna con su muslo. Cuando terminó la comida, mi mente estaba desbocada pensando en lo buena que sería esa chica en la cama y en lo magnífico que resultaría fugarme con ella. También recibí una llamada telefónica del director del colegio de Johnny, hablándome de sus notas, y me temo que se haya enredado con algunos chicos que consumen drogas. Dicho sea de paso, hoy he perdido la mitad de nuestras acciones en el mercado de valores».

Según refirió mi amigo, su esposa lo miró y le dijo tranquilamente: «¿Estás bromeando?» Pero él se mantuvo firme y contestó: «Todo eso es absolutamente cierto». ¡Entonces se puso como loca!

Los hombres que han intentado convertirse en ese varón más sensible, a menudo se dan cuenta de que o no es eso lo que las mujeres quieren o no les gustan las implicaciones de ello. En el artículo de la revista *Time* que cité anteriormente, un siquiatra de la Universidad de Yale adelantaba las siguientes ideas:

> Los hombres no son más felices en la década del noventa que en la del cincuenta[...] Por desgracia, los varones que han intentado explorar esos tesoros de la vida interior han descubierto que sus esfuerzos no eran del todo bien recibidos. Las mismas mujeres que se quejan de la reserva de los hombres pueden sentirse incómodas cuando los secretos e inseguridades de éstos se divulgan[...] Pienso que muchas mujeres que desean que sus maridos actúen como los típicos e industriosos mantenedores de la familia, se asustan cuando hablan de ser padres sensibles.[4]

En el pasado, los hombres mantenían muy en secreto gran parte de lo que sucedía en sus vidas privadas o se lo confiaban únicamente a otros pocos hombres más. Las mujeres, por su parte, tenían sus círculos de costura y sus vecinas. La vida solía estar dividida por los negocios de los hombres y las charlas de las mujeres. Pero ya no es así. Ahora se espera que el marido se relacione con su esposa a nivel sentimental íntimo.

---

4. Allis, *op. cit.*, p. 82.

Ahí reside la dificultad. Si los hombres deben hacer eso porque aman a sus esposas y quieren promover la salud sicológica del matrimonio, las mujeres deben ser capaces de soportar las cosas que comparten los varones. Si un hombre teme alarmar más a su esposa de lo que la situación merece, probablemente no seguirá expresando sus temores.

Uno de los sentimientos masculinos primarios es la ira, y para hacerse socialmente aceptables ellos han tenido que aprender a controlarla. Pero cuando el varón expresa su rabia oculta a la mujer, por lo general es condenado por ella.

Las mujeres no pueden tener lo uno y lo otro. Si quieren sentimientos, conseguirán los del varón expresados y articulados de maneras característicamente masculinas. Deben, por tanto, aprender a aceptar dichos sentimientos como son, ni más ni menos. Los hombres han tenido que hacer lo propio con los sentimientos femeninos, y el rechazo de las emociones del varón por parte de la mujer es tan contraproducente como lo inverso. Los sentimientos no son necesariamente cuestiones morales que deben juzgarse, sino que han de oírse, comprenderse y ser considerados importantes.

> *Los sentimientos no son necesariamente cuestiones morales que deben juzgarse, sino que han de oírse, comprenderse y ser considerados importantes.*

Los hombres también tenemos expectativas poco realistas acerca del matrimonio. A menudo nos sentimos airados de que se espere de nosotros que seamos el señor protector y el proveedor de la familia. En ocasiones nos cansan las responsabilidades que van asociadas a dichas imágenes, especialmente cuando pensamos que tal vez nuestras esposas no estén siendo francas con nosotros. Dicen que quieren sensibilidad, pero ¿acaso en lo secreto desean que seamos ambiciosos y triunfemos en el terreno laboral?

¿Quieren realmente las mujeres un varón más sensible en lugar del adicto al trabajo de antaño, que tiene éxito en el mismo y no está disponible para el hogar? Nuevamente el artículo de *Time* revela una curiosa cuestión:

> ¿Qué pasa aquí? ¿Estamos asistiendo a una reacción contra los golpes que han recibido los varones? Hasta cierto punto, sí. Pero es más complicado que eso. Según explicaba el conferencista de Seattle, Michael Meade, se ha exagerado el papel del hombre sensible. «No hay ninguna cualidad tan fascinante para que una persona resulte interesante durante mucho tiempo», expresa Meade. Y lo que es aún más importante, según argumenta Warren Farrell, autor del éxito de librería de 1986 *Why Men Are the Way They Are* [Por qué los hombres son como son], a las mujeres les gustaba Alan Alda, no porque fuera el epítome del hombre sensible, sino porque se trataba de una triunfante superestrella multimillonaria que también era sensible. En resumen, que cumplía todos los requisitos potenciales antes de que la sensibilidad entrara siquiera en escena. Jamás hemos adorado al hombre blando, dice Farrell. Si Mel Gibson fuera un profesor de párvulos, las mujeres no lo querrían. ¿Puede usted imaginarse una portada de TIME presentando a un músico sensible que además de ello conduce un taxi?[5]

Puede que los hombres aceptemos para nosotros mismos un papel poco realista e imposible de desempeñar pensando que nuestras esposas quieren lo que realmente no desean. Ellas quieren en realidad que seamos ricos y famosos. ¿No es ese el programa que ven o quieren ver? ¿Quién lee la revista *People*? Pero ¿pueden todos los hombres lograr el éxito en el trabajo? Añádale a eso la presión cada vez mayor para que triunfemos en el hogar y es más de lo que muchos varones pueden soportar.

Los hombres, por nuestra parte, tenemos expectativas poco realistas para nuestras esposas. Hay veces en las que quisiéramos que fueran más responsables de ellas mismas, contribuyeran económicamente a la familia, y fueran madres en el hogar,

---

5. *Ibid.*, p. 81.

tanto de nuestros hijos como de nosotros mismos. Ese es un conflicto igualmente injusto y poco realista para ellas. No pueden ser Helen Gurley Brown, Cheryl Tiegs y la Madre Teresa envueltas en un solo y dinámico paquete. Estas son imágenes quiméricas que no existen.

La mayoría de nosotros, tanto hombres como mujeres, somos cónyuges mediocres que intentamos operar lo mejor posible con los recursos que tenemos a nuestra disposición. La mediocridad nunca se ha vendido bien en nuestra cultura. Todos queremos el matrimonio perfecto, los hijos perfectos o por lo menos deseamos tener una relación conyugal que crezca, es decir que mejore cada año. Pero ¿cuán cercana a la realidad resulta esta imagen?

Sugiero que tenemos demasiadas expectativas para el matrimonio; expectativas que siguen destruyendo, con frecuencia, uniones mediocres normales que funcionarían bien si los cónyuges no supieran que hay matrimonios a los cuales les va «mejor».

Cierto hombre de negocios me dijo jocosamente: «Aborrezco ver a mi esposa leyendo más libros sobre el matrimonio, porque lo único que hacen es elevar sus expectativas de cómo debería ser el nuestro... y siempre soy yo quien tiene que pagar el precio». A pesar de su buen humor, el hombre suscita una cuestión seria: ¿Han producido todos esos libros, cintas, seminarios, terapias sexuales y fines de semana de enriquecimiento conyugal algún matrimonio más satisfactorio que la generación anterior? No estoy calificado para evaluarlo, pero creo sinceramente que alguien debe plantear la cuestión de si incluso la mejor de las ayudas no ha hecho más que crear expectativas y exigencias adicionales imposibles de realizar. ¿Se trata acaso de un nuevo mito del matrimonio que no existe en ningún sitio y que no hace sino aumentar la insatisfacción de la mujer con su experiencia íntima actual, colocando al mismo tiempo en el hombre una carga poco razonable de culpabilidad porque siente que jamás llegará a agradar a su esposa?

Los hombres son hombres y las mujeres, mujeres

Otro asunto que los varones necesitamos abordar es que el hombre es hombre y la mujer, mujer. Debemos renunciar al mito de que no hay diferencias. Hay unas disparidades críticas que no pueden eludirse ni justificarse con razonamientos. Cuando Dios hizo al hombre, varón y hembra, fue en serio. El orden de la creación establecía que la masculinidad no es feminidad ni la feminidad masculinidad. Esta distinción parece muy elemental, pero cada vez que hablo sobre ella y la afirmo, alguien (generalmente una mujer) se altera. Desde que en 1963 se publicó *The Feminine Mystique* [El misterio femenino], nuestra cultura ha pretendido, de algún modo, que ya no hay más diferencias entre los sexos. Los hombres deberían fregar los platos, cambiar pañales y convertirse en amas de casa, mientras que las mujeres tendrían que aprender a cambiar el aceite, a concretar la absorción hostil de una compañía y a pilotar aviones jet.

Cuando empezó el movimiento de los derechos civiles, vino como secuela política el de los derechos de la mujer, el cual argumentó con éxito por la igualdad con el varón. Creo que este último movimiento produjo algunas correcciones muy necesarias, sin embargo, la política no cambia la fisiología, la neurología ni la bioquímica. El movimiento por la igualdad de derechos estaba basado en una legislación de derechos civiles, no en la investigación acerca del desarrollo humano. No es lo mismo cambiar leyes que cambiar la naturaleza del hombre.

Desde el movimiento de los derechos civiles, los investigadores se han arremangado y estudiado cosas como las diferencias entre hombres y mujeres. Carol Gilligan, una científica de Harvard, observa que «las mujeres aportan a la vida un punto de vista y un orden distinto en la experiencia humana».[6] Su aclarador estudio indicaba diferencias esenciales entre los varones y las mujeres en cuanto a la noción que unos y otras tienen

---

6. *In a Different Voice* [En una voz diferente], p. 22.

de las relaciones, su percepción de la realidad, sus conceptos propios elementales y su perspectiva de los dilemas morales. Como parte de dicho estudio, hombres y mujeres vieron fotografías de personas del sexo masculino y femenino en situaciones sociales. Carol Gilligan escribe: «A medida que las personas se acercan entre sí, en las fotos, las imágenes de violencia en los relatos de los varones aumentan, mientras que cuanto más se separan, sucede lo propio en los de las mujeres».[7] Su conclusión es que estas últimas consideran la proximidad algo positivo, mientras que los varones la ven como generadora de violencia. Por otra parte, las mujeres interpretan la distancia social como abandono y los hombres como signo de seguridad.

Los estudios del cerebro explican muchas de esas diferencias. El doctor Restak comenta al respecto:

La investigación sicobiológica indica que muchas de las diferencias en la función cerebral entre los sexos son innatas, determinadas de manera biológica y relativamente resistentes al cambio por la influencia de la cultura[...] Las chicas difieren en su enfoque de cómo obtener conocimiento acerca del mundo y tienden a favorecer una «modalidad comunicativa»: preguntando a otros, aprovechando las experiencias de la demás gente, ahorrándose la necesidad de conocer personalmente todos los objetos de su entorno. Por esta razón, las muchachas suelen ajustarse dependiendo más de indicaciones sociales, y puesto que también están mejor equipadas para la modalidad auditiva, pueden recoger una información importante de los tonos de voz y de la intensidad de la expresión. Así, las habilidades interpersonales aparecen a una edad temprana y forman la base de la «modalidad comunicativa» que la mayor parte de las mujeres mantienen a lo largo de toda su vida[...] En lo referente a las medidas sicológicas del funcionamiento del cerebro en uno y otro sexo, surgen claras e inequívocas diferencias. En once subpruebas del Test de Wechsler, sólo dos de ellas revelan

7. *Ibid.*, p. 42.

puntuaciones medias semejantes para hombres y mujeres. En lo relativo a las características de la personalidad, los varones y las mujeres suelen mostrar algunas diferencias sorprendentes. De cuatro estudios sobre la curiosidad, tres de ellos revelaron que los hombres eran más curiosos y uno no encontró diferencia entre ambos sexos. En las pruebas de dependencia del campo, se descubrió que las chicas eran más dependientes del mismo que los chicos en un total de ocho culturas. Las muchachas suelen correr menos riesgos, ir mejor en la escuela y soportar más fácilmente situaciones de estrés.[8]

Estas diferencias en el funcionamiento del cerebro son simplemente debidas a que las hormonas masculinas y femeninas están llevando a cabo aquello que saben hacer mejor. Las hormonas sexuales, determinadas en el momento de la concepción por los cromosomas, programan el cerebro para que éste se organice siguiendo pautas ya sean masculinas o femeninas. La investigación científica confirma ahora lo que los poetas y los novelistas saben desde hace siglos. Lo que Dios reveló en el primer capítulo de la Biblia es experimentado cada día en el matrimonio por el hombre y la mujer. Dios creó la diversidad con el propósito de producir una cierta unidad en el contexto de las diferencias.

Pero, tanto en la cultura occidental como en la iglesia cristiana, se ha perpetuado otro mito: que la declaración «y serán una sola carne» (Génesis 2.24) debería entenderse como que las personalidades y las diferencias individuales se pierden de alguna manera cuando se entra en la unión conyugal. Así que la personalidad de uno debe perderse en la del otro. En la historia pasada, por lo general, era la personalidad de la esposa la que se perdía en el mundo profesional de su marido; ahora, sin embargo, tal vez sea la personalidad de este último la que a menudo desaparezca en la vida emocional de su mujer. La meta consiste en que ninguno de los dos pierda su yo en el otro, sino

8. Restak, *op. cit.*, pp. 226-228.

que ambos sean lo que son: masculinidad y feminidad viviendo juntas en unidad.

Los hombres vemos el mundo de un modo distinto, y no deberíamos pedir disculpas por ello. Somos lo que somos: varones. En respuesta al programa feminista tal vez hayamos ido demasiado lejos y abdicado de nuestra virilidad. Cierto escritor sugiere que en la década del sesenta, «la testosterona de este país [los Estados Unidos] fue derramada por la ventana y los hombres perdieron su osadía».[9]

> *Tenemos que preguntarnos: «¿No es en realidad este nuevo varón liberado un mero hombre con rasgos femeninos que, al mostrar mayor apertura de sentimientos, se ha hecho más como la mujer?»*

Tenemos que preguntarnos: «¿No es en realidad este nuevo varón liberado un mero hombre con rasgos femeninos que, al mostrar mayor apertura de sentimientos, se ha hecho más como la mujer?» No oigo las voces contrarias diciendo a las mujeres: «Haceos más como los hombres. Sed responsables. Sacad partido de vuestras vidas. Adelante». A muchas mujeres que conozco y que lo han intentado no les gustó la experiencia, y ahora quieren volver al seno de su hogar mantenido por el esposo. Sam Allis comenta:

Como siempre, a los hombres se los define por su rendimiento en el lugar de trabajo. Si las mujeres no están contentas con su empleo, pueden, al menos en teoría, mantener su legitimidad volviendo a casa y criando hijos. Los hombres no tienen esa alternativa[...] El mensaje es que si un hombre solicita una baja paternal, resulta una persona muy extraña no comprometida con la compañía[...] Uno sigue siendo o un dueño del universo o un alfeñique.[10]

---

9. Wheeler, *Time*, edición especial, p. 80.
10. Allis, *op. cit.*, p. 81.

James Dittes escribe lo siguiente: «Las mujeres no son el enemigo, ni el problema presente, como tampoco la solución[...] Sin embargo, ceder a la presión del nuevo hombre y vivir según las nuevas especificaciones es al menos tan mortífero como seguir las [viejas] normas tradicionales».[11] Estoy de acuerdo.

Nuestras diferencias no significan que los hombres no podamos ser buenos cónyuges, desear intimidad con nuestras esposas o participar más en el proceso de criar a nuestros hijos. Sí quieren decir, sin embargo, que cuando nos dedicamos a esas áreas las enfocamos de la distintiva manera masculina. Las mujeres deben aprender a valorar y apreciar nuestros enfoques, del mismo modo que nosotros hemos de aprender a aceptar y a valorar sus contribuciones características en el terreno laboral.

Como oficial de la Fuerza Aérea en la reserva, he aprendido a apreciar la percepción distintiva de los mandos femeninos y a contar con ella. Su aportación al cuerpo de oficiales ha fortalecido a las Fuerzas Aéreas. Al mismo tiempo, cuando hago una comida, conduzco mi automóvil o voy de compras, jamás lo hago del todo de la misma forma que lo haría una mujer. Como bien ilustra la película *Three Men and a baby* [Tres hombres, y una bebé], el hombre ni siquiera cambiará un pañal ni secará al niño a la manera femenina.[12]

Por tanto, una esposa debe aprender a apreciar los esfuerzos de su esposo. ¡Mi mujer ha tenido que aceptar el hecho de que jamás estacionaré el coche donde ella lo haría!

Nuestras diferencias contribuyen a hacer incómoda la unión con nuestro cónyuge, pero no son insuperables. Las mujeres nunca estarán del todo contentas con los varones porque en realidad desean un hombre hecho a su semejanza. Pero cuando encuentran uno así, se molestan y lo llaman alfeñique porque no se les pone firme. De algún modo, hoy en día vivimos entre las

---

11. Dittes, *The Male Predicament* [La condición de hombre], p. xii.
12. ¡Uno de los hombres lleva a la niña a un lavabo de restaurante para cambiarle los pañales y coloca el trasero de la niña bajo el secador eléctrico de manos!

imágenes de John Wayne y de Alan Alda. Sabemos que ambas son poco realistas, y hemos tenido que separarnos tristemente de nuestros héroes.

Es bastante problemático ser varón y estar casado. La esposa puede seguir queriendo alguna combinación de Hopalong Cassidy y Rock Hudson, pero ambos murieron. La mayoría de los hombres jamás serán ni como uno ni como otro. Muchos tampoco seremos Rambos ni Schwarzeneggers. Somos distintos a ellos desde el cuerpo hasta la billetera.

Pero, ¿qué queremos los hombres de nuestras mujeres? Sam Allis concluye su artículo diciendo:

> ¿Qué desean los hombres en realidad? Definirse a sí mismos en sus propios términos como empezaron a hacer las mujeres un par de décadas atrás. «¿Preguntaría un grupo de mujeres a los hombres si estaba bien sentirse de cierta manera?», expresa Jerry Johnson, anfitrión de la tertulia radiofónica «De hombre a hombre» de la emisora KCBS. «De ninguna manera», contesta, «sin embargo, todavía estamos buscando la aprobación de las mujeres para realizar cambios cuando necesitamos obtenerla del varón».[13]

Si su esposa no puede comprenderlo, ¿dónde encontrará el apoyo que necesita? Sería magnífico que los hombres de hoy tuvieran amigotes capaces de entender esta enfermedad viril. Sin embargo, una vez que se casan, se convierten en compañeros tediosos.

---

13. Allis, *op. cit.*, p. 82.

CAPÍTULO 3

No es fácil ser amigo

O por qué los anuncios de cerveza hacen que algunos hombres se sientan tan bien

———— ■ ————

Wally y yo éramos amigos. Si en fútbol americano jugaba de *quarterback* [jugador ofensivo principal] yo lo hacía de corredor trasero. Si en baloncesto actuaba de alero, yo era dentero. Si en béisbol él jugaba en el campo de la izquierda, yo lo hacía de catcher receptor. Fuimos los únicos de nuestra clase de graduación en la secundaria que conseguimos las calificaciones por haber participado en los tres deportes. No nos separamos durante toda la secundaria. Salíamos en parejas con chicas, hacíamos ejercicio, jugábamos al billar y arreglábamos automóviles juntos.

Luego, Wally fue a la Universidad de Kansas y yo a la de Kansas State. Salvo en dos o tres períodos de descanso de los estudios, jamás lo volví a ver. En la escuela parecíamos inseparables. Desde entonces nos separamos del todo. ¿Eramos amigos? ¡Pues claro que sí! El tipo de amigos que tenemos los hombres:

amigos por conveniencia, del mismo lugar y de aventuras comunes; amigos de los que uno puede separarse y no volver a verlos más.

Necesidad de amigos

Los hombres ni siquiera formamos nuestras amistades con facilidad. Dichas amistades son complicadas, pocas veces se evalúan y nunca se habla de ellas. En último análisis, una vez que nos casamos y tenemos hijos, a menos que la amistad surja con aquellos con quienes trabajamos, probablemente jamás se producirá. Pero nuestra necesidad de amigos o de soñar con amistades es algo que tenemos en común. Por esta razón la mayoría de los hombres se identifican con los anuncios de cerveza que aparecen en la televisión, los cuales les hacen sentirse muy bien. Algunos puede que brinden con vino en sus citas con mujeres, pero posiblemente beberán cerveza con sus compañeros. Los hombres sueñan con tener amigos como los que aparecen en la publicidad de la cerveza. Allí estamos, bebiendo juntos después del duro partido de fútbol o de béisbol, reviviendo el mismo y disfrutando de la compañía común.

Sin embargo, ¿son esas descripciones que hace la televisión de hombres tomando en su bar predilecto retratos fieles de la realidad? Tal vez no. Pero, si se trata de fantasías, ¿por qué tienen tanto éxito? Cierto siquiatra de Nueva York sugiere: «Si ha visto esos anuncios de cerveza[...] Esa no es la forma en que los hombres están juntos o lo estuvieron alguna vez, pero sí aquella en la que ellos creen que estuvieron, y eso es lo único que cuenta. Dos varones adultos pueden estar sentados en una barra diciéndose una palabra cada diez minutos y en su imaginación hallarse en uno de esos anuncios de cerveza».[1]

En el caso de Estados Unidos, la fantasía está profundamente arraigada en la conciencia colectiva de su gente. En cierto estudio de la literatura americana, el investigador afirma:

---

1. Naifeh y Smith, *Why Can't Men Open Up?* [¿Por qué no puede sincerarse el hombre?], p. 62.

La imagen idealizada de la amistad entre hombres ha sido algo central en la literatura americana[...] Los temas recurrentes incluyen amigos varones, a menudo de razas distintas, que se alejan de las mujeres, la familia y la comunidad para internarse en el desierto, ya sea éste la selva, el océano, el espacio sideral o los barrios marginales de la ciudad. El ingenio de los hombres y su lealtad o su amor unos por otros se prueba y se profundiza mediante una serie de desafíos que a menudo culminan en un acto de violencia. Esta fantasía de hermanos varones que encuentran satisfacción fuera del trato con las mujeres y la familia impregna la cultura americana.[2]

De modo que la fantasía alimenta las cuestiones referentes a la masculinidad en los hombres. Por un lado, tienen una necesidad de amigos profundamente arraigada, pero por otro existen muchos dilemas para que los hombres inicien y cultiven relaciones profundas entre sí. Muchos se quedan buscando al amigo que jamás podrán tener o a aquel otro que piensan que un día tuvieron, al tiempo que se enfrentan a innumerables factores que hacen difícil la amistad.

Lejos de las responsabilidades del hogar

Mi esposa aprecia la amistad con otras mujeres. Varias veces, en más de veinte años que llevamos casados, he tenido que observar desde fuera la intimidad de la que ha disfrutado con buenas amigas. Con frecuencia me he preguntado si eso es posible para mí o si es simplemente algo de lo que gozan las mujeres cuando «pegan» unas con otras. Puedo sentir el difícil dilema. De alguna manera, las mujeres no tienen que renunciar a la familia, los maridos o el trabajo para disfrutar de intimidad con otras personas de su sexo. Respecto a los hombres, nuestra historia en cuanto a la amistad nos aparta de las responsabilidades

---

2. Lewis y Sussman, *Men's Changing Roles in the Family* [Cambios de roles masculinos en la familia], p. 165.

Respecto a los hombres, nuestra historia en cuanto a la amistad nos aparta de las responsabilidades del hogar, de la familia y del matrimonio. ¡En realidad, nos retira de la responsabilidad por completo!

del hogar, de la familia y del matrimonio. ¡En realidad, nos retira de la responsabilidad por completo! Nuestros amigos son veteranos de la guerra de Vietnam, compañeros de trabajo y socios de golf, pero el campo donde jugamos está siempre a una distancia segura del hogar. Esta ausencia crea una tensión inmediata junto con la acusación de nuestras esposas de que estamos «actuando irresponsablemente» al pasar tanto tiempo con los amigos.

Una esposa de Dallas sospechaba acerca del tiempo que su marido pasaba con cierto amigo. Poco a poco, las veladas de ambos se habían hecho más frecuentes y duraban hasta muy tarde. La mujer se preguntaba qué era lo que estaba pasando en realidad, mientras que la explicación que le daba su esposo era que tenían graves problemas en la oficina y necesitaban pasar aquel tiempo juntos para resolverlos. Ella pensaba: *¿Se trata de otra mujer o es acaso homosexual?* Cuando al fin presionó a su esposo acerca del tiempo que sería necesario para resolver los problemas, él le confesó: «¡Ed y yo no salimos para resolver nada, sino para beber y olvidarnos de las dificultades!»[3] Estaban construyendo una amistad en torno a eludir algo, no a compartirlo. Y así suelen hacer los hombres. Para su mujer, él estaba siendo irresponsable, y en cierta forma así era, pero se trataba de su manera de sobrellevar algo que no podía enfrentar, y tenía un amigo que comprendía el asunto y formaba parte del mismo.

Llevado al extremo, ese hombre o seguiría utilizando el alcohol como mecanismo de escape con resultados destructivos, o renunciaría a su amigo y comenzaría a actuar con responsabilidad volviendo otra vez a casa. Sin embargo, este relato ilustra

---

3. Naifeh y Smith, *op. cit.*, p. 60.

el carácter de las relaciones entre varones, que tienen lugar, no como valores claramente expresados y compartidos, sino casi por puro accidente. Después de estudiar las amistades masculinas entre veteranos de guerra, Margaret Mead escribió:

> La intimidad de los hombres en el combate no estaba basada en intereses o en emociones comunes, sino en la solidaridad frente al peligro. Se trataba de una intimidad arbitraria e indiscriminada. Eran inevitablemente compañeros de litera, de tanque o de trinchera. Esas relaciones especiales constituían accidentes de asociación no basados en características especiales de la personalidad, y por tanto no podían madurar hasta convertirse en una amistad verdadera.[4]

Los hombres tenemos una idea más clara de lo que nos gusta en una mujer que de lo que apreciamos en un varón. La mayoría no notamos cuando otro hombre entra en una sala o en un restaurante, pero sí estamos muy pendientes (lo demostremos o no) de cada mujer que lo hace. Pocas veces hablamos de los rasgos de aquellos hombres que admiramos o de las cualidades que quisiéramos ver en un amigo. No puedo recordar que otro hombre me haya hecho nunca esas preguntas, aun cuando habláramos del tema de la amistad. Para los hombres, las amistades ocurren o no. Cuando no ocurren, pagamos un alto precio por ello.

El elevado costo de la amistad masculina

Algunos estudios recientes sugieren que la falta de amistad impone a los varones un alto costo tanto en salud física como síquica, sobre todo en la vejez. Ciertos investigadores catalogan actualmente las dificultades de los hombres con la amistad como uno de los principales problemas sociales de nuestra cultura.[5]

---

4. Citado en *Why*, p. 61.
5. Lewis y Sussman, *op. cit.*, p. 164.

> *La verdad es que los hombres de hoy en día se sienten más a gusto con las mujeres que con otros varones.*

La verdad es que los hombres de hoy en día se sienten más a gusto con las mujeres que con otros varones. Esto, quizás, se deba al hecho de que cuando éramos niños quienes primero nos cuidaron y enseñaron fueron todas mujeres. Añádale a eso la ausencia a gran escala del padre y de varones vigorosos, y no es extraño que los hombres se encuentren más a gusto con el sexo opuesto. El doctor Joseph Pleck señala: «El varón moderno prefiere la compañía de mujeres porque éstas son las principales confirmadoras de la masculinidad».[6] Y un siquiatra de Washington D. C. ha dicho: «Las mujeres que piensan que las amistades de los hombres con otros varones son en cierto modo mejores que su trato con ellas, simplemente no conocen suficiente acerca de la amistad entre ellos».[7]

¿Por qué son difíciles las amistades?

¿Por qué resultan tan difíciles las amistades y cuál es la causa de que hagan tan incómoda nuestra masculinidad? En su excelente libro *The Friendless American Male* [El solitario varón americano],[8] David Smith sugiere varias razones. En el primer puesto de su lista está nuestra aversión a manifestar sentimientos. Me encanta la escena de la película *Brian's Song* [La canción de Brian], en la que Gale Sayers se levanta ante un grupo de personas y dice al mundo entero que ama a su moribundo amigo y compañero de equipo Brian Piccolo. Debido a nuestros temores homofóbicos, los varones hemos perdido aquellas formas adecuadas de expresar el amor, el aprecio y la emoción por otros hombres. Me llenan de admiración ciertas culturas distintas a la

---

6. Citado en *Why*, p. 66.
7. *Ibid.*, p. 66.
8. Smith, *The Friendless American Male*, [El solitario hombre americano] pp. 13-22.

nuestra en las que los hombres pueden abrazarse, besarse y expresar sus sentimientos sin quedar bajo sospecha de homosexualidad. Para hacer menos difícil la condición de varón, el hombre necesita correr el riesgo de decirle a su amigo cuánto lo ama o lo mucho que le hirieron ciertas palabras.

Una segunda barrera es la incapacidad de los hombres para valorar la amistad apartando cualquier propósito específico. Las mujeres llaman a mi esposa y le piden que vaya a comer con ellas. Ella contesta: «Magnífico». Y ya está... ¡se van juntas a almorzar!

Sin embargo, para comer juntos, los hombres tienen que inventar razones. Y si no hay ninguna, aquel a quien se le pide la cita se muestra un poco receloso. Tenemos que decir cosas como: «Hay algo de lo que quiero hablar contigo»; «Quisiera proponerte un negocio»; o «Vayamos a jugar al golf el próximo jueves». Pero nunca, jamás, un hombre diría: «Siento gran aprecio por ti y me gusta mucho estar contigo. Almorcemos juntos».

Como pastor, he descubierto que resulta difícil salvar esa barrera. Me he reunido con hombres simplemente para conocerlos mejor, pero después de dos reuniones me han dicho: «¿Qué es lo que desea? ¿Necesita la iglesia algún dinero? ¿Quiere que enseñe en la Escuela Dominical? ¿Cuál es el propósito de este encuentro?» Por lo general respondo: «Sólo quiero saber cómo te va». Algunos se muestran confusos. En cierta ocasión, uno me miró a los ojos y dijo: «¡No tengo tiempo para esto!» Al menos era sincero y sabía lo que hacía con su vida. Un par de años después, cuando su compañía se encontraba al borde de la quiebra, apreció el que un pastor quisiera saber cómo le iba.

Según Smith, la tercera barrera para la amistad entre varones son unos modelos inadecuados o inexistentes. Los hombres se sienten desgarrados entre dos extremos: en uno están los muchos mitos de amistad representados por los estrechos lazos de Huck Finn y Tom Sawyer, Toro y el Llanero Solitario, o Butch Cassidy y Sundace Kid; en el otro, las relaciones distantes y cordiales, pero frías, tan corrientes entre varones adultos.

¿Cuántos de nosotros hemos visto de veras relaciones estrechas de hombres con hombres? Nuestros padres no se destacaron por ellas y ¿qué decir de nuestros abuelos? Al mismo tiempo, debo preguntarme: ¿Cómo estoy modelando a mi hijo? ¿Me ve como amigo de algún otro hombre? Espero que sí —y que siga haciéndolo, aunque temo que le estoy mandando mensajes confusos—. A lo largo de los últimos años, Graham me ha preguntado en varias ocasiones: «Papá, ¿quién es tu mejor amigo?» ¿Por qué tengo la sensación de estarle mintiendo cuando digo un nombre? Sé, de alguna manera, la conexión que se produce en su cándido cerebro: «Si es su mejor amigo, ¿por qué nunca pasa algún tiempo con él?» Resulta difícil valorar a otro hombre en esta cultura simplemente porque te gusta estar en su compañía. La lista de hombres con los que en verdad me siento a gusto y disfruto es muy corta.

La cuarta cosa que hace difíciles las amistades, incluso con aquellos hombres a los que me gustaría llegar a conocer, es la desordenada competencia que hay entre nosotros. De algún modo, a partir de la pubertad, los varones siempre nos evaluamos por cómo parece estarnos yendo a los ojos de otros de nuestro sexo. Creo que los hombres tenemos una filosofía elemental de la vida basada en que unos ganan y otros pierden. Si uno quiere ser ganador, debe parecerlo, lo sea o no. Lo peor para un hombre es que se le considere un perdedor. Por tanto, en todas sus relaciones, el varón adulto debe mantenerse alerta, a fin de parecer siempre que está en el lado de los ganadores. Si expresa demasiadas debilidades durante cierto período de tiempo, algún otro hombre empezará a considerarlo un perdedor y a separarse de él, porque no quiere ser tenido por el amigo de un fracasado.

He visto suceder esto muchas veces. Un hombre pierde su trabajo y tiene que reducir sus salidas a comer fuera, le quitan la membresía del club y no puede hacer el viaje anual para esquiar con su esposa. Finalmente, después de un año sin trabajar, ha perdido a todos sus amigos. En determinado momento, esos «amigos» comienzan a verle como un perdedor y a apartarse de él.

Esto también sucede en el ascenso hacia la cumbre. Varios hombres que conozco asistieron a la misma universidad, empezaron en los negocios al mismo tiempo y pertenecieron a la misma iglesia. Sus esposas eran todas amigas íntimas. A algunos de ellos les va bien en sus negocios, pero otros han luchado y nunca lo han conseguido. Los fracasados se sienten menos masculinos, menos hombres, que los triunfadores.

¿Quieren esos hombres que sus amigos de posición social inferior se sientan unos fracasados? No lo creo, pero sucede con frecuencia debido a su propio éxito. En una sociedad donde lo que cuenta es el rendimiento, incluso nuestras amistades se forman en torno al nivel socioeconómico.

Los terapeutas han observado esta dinámica:

> Cuando los hombres recurren a la terapia, con frecuencia cierto número de cuestiones referentes a su condición de varones pueden afectar al proceso terapéutico. El pedir ayuda en nuestra cultura hace que los hombres se sientan incompetentes. No sólo es inaceptable tener problemas, sino que también resulta «poco masculino» buscar la asistencia de otros, especialmente si son hombres.[9]

En una sociedad donde lo que cuenta es el rendimiento, incluso nuestras amistades se forman en torno al nivel socioeconómico.

Considerar a otros varones como amenazas en vista de las debilidades propias genera una muy incómoda masculinidad.

Mi esposa y yo dirigimos retiros de matrimonios, y uno de nuestros ejemplos mejor recibidos es el conflicto que experimentamos a la hora de conducir. Ella siempre quiere preguntar las direcciones, cosa que jamás hago. Esta ilustración siempre produce risa como respuesta, lo cual revela una convicción interna

---

9. Scher, *Handbook of Counseling and Psychotherapy with Men* [Manual de consejería y sicoterapia para hombres], p. 31.

y una culpabilidad universal. ¿Por qué los hombres rehusamos pedir ayuda hasta que es demasiado tarde? Me enfurezco si tengo que detenerme y preguntar por la dirección a un tendero. (¡Ellos nunca saben cómo llegar a un sitio!) Para mi mujer, sin embargo, resulta algo casi completamente natural. El mejor argumento que he oído a favor del liderazgo espiritual de las mujeres es ese comentario humorístico acerca de la experiencia bíblica de Moisés en el desierto, que dice: ¿Quién sino un hombre habría estado dando vueltas en círculo durante cuarenta años sin preguntar la dirección?

El antifaz de lo normal

Ya sea que tengamos un problema con nuestro matrimonio, nuestros hijos o nuestra salud, ocultamos nuestra incompetencia y nuestra pérdida de los papeles tras una máscara de normalidad. Esa es la quinta razón por la que las amistades resultan difíciles. Tal tendencia tiene un efecto perjudicial en las relaciones entre varones. Aunque en realidad estén moribundos, dos hombres fingirán acerca de lo que son y lo bien que les va.

Recuerdo haber estado con un grupo de hombres que acababan de pasar juntos por una desoladora experiencia laboral y a los que un sicólogo ayudaba a «procesar» el asunto. «¿Cuál es su reacción ante lo que ha sucedido?», fue la primera pregunta que lanzó. Hubo un silencio que pareció eterno, y entonces uno de los hombres habló. «No fue tan malo lo que ocurrió», dijo simple y brevemente. Yo sabía por el consejo individual y las conversaciones que había mantenido que algunos del grupo estaban realmente sufriendo, pero el primer hombre había hablado por todos, y como era alguien bien estimado, el resto siguió su ejemplo. Fue como si los demás resolvieran que el revelar una debilidad delante de él haría que los otros los considerasen menos masculinos, menos competentes, e incluso menos espirituales y no del todo a la altura de la situación. Sin embargo, por último, uno de los hombres dijo: «En realidad yo no lo estoy pasando muy bien. Es más, esta experiencia casi ha destruido mi familia». El hecho de que aquel hombre abriera la puerta interior dio a los demás permiso para hacer lo propio con las suyas, y así lo hicieron.

Los hombres tienen dificultades para pedir ayuda y debe dárseles permiso para que lo hagan. No obstante, ello precisa de algunos que no consideren que el hacerlo es cuestionar su hombría, su competencia o el estado de su alma.

La magia de la amistad

Al igual que el hombre que antes mencioné y que no tenía tiempo para forjar amistades, muchos otros no dan prioridad alguna a las relaciones entre varones. No hay manera de que pueda convencer a tales hombres de que la amistad es importante. Me resulta imposible hacerles sentir lo que no sienten o no quieren sentir. Sin embargo, sé que he gustado un poco de lo que es la magia de la amistad. Es ese almuerzo de tres horas en el que la camarera finalmente le extiende a uno el menú. Es tu amigo que entra en el despacho a las dos de la tarde y dice: «Salgamos de aquí y vayamos al cine». Es reír hasta desternillarse con una película divertida a las once de la noche. Es tener que decir a tu mejor amigo que su mujer padece cáncer porque ella no se atreve a decírselo. Es escuchar a un hermano que confiesa que no sabe cómo hacer feliz a su esposa. Es oír la desgarradora confesión de una aventura amorosa de tu amigo cuando los amas tanto a él como a su esposa. Es estar disponible cuando muere la hija de un hombre, o cuando éste va a juicio, o cuando vuelve a su Hacedor.

Podemos encerrarnos en los gabinetes de la rivalidad, utilizar los muros de las mujeres como protección o escapar de la realidad de nuestros temores más profundos. Pero si lo hacemos, estaremos huyendo de nuestra propia condición de varón. La presencia íntima, no sexual, de otros hombres afirmará más nuestra masculinidad que ninguna otra cosa. Mediante esos encuentros, validamos nuestras experiencias como hombres, perdemos nuestra dependencia profundamente arraigada en las

> *Podemos encerrarnos en los gabinetes de la rivalidad, utilizar los muros de las mujeres como protección o escapar de la realidad de nuestros temores más profundos. Pero si lo hacemos, estaremos huyendo de nuestra propia condición de varón.*

mujeres y descubrimos ante la persona del mismo sexo qué necesitamos para comprender verdaderamente lo que es ser hombre. El doctor Ken Druck señala: «Habiéndonos establecido a nosotros mismos como hombres entre los hombres, adquirimos confianza y nos liberamos para confiar en los demás dentro de unas relaciones estrechas». Y también comenta:

> Los estudios han demostrado que los hombres que tienen al menos un amigo íntimo en quien pueden confiar acerca de sí mismos y de sus problemas, cuentan, en efecto, con un parachoques contra crisis tales como la pérdida de la esposa o del trabajo, una enfermedad crónica o el estrés sicológico del envejecimiento. En términos de su ánimo y su salud, dichos hombres cuentan con una ventaja importante sobre aquellos que no tienen un confidente íntimo.[10]

Lo trágico es que haya tan pocos hombres que han experimentado la amistad de otros varones. En el estudio clásico de David Levinson sobre los hombres, el autor llega a la conclusión de que los varones, en los comienzos y a mediados de la edad adulta, necesitan ocuparse de ciertos componentes de la estructura existencial. Para que su esfuerzo de desarrollo tenga éxito a lo largo de toda su vida, una tarea importante durante ese período es formar amistades recíprocas. Y expresa:

> En nuestras entrevistas, la amistad brilló por su ausencia. Como generalización provisional diríamos que los hombres americanos pocas veces experimentan la amistad estrecha con

---

10. Druck, *The Secrets That Men Keep* [Secretos de hombres], pp. 109-110.

un hombre o una mujer[...] Sin embargo, en general, la mayoría de los hombres no tienen un amigo íntimo varón del tipo que recuerdan con cariño de la niñez o la juventud[...] Necesitamos comprender por qué la amistad es tan rara y las consecuencias que esta privación tiene para la vida adulta.[11]

No extraño algunos de los trabajos que dejé, pero sí a ciertos amigos. Barry, me acuerdo de ti. Me enseñaste que no es malo estar chiflado. Contigo aprendí a reír «en el Espíritu». Me gustaba que te durmieras durante las películas de la tarde, tu interés por las personas y tu mente inquisitiva que siempre me renovaba. Gracias por ser judío y por el amor que me trasmitiste hacia tu pueblo. Los echo de menos, Fitu, Jan y Morris. Amigos, no puedo creer que los dejase por razones profesionales. En cierta manera hicieron de los años de Hawai los mejores de mi vida. Pasamos mucho juntos. Aprendieron de mí las Escrituras, y yo aprendí de ustedes la política, la pesca y la vida hawaiana. Me enseñaron *acerca de la vida*. Aquellos fueron años estupendos. Echo de menos el espíritu de Ohana que compartí con ustedes. Gracias por permitir que un «caucásico» entrara en sus vidas. En cuanto a Rick, Tom y Jon, me alegra que todavía los tengo para descargarme en ustedes. Rick, tu creativo talento musical hace que me quede embelesado, pero aprecio más tu amistad. Tom, gracias por estar ahí en momentos de tanto sufrimiento, no, como siquiatra, sino como amigo. Jon, valoro mucho tu sincera osadía para atravesar tanta necedad institucional y personal que rodeó un período de nuestras vidas.

Al leer la lista anterior me doy cuenta de que la mayoría de esos nombres han estado relacionados con mi profesión. Por lo general, los hombres hacemos nuestras amistades donde trabajamos. Tener un amigo facilita mi masculinidad, especialmente en lo relacionado con eso que llamamos trabajo. Sin embargo, el trabajo en sí no me hace más llevadero ser hombre. El cheque de fin de mes nunca se consigue con facilidad.

---

11. Levinson, *The Seasons of a Man's Life* [Temporadas de la vida del hombre], p. 335.

CAPÍTULO 4

No es fácil ganar poco

O por qué los hombres trabajan como lo hacen

———— ■ ————

No puedo recordar muchas discusiones con mi padre acerca del tema del trabajo. Como la mayoría de los hombres de su época, iba a trabajar por la mañana y volvía a casa por la noche, algunos días antes y otros después. Las únicas veces que le recuerdo en el hogar durante el día eran cuando estaba enfermo, algo que raramente ocurría. En cambio, sí tengo memoria de la única cosa que me dijo acerca de la cuestión laboral. No sé en qué contexto lo hizo, ni si yo le había preguntado antes, pero después de tantos años aún me acuerdo de su flemática declaración: «Hijo, no me importa lo que hagas, pero no trabajes para una sociedad anónima». Durante cuarenta años él trabajó para una de ellas.

De sus cuatro décadas de faena mi padre adquirió una visión del trabajo que tenía un «No» por único envoltorio. Pues bien, aún no he trabajado para el mundo de las sociedades anónimas, pero sí para varias organizaciones que se aproximan bastante a esa misma experiencia.

De alguna forma, casi todos los trabajos de hoy en día guardan semejanza con tales sociedades. Incluso el ministerio cristiano se parece a la selva de las sociedades anónimas. La iglesia tiene su singular clase de fieras bienintencionadas que se lanzan a la yugular de la gente de maneras que harían estremecerse a los directivos de las sociedades en cuestión.

Tradicionalmente, el trabajo ha sido territorio masculino, pero ahora que ese campo ha cedido al otro sexo, los varones tienen que replantearse el significado del mismo y comenzar a reflexionar sobre un montón de cuestiones relacionadas con él. Ya que el trabajo ocupa la mitad de las horas que un hombre permanece despierto, esa área de la vida resulta de una importancia decisiva. Siendo una actividad que reclama tanto de nuestro tiempo, deberíamos meditar más sobre su naturaleza, su esencia y su significado.

En ese sentido, el trabajo es como el aire que respiramos: no tomamos realmente conciencia de él hasta que nos falta. La mayoría de los hombres no piensan en la naturaleza del trabajo antes de perder su empleo. Para nosotros (y ahora también para las mujeres) el trabajo ha adquirido un significado social supremo. Algunos dirían que representa el monto total del significado social y personal de los varones.

La etiqueta social solía dictar la expresión «¿Cómo te va?», pero hoy esa frase ha sido sustituida por «¿A qué te dedicas?»

> *La etiqueta social solía dictar la expresión: «¿Cómo te va?», pero hoy esa frase ha sido sustituida por «¿A qué te dedicas?»*

Para la mayoría de los varones dicha pregunta es de importancia capital, ya que la identidad de ellos se encuentra íntimamente relacionada con su trabajo. Cuando este marcha bien, les va bien a ellos; pero deja que no sea así y muchos hombres se desmoronan o sufren de muchas otras formas. En nuestra cultura, estar en el paro significa ser considerado un incompetente.[1]

Otros hombres se hallan cada vez más insatisfechos con sus trabajos, aun cuando los tengan y sepan hacerlos bien. Un éxito de librería actual, afirma:

> Por un lado, muchos en el mercado laboral se sienten cada vez más aburridos con sus trabajos y con la vida que llevan. Esa es la letra pequeña de todos los rutilantes anuncios televisivos de cerveza, hamburguesas y viajes que muestran a los industriosos trabajadores construyendo América y resolviendo sus problemas. Dichos anuncios presentan el lugar de trabajo, no como es en realidad, sino como nosotros quisiéramos que fuese: un fascinante, desafiante e incluso edificante drama humano en el que cada uno interpreta su papel estratégico y cumple una misión personal. En vez de ello, sin embargo, para muchos el trabajo es «simplemente un empleo» cuyo valor empieza y acaba con el cheque a fin de mes.[2]

Para la mayoría de los hombres que he conocido, incluyéndome a mí mismo, trabajar no resulta fácil. Sea grande o pequeño el salario neto, no es cómodo ganarlo.

Por qué trabajamos como lo hacemos

Lograr que los hombres evalúen el porqué trabajan como lo hacen resulta casi imposible. Simplemente lo hacen, realizan lo que se espera de ellos, les guste o no les guste, y buscan algunas metas agradables al margen del mismo, con la esperanza de dedicarle los años suficientes para conseguir su pensión y un reloj de oro regalo de la empresa. Sin embargo, en el caso de un nuevo grupo que está surgiendo, y al que a menudo se denomina los *yuppies*, las razones para trabajar no son las mismas, sino

---

1. Newman, *Falling from Grace* [Caído de la gracia], p. 69.
2. Hendricks y Sherman, *Your Work Matters to God* [Su trabajo es importante para Dios], p. 17.

que difieren radicalmente de aquellas de la época de mi padre. El comprender cómo ha tenido lugar este cambio histórico puede resultar de ayuda.

Visión histórica global del trabajo: la razón económica

Durante la mayor parte de la historia mundial, el trabajo ha constituido una necesidad económica. En las sociedades rurales y agrícolas no había otra opción: si uno no trabajaba, literalmente, no comía. Trabajar era un asunto de supervivencia. Si faltaban las cosechas, uno tomaba prestado de sus vecinos, se trasladaba adonde hubiera comida o moría de hambre. En nuestro mundo de hoy en día muchos viven en este nivel más bajo, trabajando para vivir. Por el contrario, la gente de los países occidentales no trabaja para obtener comida, a pesar de que los números de los sin hogar y de los que mueren de inanición aumenten cada día. La mayoría de los que leemos este libro no trabajamos para conseguir alimentos. En los Estados Unidos, el Gobierno todavía proporciona cupones de comida a aquellos que pueden realmente necesitarla. Hemos de reconocer que trabajamos por otras razones.

Seguridad económica

Una sola generación me separa de la razón económica para trabajar. Mis padres vieron sufrir mucho a los suyos durante la Gran Depresión. Papá dejó la escuela en octavo grado para ayudar a sostenerse a sí mismo y a la familia como era su deseo. No obstante, cuando pasaron las guerras mundiales, la necesidad pecuniaria engendró otra filosofía del trabajo centrada en la seguridad económica. Para una generación criada con las inseguridades de la Gran Depresión, parecía que la generación siguiente lo enfocara todo a que las familias tuvieran aquellas cosas que se les habían negado a ellos.

Esta época posterior a la Depresión y a la Segunda Guerra Mundial engendró los increíbles sueños americanos de la casa en propiedad, el dinero en el banco y un automóvil en cada garaje. Los suburbios prosperaron gracias al esforzado complejo corporativo de industria y administración que suplía la «seguridad» del trabajador a cambio de su fidelidad a la compañía y su laboriosidad. Los motivos de supervivencia fueron trocados por cuestiones de seguridad: los hombres trabajaban por ese mundo seguro que antes se les había negado.

Aquí debo insertar un tributo a mis propios padres. Me maravilla lo que ellos hicieron. Mi padre, que había dejado los estudios al comienzo de la educación secundaria, se enseñó a sí mismo, volvió a la escuela nocturna y llegó a ser el primer contable de una importante compañía de aviación. Dio a sus tres hijos una educación universitaria y estudios de posgraduado. Y siempre —¡siempre!— tuvo al menos un billete de cien dólares en la cartera. (¡Algo que frustraba a su hijo, quien todo lo que necesitaba era un dólar!) Invirtió dinero sabiamente y trabajo hasta la jubilación con muchas comodidades. Durante ese mismo tiempo, mi madre estaba en casa educándonos a mí y a mis dos hermanas, envolviendo almuerzos por la mañana, recogiéndonos a la salida del colegio y cuidándonos y siendo un apoyo a lo largo de mis años de adolescencia. He sido el beneficiario inconsciente de la seguridad de mis padres, y como resultado de ello creo que ahora soy una persona razonablemente segura en mi interior. Por esto debo a mis padres y a su filosofía del trabajo un reconocimiento perpetuo.

Significado personal

El trabajar para obtener seguridad terminó, al menos temporalmente. La generación que lo tenía todo empezó a esforzarse por otras razones. Los nacidos después de la guerra y los *yuppies* querían sacarle más a la vida que un reloj de oro y una lavadora fiable, y trabajaron para conseguir significado personal. El paso de una sociedad industrial a otra tecnológica creó el instinto de buscar más significado en el trabajo del que éste jamás podía ofrecer. *Realización, reconocimiento, posición social, distinción y riqueza* llegaron a ser las palabras «estimulantes» de los años 70 y 80. Cierto adhesivo en el parachoques de un Mercedes Benz de Dallas lo resume todo: «Gana el que al final del juego ha conseguido más juguetes». (¡Observe el pronombre masculino!) La generación de hoy trabaja para obtener sus juguetes, relojes Rolex, coches BMW, viajes y una casita al borde del lago.

Las mujeres de esta generación, incluso si ellas mismas no trabajan por estas cosas, esperan al menos que sus maridos se las proporcionen como símbolos del amor que les profesan. Con frecuencia la iglesia ha dado su bendición incondicional a esta relación. El papel del hombre consiste en ser el proveedor principal de la familia y el de la mujer actuar como su compañera fiel y trabajar en el hogar. El resultado de ello es que la esposa encuentra su significado en el de su marido.

> **«Gana el que al final del juego ha conseguido más juguetes». (¡Observe el pronombre masculino!)**

Para el hombre representa un apuro bastante grande el recibir su importancia de su propio trabajo y además, que el significado de su mujer dependa de este último. A menudo esto es más de lo que algunos varones pueden soportar. En realidad, cuando un hombre está largo tiempo desempleado, surgen por lo general dos crisis de identidad: la suya propia y la de su esposa, ya que ella obtiene gran parte de su identidad de la profesión y el éxito de su marido. La carga de encontrar significado hace incómoda la masculinidad de un hombre.

Razones teológicas

Nos demos cuenta o no de ello, la iglesia ha engendrado muchas de las posturas o las ideas referentes al asunto del trabajo. Los hombres trabajan como lo hacen porque piensan que esa es la forma en que Dios o la comunidad cristiana quieren que trabajen. A este respecto, los varones han pasado de ver muy poco valor espiritual en su trabajo a esperar que éste sea un llamamiento singular de parte de Dios.

Según la primera perspectiva, la ocupación de un hombre es trabajo de segunda clase. Esta idea tiene raíces históricas en la Biblia. Desde que se creara la nación de Israel como pueblo de Dios (Éxodo 19 y 20), el Señor dividió a la gente en sacerdotes y laicos. Los sacerdotes tenían que servirle a Él, ¡y el resto a Moisés! No, no era exactamente así: todos tenían que servir a Dios, pero los adoradores habían de acercarse a Él por medio del sistema sacrificial administrado por los sacerdotes. Quienes realmente hacían la obra de Dios eran estos últimos; para el resto, el trabajo no constituía algo divino.

Esta opinión se mantuvo hasta el tiempo de Cristo. Luego, vino Jesús y derribó la separación que había entre los obreros sagrados y el pueblo (Mateo 27.51; 1 Pedro 2.5). Sin embargo, las tradiciones son difíciles de cambiar, y hacia el siglo IV d.C. la división entre la labor sagrada de los sacerdotes y el trabajo secular del resto de la gente resucitó y se mantuvo hasta la época de Lutero y los reformadores, en el siglo XVI, cuando se intentó devolver el ministerio a los laicos.

Aunque la Reforma logró que todos los creyentes recibieran de nuevo el sacerdocio, quizá dio también a la gente una idea del trabajo que a la larga llegó a ser igual de problemático.

Como reacción a la postura medieval que consideraba a los sacerdotes como los únicos llamados a trabajar para Dios, Lutero estimó todo trabajo como un llamamiento divino: «Al hacer zapatos, el remendón está sirviendo a Dios y obedeciendo a su llamamiento tanto como el predicador de la Palabra. El mismo Dios ordeñará las vacas a través de aquel que tiene esa vocación».[3]

Esa postura supuso ciertamente una mejora respecto de la idea medieval, que no otorgaba ninguna dignidad divina al trabajo corriente o de los laicos. Sin embargo, algunos han argumentado que introducir el concepto de llamamiento para

3. Wingre, *Luther on Vocation* [Lutero, sobre la vocación], p. 9.

todo trabajo ha producido una sobrevaloración del mismo rayana en la glorificación, por no decir en la deificación. La ética laboral protestante de servir al Señor se convirtió luego en la ética puritana del trabajo duro, y ésta, con el tiempo, dio lugar a una glorificación del trabajo en nombre de Dios. Cierto escritor califica tal perspectiva de vicio:

> El trabajo se convierte en un vicio: es pura y simplemente un mecanismo para escapar de las ansiedades de la vida. Puede constituir un escape de las tensiones familiares, una estratagema para vencer complejos de inferioridad, y en su fase final, una forma de escapar de uno mismo e incluso de Dios. Cuando resulta así, debemos catalogarlo como lo que es: un pecado. La razón por la cual la adicción al trabajo es un pecado más difícil de combatir que el alcoholismo, es que en vez de condenarlo la sociedad lo refuerza. La ética protestante convierte al trabajador laborioso en paradigma de virtud e incluso aporta justificaciones bíblicas y teológicas para tal acción. El trabajo es algo tan respetable que algunos tendrán dificultades en aceptar la tesis de este ensayo: es decir, que puede convertirse en vicio.[4]

Harvey Cox cree que la sobrevaloración del trabajo comenzó en la iglesia y escribe:

> La moderna santificación religiosa del trabajo comenzó en los monasterios medievales. A diferencia de las órdenes monásticas de Oriente, los benedictinos prescribieron el trabajo como una disciplina espiritual. Las campanas de sus monasterios repicaban, no sólo para llamar a los hermanos a la oración unida, sino también para convocarlos al trabajo en común. Los reformadores cerraron los monasterios, pero no sofocaron el espíritu monástico, simplemente, lo dejaron suelto en la sociedad entera. Como Max Weber escribiera en cierta ocasión, con Lutero, la totalidad del mundo se convirtió en un monasterio y

---

4. Wagner, *The New Pilgrims* [Los nuevos peregrinos], p. 140.

cada hombre en un monje. Las campanas fueron trasladadas del convento a la torre del ayuntamiento. Ahora los carillones no llamaban a esa dura faena disciplinada que llegó a ser primeramente el sustituto puritano y luego el sucedáneo secular de la devoción religiosa a los monjes recluidos, sino a religiosos seglares. Aun hoy, algunos se refieren al manual de reglas de su profesión como «la biblia» de ésta y hablan de trabajar «religiosamente».[5]

Por consiguiente, muchos hombres de nuestra cultura creen que su deber cristiano es trabajar con ahínco y así cumplir su llamamiento vocacional en el grado espiritual más profundo. No obstante, al hacerlo, a menudo su vida cristiana cae bajo la dominación del trabajo.

Conozco a muchos cristianos varones que piensan que su responsabilidad como creyentes está cumplida si no mienten en su declaración de impuestos, no maldicen en el trabajo o no se guían por sus sentimientos hacia la secretaria. A cambio de ello, pueden dedicar todo su esfuerzo al trabajo y lograr tanto éxito como cualquier otro. Tienen la posibilidad de trabajar cuantas horas deseen ellos o sus compañías y ser considerados como verdaderos paradigmas de la virtud cristiana y profesional. En realidad, han hecho del trabajo su dios apartándose del escrutinio del señorío de Cristo.

Debemos poner todo lo referente a nuestro trabajo bajo el dominio de Jesús. Cada cosa ha de ser constantemente evaluada: la misma naturaleza del trabajo, el uso que hace la compañía de los beneficios, la ética en lo que respecta a la información sobre los productos, la honradez en la presentación de las ventas, las prácticas de contabilidad financiera y la responsabilidad de los accionistas. Para el cristiano todo eso queda bajo el señorío de Cristo. Tom Sine habla acerca de esta perspectiva de la vocación carente de crítica que tienen los creyentes:

---

5. Cox, *The Secular City* [La ciudad secular], p. 185

Un aspecto de esta actitud hacia la vocación cristiana es la perspectiva notablemente carente de espíritu crítico en relación con el empleo secular. Cualquier trabajo se considera tan bueno como otro para los cristianos, siempre que éstos lo desempeñen industriosamente, sean honrados y digan alguna que otra palabra a favor de Jesús si la ocasión se presenta. ¿Cómo hemos llegado a esta embarazosa situación?¿De dónde sacamos una idea tan ingenua del trabajo en relación con la vocación cristiana? Esta actitud emana de los reformadores del siglo XVI, quienes enseñaban que todos los trabajos habían de hacerse para la gloria de Dios. Pero el problema que presenta tal doctrina del llamamiento cristiano es que no toda actividad humana es sinónimo del concepto bíblico de la vocación, ni promueve los planes divinos. Hay decisiones en la vida, trabajos y metas personales que, en el mejor de los casos, no afectan las intenciones de Dios en la historia y, en el peor de ellos, son diametralmente opuestos a dichas intenciones.[6]

En realidad, el comparar la naturaleza del trabajo en el mundo de Lutero con nuestro mercado laboral moderno es como buscar la semejanza entre una patata cultivada en casa y un microordenador. ¡No existe comparación posible! El trabajo actual no puede ser equiparado con el de ninguna sociedad rural o que esté basada en la agricultura. Jacques Ellul observó lo siguiente:

Es posible hacer una comparación significativa entre la jornada laboral de quince horas de un minero de 1830 y aquella de siete que había en 1950, pero no existe común denominador entre ésta última y las quince horas de trabajo de un artesano medieval. Sabemos que el campesino interrumpe su jornada de trabajo con innumerables pausas; escoge su propio ritmo y tempo; conversa y bromea con cualquiera que pasa[...] Y exactamente lo mismo puede decirse de la naturaleza cualitativa de

---

6. Sine, *The Mustard Seed Conspiracy* [La conspiración de la semilla de mostaza], p, 136.

la vida[...] No podemos afirmar con seguridad que haya habido progreso desde 1250 hasta 1950. Si lo hiciéramos estaríamos comparando cosas que son incomparables.[7]

Y de todas formas, ¿qué es el trabajo?

Al graduarme del seminario de Dallas, Texas, pasé de un ritmo de vida acelerado, con idas y venidas entre aeropuertos, a la cultura polinesia de marcha lenta de Hawai. En los primeros años de ese ministerio, a menudo me sentía frustrado porque la isla no se movía al ritmo que yo deseaba. Con frecuencia un hermano de Samoa y yo almorzábamos juntos, ¡por lo general durante tres horas! Y su consejo era siempre el mismo: «Vosotros los caucásicos venís aquí y seguís con vuestro ajetreo. Debéis tumbaros bajo un papayo y contemplar como vuelan los aviones. ¿Acaso no sabéis que Dios puso peces en el mar y papayas en los árboles? Él tiene cuidado de vosotros».

Jamás pude responder a Fitu. Su idea del trabajo era radicalmente distinta de la mía. Pero ¿cuál de las dos era mejor o más cristiana? Depende del tipo de vida que uno quiera y de la aplicación que haga de ciertos pasajes bíblicos. Reconozcámoslo: en el mundo occidental el trabajo ha adquirido algunos significados problemáticos y discrepantes.

Mientras escribía este capítulo hice un alto para almorzar y fui a mi cafetería preferida a comer un sandwich de pastrami. Allí, leyendo un poco mientras comía, escuché una conversación a mi lado. Cierto hombre le decía a su amigo que no volvería al trabajo aquella tarde, ya que su hijo tenía un partido a las cuatro y media y él ya había trabajado lo suficiente aquel día. De inmediato me di cuenta de que su idea del trabajo era radicalmente distinta de la mía. Obviamente se trataba de un comerciante (podía decirlo por sus ropas y por el camión que conducía) y para él el trabajo era algo que hacía él mismo. Para mí, en cambio, el trabajo supone un lugar en el que invierto tiempo. Yo

---

7. Ellul, *The Technological Society* [La sociedad tecnológica], p. 192.

podía decir a un amigo: «No vuelvo al trabajo» (lo cual, probablemente, me ocasionaría problemas), porque para muchos de nosotros el trabajo ha quedado limitado a un sitio, ¡estemos o no trabajando! Los bomberos trabajan aun cuando quizá se hallen jugando a las cartas. Un comerciante trabaja si está poniendo en práctica su habilidad, sea ésta cual fuere. Muchos hombres siguen trabajando cuando se encuentran en casa, debido a que su trabajo les ocupa la mente.

La definición de *trabajo* hoy en día está vacante. El diccionario *Webster's* da quince significados distintos. Palabras tales como *trabajo, profesión, ocupación, empleo, vocación, carrera* y *oficio* se usan indistintamente como si significasen lo mismo.

Cierto escritor define *trabajo* como «empleo, ocupación, carrera, oficio, profesión o cualquier cosa que simplemente forme parte de una tarea que debe ser negociada con un patrón o con los clientes de uno, a fin de suplir una función útil a la sociedad y obtener unos ingresos con los cuales vivir».[8]

Una declaración más sencilla podría ser que se llama trabajo a todo aquello que hacemos para mantenernos en la vida. Basándonos en esta definición, queda claro que trabajar implica mucho más que un mero empleo u ocupación. Tiene que ver con nuestras metas, nuestro tiempo, nuestros motivos y finalmente nuestra perspectiva del mundo y de nosotros mismos. Podemos culpar a la teoría de la gestión científica por cumplimentar el concepto de trabajo y hacerlo tan organizado, racional, cuantificado y mensurable. Para los obreros de la cadena de montaje y los hombres enclaustrados en esas cajas llamadas despachos, la dignidad del trabajador y la naturaleza del trabajo en sí han cambiado, y no necesariamente para mejor.[9] Por consiguiente, muchos hoy en día buscan un trabajo que, no sólo les proporcione lo

---

8. Wagner, *op. cit.* p. 134.
9. Un escritor relataba que los oficinistas pasan el cincuenta por ciento de su tiempo en esa caja llamada despacho sin hacer nada, Barry y Associates, *Greatest Management Principle* [Los mayores principios de gerencia], p. 20.

suficiente para vivir, sino también les aporte un mayor sentido de dignidad humana y de disfrute. ¿Es eso malo?

El trabajo como placer

Conozco a un antiguo arquitecto de Seattle a quien le encantaba pasar sus vacaciones en Hawai. Él y su esposa planeaban retirarse allí. Después de una espléndida visita a las islas, mientras volvían en avión, trazaron un plan en diez años para trasladar su trabajo a ese lugar. Al aterrizar en Seattle, su proyecto para diez años se había convertido en otro que abarcaba sólo uno. Y según resultó, se trasladaron a Hawai seis meses después. Mi amigo explicaba: «Finalmente me di cuenta de que podía dibujar un anteproyecto en cualquier parte del mundo y no sólo en una oficina situada en algún edificio de muchos pisos».

Este arquitecto quería una vida más placentera. El trabajo no dejaba de ser trabajo, pero de un tipo distinto. ¿Estaba mal aquello?

Las Sagradas Escrituras nos sugieren que el disfrute como motivación no es enteramente egoísta. Salomón comenta que, en vista de la brevedad de la vida, disfrutar del trabajo de uno no sólo es una buena herencia personal, sino que también supone uno de los dones preciosos de Dios (Eclesiastés 5.18 y 19). Pasajes como éste revelan que no está mal disfrutar del trabajo o buscar placer en el mismo. Deleitarse en aquello a lo que dedicamos tanto tiempo cada día es verdaderamente un regalo divino. Puede que esa sea la razón por la cual la industria de la venta directa constituye uno de los fenómenos de más rápido crecimiento en América. Muchos hombres se están cansando de trabajar para otros con tan poco disfrute o beneficio personal.[10]

---

10. Véase *Charismatic Capitalism* [Capitalismo carismático] de Biggart, donde la autora escribe: «Sin embargo, aun la más optimista de las culturas corporativas de cualesquiera empresas americanas tradicionales, palidece al lado de la ronda diaria entre los distribuidores de venta directa».

Sin embargo, considerar el disfrute una bendición no quiere decir que Dios haya puesto su favor solamente en el trabajo placentero. También lo ha hecho sobre los pobres y aquellos que luchan y se enfrentan a pruebas severas en su labor. Si el trabajo le resulta agradable, disfrútelo como un don de Dios; si no es así, todavía tiene usted la responsabilidad de sostenerse a sí mismo y a su familia. Esto también agrada a Dios.

El trabajo como productividad

Muchos hombres escogen el camino hacia la productividad. Cierto patrón decía a sus empleados: «O se produce o se reduce». Aquellos a quienes se los reducía eran los no productores. Los que producen más en ventas, beneficios o mejores informes trimestrales son considerados como diligentes y de más valor para la compañía. Esta idea pragmática del trabajo entiende el éxito como algo mensurable, asequible y cuantificable, y alimenta nuestra identidad e imagen propia. Somos buenos trabajadores si nuestro esfuerzo produce algo tangible y observable. El rendimiento es lo que en última instancia determina las decisiones que tomamos, nuestras estructuras y nuestros objetivos.

Las personas consideradas como menos productivas —tales como los artistas, el personal de apoyo y los soñadores y pensadores— se enfrentan constantemente a una crisis de identidad y a la crítica de no llegar a nada. El trabajo como rendimiento da lugar a un enfoque según el cual la productividad dicta quién tiene éxito y quién no, y se convierte en el dios de nuestro sistema de valores profesional. Bill Hendricks y Doug Sherman comentan:

> Un hombre puede ser prácticamente un alcohólico, su segunda o tercera esposa haberle dejado hace poco, sus hijos tener problemas de drogas y sus subordinados odiarlo, y sin embargo, si tiene éxito en los negocios, aún lo consideramos un triunfador. En realidad, es probable que él mismo se vea en esos términos.

¿Por qué no? La gente todavía anhela su aprobación, su dinero, su nombre y su participación.[11]

Por desgracia, la iglesia a menudo hace lo mismo. Considere a los dirigentes de casi todas las congregaciones suburbanas blancas de clase media alta. ¿Adivina quién llega al liderazgo? Fíjese en nuestras organizaciones cristianas más dignas de confianza. Eche un vistazo al papel de cartas que con frecuencia presenta una lista de los miembros de los consejos de administración o las juntas de referencia. Todavía estoy esperando ver a alguna de esas organizaciones que tenga la valentía de imprimir en los encabezamientos de sus cartas, a continuación de los hombres de negocios, profesionales y entrenadores de fútbol, a algún fontanero o dirigente sindical. Reconozcamos nuestro fracaso en esto: No hemos considerado seriamente ni aplicado lo que nos dice Santiago acerca del favoritismo (Santiago 2:2-4).

En cierta ocasión pregunté a un hombre de negocios por qué no había en la junta de la iglesia ningún obrero manual. Sin pestañear, el hombre respondió: «Porque no son líderes». Considerando todos los delitos de los profesionales y la falta de ética de muchos dirigentes de nuestra comunidad empresarial, me pregunto cuánta reflexión seria había dedicado a su declaración. No creo que el don del liderato esté limitado a personas que realizan un determinado tipo de trabajo. He observado a muchos con oficios manuales supervisar a los obreros con tanto esmero y eficacia que ciertamente cuentan con más cualificaciones para el liderazgo que muchos profesionales que conozco. La única razón por la que preferimos al tipo de oficina es que en la iglesia consideramos que ellos han triunfado según los mismos criterios con los que los juzga el mundo.

¿Qué es lo que ha impulsado este concepto carente de espíritu crítico del éxito? Las razones podrían ser muchas, pero en el caso de algunos hombres el motivo de su rendimiento es muy sutil.

---

11. Hendricks y Sherman, *op. cit.*, p. 27.

El trabajo como forma de demostrar algo

¡Mark Twain dijo que un chico a la edad de doce años comienza a imitar a los hombres y sigue haciéndolo durante toda su vida! El sarcasmo de Twain demuestra una gran perspicacia psicológica. Durante años he escuchado a los hombres, los he aconsejado y he intentado ayudarlos en medio de diferentes crisis de desarrollo. Y muchas veces ha salido a luz una cosa: que dichos hombres tienen todavía bastantes asuntos sin resolver con sus padres y sus primeros mentores.

Sea cual fuere la idea de la masculinidad que tenemos en la cabeza, las imágenes que evocamos han sido determinadas por dichos padres y mentores. Es a ellos a quienes miramos en nuestra experiencia temprana para que definan por nosotros eso que se llama masculinidad u hombría. ¡Ahora me aterra pensar que tengo un hijo que está esperando eso de mí!

Pero de lo que se trata es de que muchos hombres utilizan el trabajo para demostrarse algo a sí mismos, a sus padres o a sus mentores tempranos sobre su propia virilidad. La ocupación se convierte en un campo de pruebas para tutores y padres por mucho tiempo abandonados. Los hombres en cuestión intentan demostrar a sus preceptores iniciales que pueden triunfar a pesar de que ellos los consideraran perdedores. Una variante de esto es tratar de ser igual de buenos o grandes que algunos mentores que creyeron en ellos.

> *Muchos hombres utilizan el trabajo para demostrarse algo a sí mismos, a sus padres o a sus mentores tempranos sobre su propia virilidad.*

En un estudio realizado por la Escuela de Ciencias Empresariales de Harvard, se entrevistó a graduados con veinte años de ejercicio de la profesión. La encuesta concluyó que la mayoría de los máximos ejecutivos todavía tenían asuntos pendientes con sus padres. Lo que motivaba su ambición y sus metas era demostrar algo con el trabajo. Samuel Osherson señala lo siguiente:

Hay numerosas circunstancias en la vida adulta que nos hacen sentirnos como niños necesitados, desvalidos, impotentes para cambiar las cosas[...] Al hacernos adultos, los hombres encontramos grandes dificultades para adaptarnos a la dependencia y la vulnerabilidad, a menudo porque nuestros padres nos indicaron que tales sentimientos eran inaceptables, que lo que contaba para ser hombres con éxito y ganar su aprobación era el rendimiento. Nuestra vulnerabilidad y dependencia llegaron a quedar cubiertas por una pose adulta de instrumentalidad y competencia o un enfoque en lo que hacíamos bien: nuestra capacidad de conseguir metas en el mundo laboral.[12]

Osherson describe la opinión que tiene del trabajo, en relación con su padre, un hombre que ha triunfado:

El hacerse hombre era como aceptar una odiosa carga de interminable trabajo y estupidez. ¡Cómo me hubiera gustado hablar con mi padre acerca de esa suerte! Pero no pude o no quise. Él estaba tan ocupado, cansado, deprimido, cuidando de todos nosotros, soportando tan bien el duro mundo masculino para el cual mi instituto era meramente un campo de preparación... La mayor lección que aprendí de mi padre fue que, día tras día, él aguantaba. Uno debía tomar lo que la vida le daba y soportarlo. Eramos capaces de terminar el trabajo. Mi padre estaba haciendo todo eso por nosotros y esa es mi obligación para con él: aceptar toda la [basura] que la vida pueda darme.[13]

Me he quedado asombrado de la cantidad de hombres que trabajan con ahínco en un intento inconsciente de agradar a sus finados o distantes padres. Para ellos, el trabajo se ha convertido en el campo de prueba de su masculinidad. Uno de esos hombres me dijo que la primera vez que su padre le llamó «hombre» fue cuando volvió de Vietnam y él lo vio en uniforme con todas sus

---

12. Osherson, *Finding Our Fathers* [En busca de nuestros padres], p. 10.
13. *Ibid*, p. 63.

medallas. Muchos hombres están tratando de conseguir suficientes medallas mediante su trabajo a fin de que sus padres terrenales puedan darles aquello que sólo el Padre celestial otorgó a su Hijo y a sus demás hijos en la fe: «Tú eres mi Hijo amado; en ti tengo complacencia» (Marcos 1.11; Romanos 8.14 y 15; Efesios 1.3).

Nuestros mentores tempranos influyen también de un modo importante en la forma que tenemos de concebir el trabajo. Encontramos a esos hombres en una primera época de nuestra experiencia laboral. Ellos nos enseñan a trabajar, nos muestran los trucos del oficio y la manera en la que piensan que deberíamos realizar nuestra tarea. Nos inician en las reglas del juego. Daniel Levinson dice que un buen mentor es la combinación de un buen padre y un buen amigo, «una figura de transición que invita y da la bienvenida a un joven al mundo de los adultos... Sirve como guía, profesor y patrocinador». No obstante, Levinson también señala:

> Como sucede con todos los lazos afectivos, el curso de una relación maestro-aprendiz raras veces es tranquilo y su final resulta con frecuencia doloroso[...] Hay muchas posibilidades de explotación, golpes bajos, envidia, represión y control opresivo[...] Una vez terminada la relación, ambas partes pueden albergar los sentimientos más intensos de admiración o desprecio, estima o resentimiento, pena, rabia, amargura o alivio, igual que sucede como secuela de cualquier relación amorosa importante.[14]

Ya sea que nos aprecien y valoren nuestra actuación, o nos rechacen como inadecuados o más aptos para otro trabajo, el concepto que nuestros mentores tengan de nosotros nos afectará profundamente durante años. Por desgracia, muchos maestros profesionales de los que he oído hablar son del tipo depredador: hombres maduros los cuales consideran a los trabajadores

---

14. Levinson, *op. cit.*, p. 334.

varones más jóvenes que ellos como amenazas y que piensan que hay que enseñar a éstos cuanto antes quién es el jefe. Despojan a los jóvenes de su energía, sus ideas y a menudo también de sus productos. Estos jefes dan a sus novicios los peores trabajos para «comprobar» su lealtad y domar «el caballo salvaje» que llevan dentro. En el mundo corporativo no pueden permitirse los cañones sueltos. ¡Incluso el Tte. Cor. Oliver North recibió finalmente su pago!

En el caso de los varones jóvenes, ansiosos por obtener la alabanza de sus mayores, el modelo depredador llega a ser determinante. El joven, que es un cañón suelto en lo íntimo, termina por conformarse, sufriendo el rechazo de sus mentores y diciéndose para sus adentros: «Voy a demostrarles a ellos y a mí mismo que puedo ser alguien a pesar de todas las probabilidades en contra y del concepto que tienen de mí». Por tanto, su ascenso de la escala profesional supone siempre un mensaje para alguien en alguna parte, o al menos así lo espera él.

Dicho sea de paso, los estudios realizados indican que la víctima acabará convirtiéndose en un depredador y utilizando el razonamiento de que, puesto que a él se lo hicieron, está justificado por su parte el actuar de igual manera con otros jóvenes advenedizos. «Si mis mentores fueron duros —se dice—, yo también lo seré, ¡e incluso los superaré en dureza!» ¡Y después nos extrañamos de que el campo laboral se considere una selva!

Pocos de nosotros hemos tenido mentores solícitos. Hombres capaces de criticar a la compañía, ver más allá del sistema y mantenerse firmes alimentando aquello que consideraban esencial —incluso poniendo a la gente por encima de la política de la empresa y arriesgándose a ir en contra de la práctica aceptada—. Tales mentores nos amaban, elogiaban y enseñaban lo que era realmente importante. Conocían las reglas, pero valoraban las relaciones. Con suerte habremos podido participar de una relación así. Pero incluso si tuvimos mentores solícitos, puede haber un lado negativo de esa experiencia: la grandeza de la relación también marca la forma en que un hombre trabaja para ganarse la vida.

Hace poco reconocí que había estado tratando de igualar el modelo de uno de mis mentores. No creo que él expresara jamás ninguna expectativa en cuanto a mi futuro, pero de algún modo el impacto de su vida sobre la mía dejó tal huella que sentí la necesidad de compararme con él. Fue él quien en el comienzo de mi edad adulta me proporcionó sueños por los cuales vivir.

Sin embargo, mi vida ha seguido unos derroteros completamente distintos de los suyos, los cuales, si los comparamos con aquellos, pueden considerarse errores o fallos. He tenido que preguntarme a mí mismo si había estado intentando ser tan grande como él o demostrarle inconscientemente que todavía era un fiel discípulo suyo. A pesar de lo mucho que valoro nuestra relación, he llegado al punto de comprender que necesito ser yo mismo y que jamás seré lo que él ha sido, ni haré lo que él ha hecho. Confío en que estoy creciendo. Ya no trabajo para agradar a mis mentores, ni para demostrar nada a nadie en ningún lugar, exceptuándome a mí mismo.

El trabajo como lo ven las Escrituras

Antes de comenzar esta última sección, debo manifestar mi agradecimiento al trabajo de Bill Hendricks y Doug Sherman. En su libro *Your Work Matters to God* [Tu trabajo es importante para Dios] han provisto una valoración necesaria y cuidadosamente meditada del trabajo actual en nuestra sociedad desde un punto de vista judeocristiano. Hendricks y Sherman enumeran los siguientes motivos bíblicos para trabajar: «Mediante el trabajo servimos a la gente, satisfacemos nuestras propias necesidades y las de nuestra familia, ganamos dinero para dar a otros y amamos a Dios».[15]

A fin de obtener una aclaración completa de cada punto, lo mejor es leer ese libro en su totalidad. Las conclusiones a las que llego son semejantes a las de estos autores.

---

15. Hendricks y Sherman, *op. cit.*, p. 87.

Lo primero que aprendemos en las Escrituras es que Dios creó al hombre y lo colocó en el huerto del Edén para servir y guardar este último (Génesis 2.15). La primera responsabilidad del hombre, su primer trabajo, fue cuidar de dicho huerto. En sí, el trabajo es intrínsecamente bueno y refleja nuestra relación con el Creador, el cual también trabaja. El no trabajar nos deshumaniza, ya que Dios creó al hombre a su propia imagen para que fuese un trabajador.

No obstante, al entrar el pecado en el mundo, Adán cayó y lo mismo le sucedió a su trabajo. Bajo el pecado, el trabajar se convirtió en servidumbre (Génesis 3.17) y supuso dolor y fatiga. El hombre tuvo que dar al trabajo más de lo que obtenía de él. Este concepto teológico es recogido por los comentarios salomónicos acerca del trabajo. A lo largo de todo Eclesiastés, Salomón utiliza una palabra para referirse al trabajo (en hebreo *'amal)*, la que significa «tarea bajo dura fatiga y dolor». Lo califica de «penoso» (Eclesiastés 1.13) y de «vanidad y aflicción de espíritu» (1.14).

Con frecuencia se ha considerado que la idea bíblica del trabajo era la de servidumbre, sin tener en cuenta otras enseñanzas de la Escritura. No obstante, en el libro de Éxodo, Dios considera la servidumbre de su pueblo, no como algo saludable, sino como malo para ellos. En dicho relato, el Señor afirma una y otra vez que la opresión y la esclavitud al trabajo a que eran sometidos por los egipcios incapacitaba a los israelitas para oír su voz a través de su emisario Moisés (Éxodo 3.7; 4.22, 23; 5.4-19; 6.9; 8.1; 9.1; 10.3). Dios mismo dice que su pueblo necesita ser liberado de la servidumbre de los egipcios para servirle a Él. De esto infiero que la servidumbre profesional puede reducir la capacidad de uno para servir a Dios. Cualquier reduccionismo vocacional deshumaniza al trabajador y le hace menos capaz de ser lo que el Señor quiere que sea. El trabajo no debería ser servidumbre, y cuando se convierte simplemente en eso, constituye una negación de la imagen de Dios. El hombre no fue creado para estar bajo servidumbre de sus semejantes, sino para servir solamente a Dios.

La Escritura subraya este principio. Se exhorta a los patrones a tratar a sus empleados con justicia (Colosenses 4.1). A los esclavos se les anima a que busquen, si es posible, la libertad (1 Corintios 7.21) y a los amos de éstos a considerarlos desde la posición elevada de la dignidad cristiana (Filemón 16). El año del jubileo, basado en el año sabático (Levítico 25), demuestra el deseo de Dios de que su pueblo no esté en una perpetua servidumbre respecto del trabajo (Éxodo 20.9-11). Con el tiempo deben ser puestos en libertad, ya que por pertenecer al pueblo del Señor son seres libres.

> *Nuestro problema con el trabajo como servidumbre es que en realidad preferimos la esclavitud a la libertad, ya que resulta más segura.*

Nuestro problema con el trabajo como servidumbre es que en realidad preferimos la esclavitud a la libertad, ya que resulta más segura. Nos encantaría ser empresarios autónomos, y algunas personas incluso piensan así de ellas mismas, pero nunca sacrifican la seguridad de su servidumbre por la libertad de disfrutar de su trabajo o de hacer lo que realmente quieren hacer. Aquellos que se enfrentan a las realidades económicas de tener que pagar una casa, las tasas académicas de una carrera universitaria o una deuda, obviamente no pueden abandonar sus empleos. Pero al menos es posible considerar *por qué* trabajamos y comprender plenamente que nuestra esclavitud profesional a veces reduce en gran manera nuestra capacidad de servir a Dios.

Debemos sopesar las alternativas, tomar nuestras decisiones y obtener cierto control sobre nuestras vidas. Yo creo que las Escrituras no dan valor a la servidumbre, ni el ser esclavo del trabajo supone ninguna bendición intrínseca. El trabajo puede suponer un gran esfuerzo, y quizá tengamos que hacer muchos sacrificios por otras razones, pero no existe ninguna cualidad mágica en el trabajar que nos haga más espirituales o importantes a los ojos de Dios.

Aunque las Escrituras dicen mucho acerca del tema, generalmente el trabajo parece considerarse como un deber y una contribución personales. La responsabilidad primordial es hacia uno mismo y hacia su familia (2 Tesalonicenses 3.10-12; 1 Timoteo 5.8). El pasar por alto dicha responsabilidad y llegar a ser totalmente dependiente de otros no se corresponde con el espíritu de la Biblia. Sin embargo, es un error sacar la conclusión de que cuando alguien está en el paro o no puede salir adelante en lo económico, es que no se ha esforzado lo suficiente o ha cometido alguna falta irreparable.

La doctrina de la meritocracia está muy arraigada en nuestra cultura. Resulta fácil borrar de un plumazo las depresiones económicas, las absorciones hostiles de compañías y las reducciones de plantilla simplemente con un «él se lo ha buscado». Hay abundantes ejemplos de empresas que han expulsado a sus mejores empleados y conservado a otros menos competentes. Muchos trabajadores con buen sueldo y capacitados han recibido la «ayuda» de los guardias de seguridad para vaciar sus cajones, siendo escoltados luego por ellos hasta la puerta trasera. La humillación que acompaña a esta realidad demasiado frecuente es increíble. No obstante, por el hecho de que esto suceda no significa que haya sido merecido. Siendo como es la naturaleza humana, probablemente cuando les ocurre a otros, pensamos que se lo han ganado, pero si las víctimas somos nosotros estamos seguros de que la culpa pertenece a la compañía.

La familia de la fe tiene también el deber de respaldar los intereses de Dios en el mundo y en la iglesia. Trabajamos para que, por medio de nuestros recursos económicos y oportunidades laborales, podamos apoyar aquellas cosas que el Señor considera importantes según Él ha revelado en su Palabra. Ya sea hablar de Cristo con otros que no le conocen, dar a los pobres o ayudar a recaudar el presupuesto de la iglesia, nos anima a trabajar como parte de nuestra contribución personal a los intereses de Dios en el mundo.

La última área de responsabilidad y contribución es aquella relacionada con nuestro más ancho mundo. En último análisis, el trabajo que hacemos no es sólo para nosotros mismos o para la iglesia, sino para una porción más amplia de la vida. Creo que todo ser humano, en determinado momento, forcejea con la pregunta de por qué está en el mundo. Cierto judío amigo mío comentaba en una ocasión sobre la diferencia entre la manera en la cual él fue educado y la crianza que reciben la mayoría de los chicos gentiles (goyim). En una familia goyim, la madre le dice a su hijo cuando este sale por la puerta para ir a la escuela por la mañana: «¡Sé bueno!» Ese el bien supremo de la vida, que significa no meterse en líos. Sin embargo, mi amigo recuerda que su madre le decía: «¡Haz algo bueno hoy!» Ella, como judía, le había inculcado el aspecto de la contribución a la vida. No estamos aquí sólo para nuestro propio beneficio, sino a fin de contribuir más ampliamente. Nuestras aportaciones emanarán probablemente de nuestros dones y talentos singulares, y el expresarlos en el trabajo y por medio de él, constituye una meta digna.

Hoy en día, con frecuencia el cristiano adopta un enfoque falto de sentido crítico en cuanto al empleo, como si cualquier trabajo fuera adecuado para un creyente. Tom Sine nos exhorta a que pensemos un poco más acerca de nuestra ocupación y de la contribución que ésta puede realmente hacer. Y dice:

> No me malinterprete: No hay nada intrínsecamente anticristiano en ser carpintero, hombre de negocios o trabajar en una fábrica. Sin embargo, como creyentes, debemos preguntarnos por qué realizamos dicho trabajo, qué consecuencias tendrá el mismo en nuestra sociedad y nuestro mundo, y de qué manera contribuirá al avance del reino de Dios.[16]

Dios proveyó individuos dotados de habilidades particulares para construir su tabernáculo (Éxodo 31.1-5, 11), el templo de Salomón (2 Crónicas 2.11-14) y también para la edificación del cuerpo de Cristo, que es la iglesia (Efesios 4.7). Estos individuos

---

16. Sine, *op. cit.*, p. 136.

hábiles fueron llamados, a causa de sus dones, para propósitos mayores que el de ganarse la vida. Resulta razonable suponer que, puesto que estaban capacitados, su trabajo reflejaba un sentido de excelencia y su beneficio personal estribaba en sus sentimientos de utilidad y significado. Eran conscientes de que estaban contribuyendo a algo mayor que sus vidas.

La lista de los personajes bíblicos y de los trabajos que éstos desempeñaron no tiene fin. Se mencionan casi todas las profesiones. Cada persona forcejeaba en su relación con Dios y con el mundo mientras realizaba un trabajo diario. Podemos pensar en José, administrando la casa de Potifar y más tarde como primer ministro de Egipto; Nehemías, copero de un rey; Ester, concursante de belleza; Amós, cosechador de higos; José y María, dirigiendo una carpintería; Aquila y Priscila, juntos en el negocio de confeccionar tiendas. Todos ellos trabajaban, y su tarea no siempre era fácil; pero, aparentemente, veían más allá de su trabajo el significado último de la vida. Cada uno hizo su singular contribución a la historia, a la comunidad y al mundo.

El hacer una contribución no significa forzosamente llegar a ser presidente de la compañía o líder de un proyecto social. A menudo no se trata sino de la mera presencia. Para muchos de nosotros esa contribución consiste en ser la clase de personas que somos, algo que con frecuencia pasan por alto las organizaciones o los grupos. Las madres y los padres contribuyen a sus hijos y por medio de ellos. Tengo la esperanza de que este libro sea mi contribución a la experiencia del lector. Cada vez que mi vida roza con la de otro se produce una contribución, y en un mundo donde todos trabajan por diferentes razones, haciendo incómodo para los hombres todo ese campo del empleo, resulta reconfortante comprender que lo que yo aporto en el trabajo es con frecuencia inconsciente. Puedo estar teniendo el mayor efecto cuando menos lo espero.

Recuerdo haber pasado una vez frente a la clase de Escuela Dominical de la iglesia y mirado por el cristal de la puerta. Dentro pude ver, en el suelo, a un hombre que era el presidente de una compañía muy grande de Filadelfia. Estaba completamente rodeado de pequeños de cuatro y cinco años de edad. Aquel día ese hombre contribuyó, no sólo a las vidas de esos niños, ¡sino también a la de su propio pastor!

Doug Sherman y Bill Hendricks creen que el ideal, aunque difícil de encontrar, es tener un trabajo que amemos y de cuyo valor estemos convencidos.[17] Estos autores afirman:

> Lo principal en su búsqueda del trabajo adecuado es profundizar en la comprensión de cómo Dios los ha emparejado y de qué manera pueden hacer su mayor contribución[...] En cualquier caso usted debería considerar el trabajo como importante pero no como importantísimo. Su ocupación habría de honrar a Cristo y servir a los demás, pero tenga en cuenta las limitaciones del trabajo: ninguna ocupación laboral puede proporcionarle a uno completa y definitiva realización. No obstante, ¡regocíjese si encuentra satisfacción en su trabajo! ¡Es un don de Dios![18]

El trabajo no es fácil ni para los hombres ni para las mujeres. El cheque a fin de mes no se obtiene cómodamente. Hay que pasar por muchos aprietos y presiones. Al tratar de agradar a los jefes, a nosotros mismos y a Dios, los dilemas parecen a veces insuperables. Afortunadamente, se nos remunere bien o mal por nuestro trabajo, el Señor mira el corazón, y eso hace nuestra tarea un poco menos difícil. El trabajo de un hombre es la devoción de otro. Para algunos varones su ocupación es su devoción y para otros sucede a la inversa.

Se cuenta la siguiente anécdota del místico judío Abraham Heschel:

> En una fiesta, cierto invitado se volvió a Heschel y le dijo: «En el pueblecito de Polonia donde vivía, conocí a un viejo hasid que se levantaba a la extravagante hora de las cinco de la

---

17. Hendricks y Sherman, *op. cit.*, p. 131.
18. *Ibid*, pp. 145, 146.

madrugada y se iba a la sinagoga, donde procedía a molestar a todo el mundo con sus interminables plegarias y su estudio en voz alta, sin hacer nunca un alto para desayunar o almorzar hasta las cinco de la tarde, hora en que tomaba alimentos. Ahora dígame: ¿Es eso a lo que usted llama religión? ¿Se trata de una vida sensata para un hombre?» Heschel se sintió apenado, pero escuchó consideradamente, y luego respondió: «¿No es una coincidencia que yo conozca a alguien precisamente así aquí mismo en Nueva York? Se trata casi del paralelo exacto de aquel viejo hasid. Él también se levanta por la mañana muy temprano, se dedica con pasión tenaz a su trabajo y pocas veces prueba comida durante el día hasta bien entrada la tarde. ¡En realidad, trabaja tanto que a los 42 años sufrió un ataque de apoplejía! Sólo existe una diferencia entre los dos: El propósito del trabajo de este último es el dinero. Ahora dígame: ¿Se ajusta ese comportamiento a la razón o al sentido común? No obstante, usted menosprecia al uno y probablemente admira al otro. ¿Por qué?»

El hombre replicó: «¡Pero ese hasid no le sacó provecho a su vida! ¿A quién le importaban sus oraciones y su estudio?» Heschel respondió: «¿Y no es posible que le importasen a Dios?»[19]

¡La paga es incómoda pero a Dios le importa!

Con frecuencia, la manera en que nos ganamos la vida resulta más difícil aún cuando tenemos que vivir solos. Si la infancia, el matrimonio, los amigos y el trabajo no son fáciles, tampoco lo es la vida en solitario. También la soledad del varón resulta incómoda.

---

19. Merkle, *Abraham Joshua Heschel*, pp. 22 y 23.

CAPÍTULO 5

No es fácil la soledad
O por qué los hombres vuelven a casarse tan pronto

———— ■ ————

De todos los capítulos del presente libro este es quizás el más difícil de escribir para mí. Y es dificultoso porque he estado casado durante los últimos veintitrés años. ¿Qué puedo saber de lo que es vivir como varón adulto sin pareja? Detrás de esta idea hay muchas presuposiciones: la primera de ellas es que los hombres casados no están solos nunca, ni se sienten así, y también que el matrimonio por sí mismo satisface todas las necesidades de compañerismo que tiene el varón. Esto no es cierto. Dicha pregunta también da por sentado que como varón ya he olvidado mis días de soltero o el hecho de que haya algo que aprender de los que no tienen pareja. Mis años de casado no han transcurrido aislados de amigos solteros, que han pasado horas enteras en nuestro hogar o expresando intimidades durante una cena. Mi esposa y yo hemos aprendido mucho de nuestros amigos célibes de ambos sexos.

Estemos o no casados, los varones tenemos algo en común: ni la vida de casado ni la de soltero han sido fáciles. La soledad puede ser igual de desagradable para el hombre como los lazos matrimoniales. En realidad, cierto investigador sugiere que los varones sin pareja corren un grave riesgo en nuestra sociedad. Se trata de George Gilder, autor del éxito de librería *Sexual Suicide* [Suicidio sexual], quien ha actualizado su obra y llega a la siguiente conclusión:

El hombre solo es pobre y neurótico. Tiene propensión a la delincuencia, las drogas y al comportamiento violento. Es irresponsable en cuanto a sus deudas, alcohólico, propenso a los accidentes y susceptible de contraer enfermedades. A menos que pueda casarse, su destino será con frecuencia una vida breve y accidentada[...] Y sus números han estado creciendo. Entre 1970 y 1982 las cifras de los hombres solteros [en Estados Unidos] se incrementaron en un setenta y ocho por ciento, alcanzando los 19,4 millones[...] En general, los varones tienen más problemas sicológicos que las mujeres, y los hombres solos son los que más[...] El crimen, como la pobreza, guarda una correlación mucho mayor con el sexo y la falta de pareja que con la raza[...] Los solteros cuentan con la tasa de mortalidad más alta y el suicidio es cada vez más su forma de morir. En realidad, cuanto mayor se hace un hombre no casado, tantas más probabilidades tiene de quitarse la vida.[1]

La solución a tal problema ha sido el matrimonio, pero éste, en sí, constituye una interesante relación para los hombres. La unión conyugal se ha comparado con la situación de las moscas en la ventana: aquellas que están dentro quieren salir y las que se hallan fuera desean entrar. Los solteros piensan que el fin principal del hombre es casarse, mientras que muchos casados desearían secretamente ser solteros de nuevo.

---

1. Gilder, *Men and Marriage* [Los hombres y el matrimonio], pp. 62-65.

La experiencia de «soltero» en un varón empieza pronto. Por soltero entiendo el considerarse a uno mismo como tal. A una edad más temprana los chicos piensan en sí como chicos, no como solteros. El título de soltero tiene un origen más de adulto y alberga muchas más expectativas y significado que la mera condición de chico. El concepto de soltería nos coloca de inmediato en la relación varón-hembra, queramos o no estar en ella. A los chicos de primaria, aunque piensan en las chicas, no les preocupa si son solteros o no. Las niñas son niñas y los niños, niños. A uno le gustan unas chicas y a otras las aborrece. Todo resulta bastante sencillo y claro. Sin embargo, la edad adulta enreda muchas cosas.

Recuerdo mi primer beso (en tercer grado de primaria), pero no fue sino al llegar a octavo cuando *tuve* que pensar en cuál era mi situación con el sexo opuesto. El bienintencionado sicólogo de la escuela aparentemente consideraba su responsabilidad comprobar si el desarrollo de todos los chicos era «normal». Hablando conmigo acerca de la alternativa entre formación profesional y bachillerato, dejó caer, sin venir al caso, la pregunta: «¿Has descubierto a las chicas?» Aunque resultaba gracioso, no me atreví a reír. Y, por último, solté de manera abrupta: «Claro». Él respondió: «Magnífico». ¡Y pasé la prueba!

Por aquel entonces me interesaban el baloncesto, mis estudios y los programas de televisión. No sabía que en la escuela existía un grupo «en onda» y otro «fuera de onda». Todavía no se me habían abierto los ojos. No tenía idea de que hubiesen en la escuela Robinson dos clases de personas: los que andaban en parejas (chico y chica) y los que no. Yo no hablaba por teléfono al llegar la noche; simplemente hacía mis deberes, veía la televisión y me iba a la cama para repetir el mismo proceso al día siguiente.

¡Entonces ocurrió! Descubrí verdaderamente a las chicas... en una de ellas. Aunque en realidad el descubierto fui yo. Un amigo mío me dijo que alguien, observándome jugar al baloncesto, había pensado que era atractivo y que le gustaría salir conmigo. Yo no sabía lo que significaba «salir», puesto que tampoco conocía que los jovencitos hicieran fiestas para bailar y acariciarse. Me sentí emocionado y asustado en una misma gran explosión de sentimientos. Al día siguiente la vi en el comedor. ¡Caramba! ¿Cómo no me había fijado en aquella belleza? Estaba seguro de haberla visto antes, pero el comprender que le gustas a alguien lo cambia todo y hace que veas todas las cosas de diferente manera. Ahora, unos treinta años después de aquello, no recuerdo cómo reuní el valor necesario para romper el hielo. Tal vez, a la manera típicamente masculina, busqué a un amigo que lo hiciera por mí. Pero sí que nos encontramos.

De inmediato me colocaron en el grupo «en onda» porque tenía una novia. Mis notas empezaron a bajar, y por la noche hablaba por teléfono. Ya no jugaba los partidos como antes. Estuviera como estuviese el marcador, o por importante que fuera el juego, siempre tenía un ojo puesto en las gradas. El otro, por si acaso, se ocupaba por lo general de las animadoras. Después de los partidos, para las fiestas de la escuela, los bailes de fin de curso y los viernes y sábados por la noche, tenía una cita permanente. Lynne y yo éramos una pareja, lo cual nos proporcionaba una identidad el uno respecto al otro en un período en el que la identidad era frágil y falsa. Salimos juntos durante la mayor parte de la escuela y de la universidad. Luego ella se casó con otro.

La mujer como muleta

Los hombres tendemos a utilizar a las mujeres como muletas en nuestras relaciones, lo cual, a largo plazo, socava nuestro desarrollo personal.

Mi propia historia ilustra cómo los hombres solteros iniciamos el proceso de salir con mujeres y descubrimos en dicho proceso tanto significado que gran parte de nuestra personalidad la encontramos en él. También es un ejemplo de que los hombres tendemos a utilizar a las mujeres como muletas en nuestras relaciones, lo cual, a largo plazo, socava nuestro desarrollo personal. El sexo opuesto nos confiere una cierta sensación de seguridad y significado. La seguridad que lleva consigo ser parte de una pareja y compañeros constantes es tremenda. En la edad adulta aumenta la presión, haciendo de la experiencia del matrimonio la norma y de la necesidad de conseguir esposa una actitud saludable. La soledad es perturbadora para los varones, ya que no estamos acostumbrados a admitir o considerar la profunda necesidad que tenemos de la seguridad de las mujeres. Deseamos, y al mismo tiempo tememos, que las mujeres se encarguen de nosotros.

El Dr. Ken Druck y James Simmons comentan que a esto se le ha llamado el «síndrome del consentido de mami»:

[Cierta mujer decía:] «A veces Jack puede ser muy exasperante: por un lado apoya mi carrera en la banca y por otro todavía da por sentado que la compra, la cocina y la limpieza son responsabilidades mías. Tal vez no debería sorprenderme. Hace tiempo descubrí que dentro de cada hombre que he conocido hay un niño pequeño. Incluso los varones grandes, fuertes y duros necesitan que una les haga las cosas más pequeñas. Siempre puedo ver llegar la "hora de la mamá"».

Durante años, los hombres han intentado proyectar una imagen fuerte e independiente de sí mismos. Pero jamás han logrado engañar a las mujeres. Ellas saben que aun los varones más vigorosos son dependientes. Una amiga mía llama a esto el «síndrome del consentido de mami». El error de la mayoría de las mujeres consiste en dar por sentado que los hombres son conscientes de su dependencia. Pero pocas veces es este el caso. Demasiadas relaciones terminan actualmente con la mujer gritando: «¡Tú no quieres una esposa, sino una madre!» Este sentimiento de desamparo aprendido en áreas tan críticas como el cuidado de uno mismo, la crianza de los hijos o las tareas del hogar obligan a muchos hombres a una dependencia malsana de las mujeres.[2]

La soledad del varón resulta desagradable porque muchos no hemos madurado lo suficiente para considerar a las mujeres como compañeras y personas, en vez de como madres y prodigadoras de cuidados. Nos decimos: Puedo utilizar sus emociones para que mis sentimientos trabajen en mi provecho, usar su interés como el mío propio y su presencia para llenar el vacío femenino dejado por mi madre.

Sin embargo, alguien puede preguntarse: «¿No dice la Biblia que no es bueno que el hombre esté solo?» Sí, pero incluso esta afirmación debe ponerse en un contexto más amplio. El Dios de la creación había hecho dos géneros para todos los animales: macho y hembra. Pero cuando Adán miró al reino animal creado, no encontró ayuda idónea para él. Todas las especies tenían su pareja menos el hombre. Para que el primer mandamiento dado por Dios en cuanto a poblar la tierra con seres humanos se cumpliera (Génesis 1.28), era bastante obvio que Adán necesitaba un complemento lo suficientemente parecido a él, y al mismo tiempo lo bastante distinto como para que pudiera efectuarse la cópula. ¡El hombre no tenía posibilidad de poblar solo la tierra! Pero una vez que la mujer apareció en escena, al varón se le dijo que dejara a su padre y a su madre y se uniera a su esposa.

Este concepto era, y sigue siendo, revolucionario. La mayoría de las veces ha sido la esposa quien ha abandonado a sus padres para entrar a formar parte de la vida y del círculo familiar del varón. El modelo que tenemos en la creación da prioridad e importancia a la partida del hombre (mental, emocional y física) para que pueda llegar a ser uno con su esposa. La implicación de ello es que la verdadera intimidad con una mujer supone una renuncia por parte del varón a la expectativa de que ella sea una

2. Druck and Simmons, *op. cit.*, pp. 202, 203.

madre (un progenitor) para él. Alcanzar esa intimidad implica verse a uno mismo, no como un niño que necesita ser cuidado, sino como un compañero de relación con iniciativa. Significa ser una persona sana y madura. Pero madurar no resulta nunca fácil, de modo que nuestra soledad nunca es agradable.

Sexualidad de soltero

Hoy en día uno no puede hablar mucho acerca de la soltería del hombre sin entrar en el tema de la sexualidad célibe. Para un tratamiento en mayor profundidad del asunto, recomiendo el libro de Thomas F. Jones *Sex and Love When You're Single Again* [El sexo y el amor cuando se vuelve a ser soltero]. Para el propósito que persigo aquí, quisiera ocuparme de dos mitos corrientes en cuanto a la sexualidad de los hombres solos.

El primero de dichos mitos es que todos los hombres no casados deben estar activos sexualmente. Para nuestra cultura, pareciera que un hombre soltero que no esté interesado en la experiencia sexual o participe de ella, bien es un mentiroso o no es un hombre «de verdad». El consenso entre los varones es muy parecido al consejo que le da Zorba el griego al joven cuando le dice: «Nunca rechaces a una mujer que quiera acostarse contigo. Si lo haces no eres un hombre». No puedo citar estadísticas acerca del tema, pero me han sorprendido y agradado mucho las confidencias de buen número de hombres solteros. Y lo que más me ha impresionado es su preocupación por esta área de la vida. Incluso en sus luchas y fracasos hay un tema común: por lo menos algunos hombres responsables en su trabajo y competentes en sus relaciones personales no creen que sea necesaria la actividad sexual para tener un trato significativo con las mujeres. Ya consideren malas las relaciones sexuales prematrimoniales o no, me confirman que no todo el mundo está sexualmente activo ni debe estarlo para ser un hombre de verdad.

Este mito hace difícil la soltería masculina, pero algunos tienen victoria y otros muchos desean tenerla. A los hombres cristianos no casados hay que recordarles que algunos de los mayores pensadores y santos de la iglesia —como San Agustín, Anselmo y Tomás de Aquino— fueron sexualmente célibes. Más recientemente, hombres como Malcolm Muggeridge y C. S. Lewis permanecieron sin casarse después de la muerte de sus esposas. La proeza de ellos me dice que es posible la pureza, algo que necesita ser proclamado desde las azoteas, sobre todo en nuestra permisiva sociedad infectada por el SIDA.

El segundo mito es que los hombres nunca pueden ser amigos de las mujeres, ya que con el tiempo la relación entre ellos se hará romántica y por lo tanto sexual, o la amistad terminará del todo. En otras palabras: los hombres solteros (o casados) no quieren realmente relaciones exentas de romanticismo, sino que las mantienen debido a una atracción romántica o sexual a pesar de lo que puedan decir. Sin embargo, en el campo del cristianismo masculino, ¿puede desear un hombre tener una relación fraternal con una mujer o existe siempre detrás de ella un propósito oculto, por inconsciente que éste sea?

Este mito es difícil tanto de confirmar como de negar. Yo mismo me siento apurado al llamarlo mito, aunque creo que lo es, y no necesariamente porque existan suficientes estudios que lo demuestren, sino más bien porque veo que en gran parte confunden el salir juntos del hombre y la mujer. A este respecto, voy a dar un argumento que irritará a algunas de mis lectoras, en especial a las solteras: Creo que muchas mujeres no casadas perpetúan y creen este mito incluso cuando no es practicado o creído por los hombres. Esto se manifiesta en la relación con el tema del compromiso. Una broma permanente de las solteras relacionadas con cierto ministerio hacia personas no casadas es esta: «¿Sabe usted cómo hacen las mujeres solteras de esta iglesia para limpiar de "invasores" su cocina? ¡Pidiendo compromiso!»

Lo que alimenta este mito es el deseo que tienen las solteras de que los hombres no casados con los que salen se comprometan con ellas. No me interprete mal: Creo en la necesidad de definir las relaciones y hacer saber al otro la posición propia. Sin embargo, en las citas de los solteros adultos hay un programa, y si el mito masculino es sexual, el femenino consiste en la búsqueda de compromiso. En realidad, las mujeres no pueden ser amigas de los hombres sin lograr una relación romántica o querer alcanzarla. Después de cierto tiempo tratándose el uno al otro, la mujer empieza a presionar para obtener un compromiso de parte del hombre soltero. La culpa no es totalmente suya, ya que el varón puede haberla llevado a pensar que busca el matrimonio y luego dejarla con un «Sólo quería ser tu amigo». No estoy en modo alguno alentando esto, pero puedo ver que por las esperanzas y sueños que pone la mujer en cada posible candidato al matrimonio perpetúa dicho mito.

Desde el comienzo, el hombre puede disfrutar de los aspectos amistosos de una relación y saber que no pasará de eso. Pero cuando siente la presión para que haga un compromiso, huye, confirmándose a sí mismo que no puede tener realmente amistad con una mujer y que esa clase de relación debe conducir a algo romántico. Para la parte femenina, las acciones del hombre corroboran el mito de que los varones son incapaces de comprometerse.

Quisiera creer que hay muchas razones para que un hombre no pueda comprometerse con una mujer. Algunas veces se siente muy a gusto con alguien del sexo femenino, disfruta de su compañía y comparte muchos intereses comunes con ella, pero entre ambos no se da la «magia». La pregunta más corriente que me hacen los solteros tiene que ver con esa magia: ¿Qué puedo hacer si no hay «magia»? ¿En qué consiste esa magia? No tengo ni la menor idea, pero sé si está presente o no. ¿Se casa uno y se compromete simplemente a causa de ella? ¡Rotundamente no! ¿Debe uno contraer matrimonio sin que esa magia exista? No lo recomendaría. He visto mucha magia desvanecerse con el tiempo, sin embargo, aconsejaría contra el casarse simplemente por lógica o por una evaluación fría de la situación. La mayoría de las mujeres deben aceptar el hecho de que algunas veces se da la «magia» y otras veces no.

Algunos hombres son también incapaces de confiar, y transfieren esa incapacidad al terreno del compromiso. Debido a una disfunción paterna o materna, o a heridas personales sufridas en otras relaciones, con frecuencia los varones se protegen a sí mismos en sus tratos y no se preparan para dar la mayor confianza de sus vidas: creer en otro ser humano para ser aquello que aparentan ser. Los hombres con problemas de confianza, por lo general, necesitan orientación especializada para identificar las heridas sin resolver que afectan sus relaciones presentes.

Los solteros no son los únicos que tienen problemas con el compromiso. La falta de éste constituye una parte integrante de nuestro entorno cultural. ¿Dónde ve alguien, hoy en día, un verdadero compromiso? ¿Estoy comprometido con mi trabajo? No, en realidad no lo estoy; sólo hasta que aparezca uno mejor. ¿Y qué acerca de mi elección de restaurantes, comidas, automóviles y pastas de dientes? Nos damos cuenta de que no tiene sentido ser fieles o comprometernos con tales cosas cuando dentro de unos pocos años la comida no seguirá siendo ya igual de buena, el automóvil se estropeará o la dirección de la compañía será tomada por accionistas extranjeros. Las emisoras de radio tienen que ofrecer premios inteligentes en metálico o entradas gratuitas para conseguir que el público se mantenga en su sintonía. Todo el mundo sabe que la gente no hace sino girar el dial durante todo el día a menos que se ofrezca alguna recompensa por escuchar. Y tan pronto como ganan y recogen su cheque, se acabó el compromiso.

> *El que en una sociedad pluralista, donde existe una multitud de opciones, resulte difícil el compromiso es una realidad sociológica.*

El que en una sociedad pluralista, donde existen una multitud de opciones, resulte difícil el compromiso es una realidad sociológica. Y para los hombres solteros eso dificulta su masculinidad. Pero ¿por qué es difícil? Permítame ofrecerle una sencilla ilustración. Hace varios años enseñé en Bolivia durante el verano. Y puesto que me gusta mucho el sabroso café sudamericano, quise traerme un poco para saborearlo en los Estados Unidos.

Me fui al mercado de Cochabamba y pedí cuatro kilogramos de café. Así de simple. Más tarde, ese mismo año, el Día de Acción de Gracias, vinieron a casa algunos parientes y amigos. Cinny, mi esposa, me pidió que buscase una tienda de comestibles abierta ya que nos habíamos quedado sin café. Encontré la tienda, entré y estuve mirando de arriba abajo, durante muchos minutos, el ala del café. Entonces recordé mi experiencia boliviana y comencé a reírme. Al mirar el largo pasillo con lo que parecían ser cientos de tipos de café, me sentí incapaz de tomar ninguna decisión por miedo a equivocarme. Cinny no me había dicho que tipo de café quería: ¿liofilizado, filtrado, expreso, descafeinado? Eso es lo que sucede en una sociedad como la nuestra. Estados Unidos es el país de las opciones para cualquier producto, incluso para las citas y los matrimonios, y no queremos cometer ningún error.

Respeto sinceramente a muchos de mis amigos adultos solteros de ambos sexos en lo referente a su falta de compromiso. Si yo fuera alguien sin casar, de treinta y tantos o cuarenta y tantos años de edad, que no hubiese contraído nunca matrimonio o que hubiera pasado por un divorcio, tendría especial cuidado al decidir a quién iba a consagrarle mi vida. En vista de la actual tasa de divorcios y el número de cónyuges infelices que permanecen juntos, el matrimonio no es algo a lo que uno deba lanzarse alegremente. Sin embargo, las estadísticas masculinas sugieren que cada año los hombres se casan más de prisa, especialmente después de terminar una relación o un matrimonio. Esta tendencia puede reflejar la necesidad no resuelta de contar con una madre.

Otra razón, relacionada con esta de la falta de compromiso en los varones, es a veces el miedo a lo desconocido complicado con una falta de fe. He aconsejado a varios hombres solteros durante su noviazgo, y éstos desean sinceramente comprometerse pero aún se retraen de hacerlo. Simplemente no quieren lanzarse al agua. Son como el velocista Harold Abrahams en la película Carros de Fuego. Tras perder su primera carrera, Abrahams desea retirarse y le dice a su novia: «Si no puedo ganar no quiero correr». A lo que ella responde sabiamente: «Si no corres no puedes ganar».

Todo lo bueno entraña un riesgo. El matrimonio *es* un riesgo, pero a veces los hombres solteros necesitan que alguien les apremie un poco. Lo he hecho en un par de ocasiones. Después de varias sesiones de consejo prematrimonial con una pareja, he decidido que ya se conocen lo suficiente y han tenido bastante tiempo para normalizar su situación. Entonces les he dicho: «Les voy a dar dos semanas para determinar si desean casarse o no. Si deciden no hacerlo, ¿están de acuerdo en seguir cada uno su propio camino, cultivar otras relaciones y no comunicarse más entre ustedes?» No recomiendo esto como principio absoluto, pero cuando pienso que todo lo demás en la relación está en orden, deduzco que necesitan un pequeño empujón a fin de decidirse. Todos nos casamos por fe, sin ninguna garantía real del resultado.

Pero basta de esa mitología que rodea la frustrante experiencia de formar parte de una pareja. Lo que deseo realmente es tratar de las metas del celibato adulto.

Objetivos del celibato adulto

A pesar de todos los cambios producidos por la revolución sexual de los años sesenta, veo muy poca variación en la manera en que el público en general considera a los solteros adultos. Desde las madres preocupadas, pasando por los asociados en los negocios, hasta los pastores, todos ven al varón soltero, con frecuencia, como sospechoso, una anomalía, un ser disfuncional. Algunos pueden incluso pensar si no tendrá tendencias homosexuales. La suposición subyacente es fundamental: la meta de la vida soltera adulta es el matrimonio. Si uno no se ha casado después de algún tiempo (por lo general al llegar a los treinta años), la gente empieza a preguntarse qué es lo que no anda bien. Quiero por tanto desafiar tal suposición.

¿Es encontrar esposa el propósito definitivo de la vida del soltero adulto? Creo que no. Eso equivale a decir que la meta de

> *Desde las madres preocupadas, pasando por los asociados en los negocios, hasta los pastores, todos ven al varón soltero, con frecuencia, como sospechoso, una anomalía, un ser disfuncional.*

la vida adulta de matrimonio es agradar al cónyuge y satisfacer todas sus necesidades. Me parece que eso es pensar demasiado estrechamente tanto en el caso de las personas casadas como de las solteras. Asociar las metas de la existencia con una sola relación impone una presión extrema en la misma, probablemente más de la que ésta puede soportar. Además, no creo que Dios vea al mundo en dos categorías: los casados y los solteros. Esta es una cuestión cultural. El mismo libro que narra de dónde vino la institución del matrimonio (Génesis 2) tiene también mucho que decir acerca de nuestros propósitos individuales, ya seamos casados o solteros.

Contentamiento

Los eruditos bíblicos discuten si el apóstol Pablo estaba casado, si su esposa había muerto (en caso de que la hubiera tenido) o si se había divorciado por causa del reino; pero todos están de acuerdo en una cosa: en el momento de escribir sus cartas Pablo era célibe. Escribe como un soltero con aparentemente poco interés en el matrimonio (1 Corintios 7.8). El apóstol comprende la importancia que éste tiene (Efesios 5.22-33) e intenta regularlo de maneras que honren a Dios, pero sus metas y objetivos personales son otros.

Para regular la vida de cualquier creyente, sea hombre o mujer, Pablo subraya el atributo del contentamiento. En una de sus cartas dice: «Por nada estéis afanosos[...] He aprendido a contentarme cualquiera que sea mi situación» (Filipenses 4.6, 11), y afirma que incluso la piedad sin contentamiento no tiene valor (1 Timoteo 6.6) y que sabe conformarse con su debilidad (2 Corintios 12.10).

No concibo a Pablo como un débil pasivo que aceptara cualquier cosa que sucediese. Él sabía adónde quería ir (Romanos

15.24) y tenía ambiciones para el ministerio que Dios le había dado (Filipenses 1.12). No creo que el apóstol fuera un apocado. Tenía empuje, porque había mucho que realizar, pero al mismo tiempo valoraba el contentamiento. Casi parece que estaba muy consciente de cuánto perturbaría el contentamiento interior de uno los cambios de las principales estaciones de la vida. Por tanto, recomendaba una seria evaluación de las circunstancias personales antes de lanzarse a una relación nueva.

Por eso escribió:

¿Estás ligado a mujer? No procures soltarte. ¿Estás libre de mujer? No procures casarte. Mas también si te casas, no pecas[...] Quisiera, pues, que estuvieseis sin congoja. El soltero tiene cuidado de las cosas del Señor[...] pero el casado tiene cuidado de las cosas del mundo, de cómo agradar a su mujer (1 Corintios 7.27-33).

Dijo esto pese a que animaba a las mujeres más jóvenes a casarse y tener hijos (1 Timoteo 5.14). Aparentemente, el apóstol era un auténtico realista; sabía que cuanto más viejo se hace uno más trabajo cuesta aceptar los cambios. Resulta más fácil hacer modificaciones importantes en la vida cuando uno es joven. Pero el principio que lo abarca todo es el del contentamiento y no el del matrimonio.

He visto desarrollarse esta tensión en varios individuos, tanto hombres como mujeres. Uno de ellos era un vendedor de Dallas. Había estado saliendo con una chica desde hacía dos años, pero su itinerario de viajes era siempre un factor que complicaba la relación. Ella quería echar raíces, mientras que él estaba bastante satisfecho con su vida. Por fin, el hombre me preguntó: «¿Es malo mi contentamiento? Quiero a Susie y tengo interés en ella, pero realmente me gusta mi vida como es ahora». A lo que contesté: «¿Dice acaso el apóstol Pablo que sea malo el contentamiento? Desde luego que no. Lo único que has de determinar es si las razones del mismo son las adecuadas y si deseas renunciar a esa satisfacción interior con tu vida para contraer matrimonio.

A lo largo de los últimos veinte años en el ministerio he llegado a dos conclusiones: primera, que muchos solteros deberían ciertamente haberse casado; y segunda, que a muchos casados les hubiera ido mejor quedándose solteros. Me gustaría tener el don de determinar quiénes se encuentran en cada extremo. Pero estoy de acuerdo con Pablo: las relaciones que cambian la vida pueden llevarse buena parte del contentamiento básico que los solteros dan por hecho. El contentamiento es un artículo poco corriente en un mundo estresado como el nuestro. Si alguien está auténticamente satisfecho con la vida, aunque albergue deseos de contraer matrimonio, no debe tener en poco ese contentamiento, ya que es uno de los propósitos fundamentales de la vida célibe o conyugal. Es raro encontrar a una persona verdaderamente satisfecha.

Disfrute

Al principio de los años cincuenta, los sociólogos estaban preocupados por el hecho de que todos los artefactos nuevos para ahorrar trabajo, que inundaban el mercado, terminarían por crear una jornada laboral de cinco horas y una semana de tres días laborables. Su preocupación se centraba en cómo utilizaría la gente todo su tiempo libre. Desde la perspectiva de los noventa, con computadoras portátiles de menos de cinco años de existencia, teléfonos celulares, discos compactos y faxes, pareciera que lo único que han hecho estos inventos ha sido acelerar nuestras vidas y de alguna manera misteriosa producir el efecto contrario al proyectado en otro tiempo. La vida hoy transcurre por el carril de adelantamiento para casi toda la gente que conozco, aun cuando haya congestionamiento (como sucede por lo general). ¡Unos amigos de Nueva York me han dicho que en Manhattan lo llaman el carril láser! Tengo que preguntarme si hay alguien que realmente esté disfrutando de la vida.

Les digo a mis amigos solteros adultos que gocen la vida, la cual nunca resulta tan sencilla como cuando uno sólo tiene que cuidar de sí mismo. Eso es lo que creo que Pablo estaba tratando de comunicar a los solteros. Para él, el tiempo del celibato era idóneo para cultivar una devoción íntegra al Señor sin las distracciones normales que estimula el matrimonio (1 Corintios 7.35). Pero creo que supone más que el hecho de tener menos distracciones en la vida: los adultos deben aprender a disfrutar de la existencia, lo cual constituye un propósito que Dios ha otorgado a la vida humana.

Puedo anticipar la respuesta a esta afirmación de parte de algunos cristianos: Disfrutar de la vida parece contradictorio con la renuncia y la autonegación que exige la enseñanza del evangelio. Estoy convencido de que la Biblia enseña ambos conceptos. Como gente para la cual es importante la persona de Cristo, debemos estar siempre dispuestos al sacrificio y a renunciar a nosotros mismos en bien de otros, pero ¿significa eso que no tengo que pensar *nunca* en mí ni tratar de disfrutar de mi propia vida? Lo dudo.

En cierta ocasión, Pablo dijo a uno de sus jóvenes pastores que cuidara mucho de sí mismo (1 Timoteo 4.16), y en el contexto de unas palabras a sus lectores sobre el velar por los intereses de los demás, reconoció que es normal mirar también por los de uno (Filipenses 2.4). Gran parte de lo que se transmite como buena teología y buen discipulado es a veces una forma sutil de ascetismo gnóstico que lo único que hace es engendrar cierta dosis de abuso de uno mismo.

Disfrutar no es nada malo. En realidad, la literatura sapiencial de la Biblia trata el tema constantemente, e incluso dice que uno de los propósitos fundamentales que debe guiar a los varones jóvenes es el de cultivar la alegría en los comienzos de su edad adulta. El sabio rey Salomón escribe lo siguiente:

Pero aunque un hombre viva muchos años,
y en todos ellos tenga gozo,
acuérdese sin embargo que los días de las tinieblas
serán muchos[...]

Alégrate, joven, en tu juventud,
y tome placer tu corazón en los días de tu adolescencia;
y anda en los caminos de tu corazón
y en la vista de tus ojos (Eclesiastés 11.8 y 9).

Para aquellos educados en unos valores religiosos bastante estrictos, que afirman que uno no ha de seguir sus deseos debido a que éstos no son de fiar, tal declaración parece casi una herejía. Otros, en un intento de desacreditar a Salomón, dicen: «Sí, pero en buen lío lo metieron»; o «Cuando dijo eso estaba atravesando algún tipo de crisis de la mediana edad». Sin embargo, Salomón da sus razones por animar a los jóvenes a disfrutar de la vida: «Quita, pues, de tu corazón el enojo —expresa—, y aparta de tu carne el mal; porque la adolescencia y la juventud son vanidad» (Eclesiastés 11.10).

¡Cuán tremendamente realista era Salomón! Mientras escribo esta última línea puedo contemplarme a mí mismo en el espejo y ver los efectos de la vida en mi rostro, mi pelo y mi abdomen. Tengo arrugas y calvicie, y he debido hacer nuevos agujeros en mis cinturones. Ya he dejado atrás la flor de la vida del hombre joven. (No estoy muy seguro de dónde estaba exactamente la misma, pero sé que la he superado.) El mensaje de Salomón es claro: Mejor que disfrutes de la vida mientras puedes, porque con el tiempo los efectos de la edad te alcanzarán. Este mensaje no es bien recibido en una cultura de negación de la edad como la nuestra. Aunque la cirugía plástica facial y las liposucciones de abdómen puedan ayudar por algún tiempo, finalmente el deterioro acaba por instalarse, la energía se gasta y uno debe hacer frente a la realidad de que la flor de la vida quedó atrás. Los hombres solteros también necesitan comprender esto. El hecho de ser célibe proporciona una increíble libertad para disfrutar de la vida y hacer muchas cosas que los casados no pueden hacer. Y no estoy hablando de asistir a los bares de solteros o a tener múltiples relaciones sexuales. Por desgracia ese es el cuadro del hombre soltero que se pinta con mucha frecuencia.

Cierto soltero, de unos veinticinco años de edad, tenía un trabajo bastante bueno para haber terminado hacía poco la universidad y estaba saliendo con una chica, aunque en realidad no tomaba en serio la relación. Sus padres lo enviaron a verme porque pensaban que estaba atravesando una crisis precoz de la mediana edad. Quería dejar su empleo y pasar los meses de verano haciendo autostop por Europa. ¿Qué le hubiera dicho usted?

Leí el pasaje de Eclesiastés acerca del gozar la vida y de seguir los propios deseos y también la siguiente amonestación: «Pero sabe, que sobre todas estas cosas te juzgará Dios» (Eclesiastés 11.9). Le dije que jamás resultaría más fácil para él recoger y marcharse, y probablemente volver luego y encontrar otro trabajo —cuando uno llega a los cuarenta o cincuenta años de edad eso se hace más complicado, si no imposible—. «Si quieres hacerlo, hazlo —expresé—, pero que ello no signifique una huida de Dios». El joven nunca se fue —no sé por qué razón—, pero al menos hubo una persona que le dio la libertad de marcharse y le permitió ver que el hacerlo no constituía algo contrario a su fe o a sus deseos personales.

Conozco a otro joven que sí se marchó. Dejó por un año los estudios de graduado a fin de trabajar para una empresa americana en Arabia Saudita —sólo por la experiencia en sí—. Al volver, conoció a una chica y se casó.

No considero esos deseos y sueños como algo contrario a la negación de uno mismo, los veo como experiencias que contribuyen mucho a la madurez; haberlas tenido es haber disfrutado verdaderamente de un regalo. Basándose en todos esos comentarios acerca de la vida, Salomón declara que el disfrute es una de las pocas cosas esencialmente buenas y hermosas: «Lo bueno es comer y beber, y gozar uno del bien de todo su trabajo con que se fatiga debajo del sol, todos los días de su vida que Dios le ha dado; porque esta es su parte» (Eclesiastés 5.18).

Pablo repite fundamentalmente esa misma idea: «Dios[...] nos da todas las cosas en abundancia para que las disfrutemos» (1 Timoteo 6.17). Gozar la vida y lo que Dios nos ha permitido tener no es algo malo, sino bueno. Podría ser pecado el no disfrutar de ello.

Solteros, no dejen pasar la vida mientras dedican su tiempo a buscar esposa. ¿Cuáles son sus deseos, sus sueños, sus ambiciones? ¿Qué es lo que les gusta hacer? ¡Háganlo! ¡No van a ser más jóvenes!

> *¿Cuáles son sus deseos, sus sueños, sus ambiciones? ¿Qué es lo que les gusta hacer? ¡Háganlo! ¡No van a ser más jóvenes!*

No puedo escribir acerca de esto sin pensar en un buen amigo de la familia. Tom es soltero y tiene cuarenta y tantos años. Ha criado algunos hijos que tuvo en un matrimonio el cual acabó en divorcio. Ha jugado a la bolsa, construido y vendido lanchas rápidas, y trabajado como agente de seguros. Asimismo instala alfombras por su cuenta. ¡La compañía la forma él solo! ¿Por qué? Para poder ponerse su propio horario, trabajar tanto o tan poco como quiera y escabullirse a la playa, siempre que lo desee, y abrir su lancha de carreras. Tom sabe lo que le gusta: la gente, su barco y el Señor. Constituye un hermoso reflejo de lo que puede ser la vida soltera de adulto. Su disfrute de la vida se derrama también sobre nuestro hogar. Tom tiene el valor de decir no a la competencia inexorable y a muchos de los valores normales de la clase media alta actual sin sentirse culpable en cuanto a lo que disfruta. ¡Gracias, Tom!

Contribución

Una de mis más serias preocupaciones tanto en relación con los casados como con los que no lo están, es que no forcejeamos lo suficiente con el significado de nuestras vidas. Aquí me meto en aguas profundas, pero he observado que los solteros tienden a considerar el matrimonio como algo que debe zanjarse antes de poder acometer los sueños de su vida.

De nuevo, el apóstol Pablo constituye un modelo de primera en cuanto a la vida del soltero adulto. Creo que Pablo consideraba y vivía su vida como una contribución. Al mirar atrás (habiendo sido transformado por una confrontación personal con el Mesías viviente), comprendió que su vida era un asunto de mayordomía. La existencia debe suponer un gozo y tener satisfacciones, pero también consiste en contribuir. Pablo trabajaba sobre la base del propósito y el significado de la existencia (Colosenses 1.28 y 29). Trató de aportar al reino de Dios a lo largo de toda su vida (1 Tesalonicenses 2.11 y 12) y al final de la misma supo que había hecho algo (2 Timoteo 4.7 y 8) en esa dirección.

A menudo los solteros están tan ocupados estableciéndose en sus profesiones y buscando esposa que no tratan con el punto capital de la existencia: ¿Para qué estamos aquí? Este no es un asunto que deba ser meramente estudiado en un cursillo sobre el sentido de la vida en la universidad, o como parte de una clase de filosofía, sino la búsqueda que han de acometer más tarde o más temprano tanto los creyentes como los inconversos.

Viktor Frankl tuvo que pasar por la experiencia como siquiatra judío en Auschwitz para llegar a enfrentarse por último y plenamente con el significado de la vida. Frankl escribe:

Dudo que un doctor pueda contestar a esta pregunta en términos generales, ya que el sentido de la vida difiere de un hombre a otro, día a día, y hora a hora. Lo que importa, por tanto, no es el significado de la existencia en general, sino más bien el de la vida de una persona en un determinado momento[...] Uno no debería rebuscar algún significado abstracto de la existencia. Todo el mundo tiene su vocación o misión específica en la vida para llevar adelante alguna tarea concreta que demande cumplimiento. En eso no puede ser reemplazado por otro, ni repetir su vida. De modo que la labor de cada uno es tan única como su oportunidad específica para concretarla. Dado que cada situación en la vida representa un desafío para el hombre y le plantea un problema que debe resolver, la cuestión del significado de la existencia puede en realidad invertirse. En última instancia, el hombre no debería preguntar cuál es el sentido de la vida, sino más bien reconocer que *él* es el interrogado. Resumiendo: Cada hombre es interpelado por la vida y sólo puede contestarle respondiendo por su propia existencia. A la vida sólo es posible darle respuesta con la responsabilidad.[3]

Con demasiada frecuencia los hombres solteros no reflexionan sobre cuáles son los talentos, las experiencias y las contribuciones que pueden aportar a la vida. En cierto sentido, esperan que les sucedan cosas o recibirlas sin reconocer que Dios los ha creado a su propia imagen. Como expresiones creativas del Dios viviente, son capaces de realizar contribuciones singulares. Los casados pueden expresar esta desazón del mero esperar y funcionar, pero traigo a colación esto porque a veces los solteros tienen más libertad para pensar acerca de su aportación. Frankl y otros relacionan el disfrute de una buena salud mental con el compromiso como individuo que contribuye a la sociedad, a las necesidades de otros y a la iglesia. Este sentido de propósito es también decisivo para la propia supervivencia durante períodos de estrés o trauma excesivos.

En la cultura americana nos hemos inclinado ante el altar del individualismo y tal vez hoy en día pagamos el que cada uno vaya sólo a lo suyo. Es hora de que pensemos en propósitos más amplios que el del individuo y la realización particular.

En mi iglesia, los solteros adultos hacen muchas cosas que sonrojan a los casados —desde viajes misioneros hasta llevar comidas a los pobres—, demostrando repetidamente que no son *yuppies* egoístas preocupados sólo por sus automóviles importados o sus teléfonos celulares. Se trata de individuos solícitos, abnegados y que contribuyen.

---

3. Frankl, *Man's Search for Meaning* [Búsqueda de significado del hombre], pp. 130-131.

Es una verdadera tragedia ver a hombres solteros preocupados sólo por sus personas. Como dijera Billy Graham en cierta ocasión: «El paquete más pequeño que existe es un ser humano envuelto en sí mismo». He visto efectuarse un asombroso círculo. He conocido a hombres célibes que creen tener serios problemas, y hasta buscan ayuda profesional. Con frecuencia, dicha ayuda los hace más introspectivos, lo cual confirma que tienen problemas y necesitan ayuda. Estoy seguro de que si los «san agustines» del mundo se hubieran parado a pensar lo suficiente, habrían encontrado toda clase de odios a la madre, conflictos no resueltos de la adolescencia y muchas codependencias. Tal vez si los profesionales de la salud mental hubieran existido entonces, jamás se habría escrito *La ciudad de Dios*, y la historia de la teología hubiera sido muy distinta.[4]

Somos mayordomos de nuestras vidas y cada uno tendrá que dar cuenta de lo que haya hecho con la suya. Así lo creo, pero aunque no lo creyese pienso que probablemente en el momento de la muerte querría mirar hacia atrás y preguntarme: «¿Ha servido de algo mi vida para alguien, incluyendo a mi Dios?»

Los hombres solteros y la iglesia

Ahora quisiera ocuparme de algunas tradiciones eclesiásticas referentes a los hombres célibes. En ciertos casos, la experiencia del varón soltero es la misma por la que tienen que pasar las mujeres en muchas áreas de sus vidas. A saber, los solteros reciben muchas buenas palabras acerca de la igualdad en el reino de Dios, pero cuando se trata de escoger líderes, hay —o parece haber— una predilección intrínseca por los hombres casados. Volvemos a habérnoslas con el problema del sospechoso varón soltero.

---

4. Por favor, no malinterprete lo que digo. Creo en la ayuda sicológica y en los profesionales de la salud mental, pero he visto a algunos hombres solteros buscar orientación cuando lo único que necesitaban era una patada en el trasero, un desafío y hacer una contribución. Resulta difícil para muchos consejeros dejar de encontrar problemas por los cuales se les necesita.

Percibo esto en dos áreas particulares: la primera es aquella del ministro profesional en nómina. Intente ser un pastor soltero hoy en día y verá que sus opciones de trabajo son pocas o limitadas.

¡Desde luego la mayoría de las iglesias no querrán probablemente reconocer que favorecen a Federico Casado en detrimento de Antonio Soltero, pero el problema siempre está presente! Conozco a un compañero de seminario que se presentó hace poco como candidato para cubrir una posición vacante. Aunque estaba calificado para el trabajo, no se lo consideró seriamente por haber cumplido ya los cuarenta y no haberse casado nunca. Algunos temían que pudiera tontear demasiado con otras personas solteras de la iglesia. Además, también estaba la sospecha no expresada de que pudiese ser homosexual. El varón célibe en los niveles máximos de liderazgo de la iglesia es sospechoso.

La segunda área afectada por este prejuicio es el liderazgo laico. En las tradiciones fundamentalistas más estrictas, los hombres solteros se enfrentan con barreras casi insuperables para convertirse en ancianos o diáconos. Los consejos de iglesia están formados casi siempre por personas casadas. Resulta una ironía ver congregaciones que se enorgullecen de tener un liderazgo representativo en su consejo y que no cuentan en el mismo más que con varones casados, aun cuando las mujeres y los hombres solteros constituyan altos porcentajes de la iglesia.

> *Reconozcámoslo. En muchas iglesias el verdadero ritual, cuando se pasa a la edad adulta, es el matrimonio. Si no has tenido esa experiencia no se te ve como maduro.*

Estas actitudes transmiten a los varones célibes el mensaje de que todavía no son personas maduras, que no se los considera adultos. Reconozcámoslo. En muchas iglesias el verdadero ritual, cuando se pasa a la edad adulta, es el matrimonio. Si no has tenido esa experiencia no se te ve como maduro. Cierta iglesia que conozco estaría probablemente más dispuesta a incorporar a su junta a un divorciado célibe que a un soltero que jamás haya estado casado. Ser varón y soltero en la iglesia es otra área más en la que la masculinidad resulta dificultosa.

Soledad imprevista

La soledad con la que se encuentra un hombre a consecuencia de acontecimientos fuera de su control no es sencilla. Cada vez en mayores números, los varones quedan solos a raíz del divorcio o de la muerte de su cónyuge. Estos hombres no planearon estar o vivir en tal situación, pero ya sea de repente o de manera gradual se hallan fuera de la vida matrimonial. Son célibes, pero de un tipo distinto. Tienen un vínculo común que diferencia su masculinidad de la de otros varones. Han sufrido una pérdida y deben ajustarse a situaciones vitales nuevas y distintas, a la paternidad solitaria y a un sentimiento general de que la vida ha perdido su sabor.

Ya sea que la pérdida del cónyuge se haya producido por fallecimiento o por divorcio, el resultado es el mismo para el hombre: está otra vez solo. Y la mayoría de los varones adultos no aceptan bien esta soledad.

George Gilder alude gráficamente a ese varón herido:

Tal vez la evidencia más dramática del interés vital, en el sentido estricto del término, que tienen los lazos matrimoniales para el hombre, es el efecto que produce la ruptura de dichos lazos por divorcio o viudez. Contrariamente a esas imágenes usuales de la esposa desvalida y abandonada, las estadísticas aportan pruebas mucho mayores de maridos desamparados y con traumas[...] Pero en términos de enfermedad mental y física, o de esperanza de vida, el divorcio daña mucho más al hombre que a la mujer. Así que los hombres divorciados son bastante más susceptibles de buscar ayuda siquiátrica que las mujeres divorciadas o separadas, y pueden encontrarse en números mucho mayores en los sanatorios mentales. También son más propensos a reconocer la infelicidad que las mujeres divorciadas[...] Además de esto, el efecto que tiene el matrimonio sobre el carácter no es meramente una conclusión de la estadística. No hay que ir muy lejos para encontrar ejemplos de solteros piratas transformados por la unión conyugal u otros de hombres antes emocionalmente estables hundidos en la depresión y en la bebida a causa de la viudez o del divorcio.[5]

Un hombre que había solicitado el divorcio me dijo que no comprendía sus sentimientos. «¿Por qué tengo tal sensación de pérdida —expresó—, si yo quería estar solo y soltero?»

Se trata de uno de esos varones bastante típicos que han perdido el contacto con sus emociones. «Los hombres —le contesté— a veces consideramos el matrimonio como algo semejante a hacerse socio de un club o de una organización. Firmamos al pie, nos comprometemos con las reglas y eso es todo. Luego, si sucede algo que no nos gusta, retiramos nuestra membresía y nos vamos a otra parte. Así de sencillo. Sin más emociones. Y suponemos que con el matrimonio pasa igual. Pero perder al cónyuge no es como dejar de ser socio de un club —añadí luego—, sino como quedarnos sin una de nuestras extremidades. Incluso cuando un hombre con un miembro canceroso desee librarse de él para salvar su vida, sentirá una tremenda pérdida. La esposa forma parte de sí mismo, de su historia, de su tiempo, de su dinero, de sus hijos. Tal persona no sale de su vida sin más, permitiéndole a usted seguir inmediatamente adelante como si nada hubiera pasado». Desde luego, hay algunos hombres que tratan de negar que sienten algo al respecto, pero tarde o temprano se hace patente.

Después del accidente del Delta L1011 en el Aeropuerto Internacional de Dallas-Fort Worth, se requirieron mis servicios. Cierto hombre estuvo hablando conmigo unos pocos días después de enterarse de que su ex esposa había muerto en el siniestro, y le pregunté: «¿Hay algo que le hubiera gustado poderle decir a ella?» Echándose a llorar contestó: «Habría querido

---

5. Gilder, *op. cit.*, pp. 66 y 67.

decirle que la vida a su lado no fue tan mala como le hacía creer». Se había divorciado de su mujer y no la quería en su vida, pero con ella se enterraron muchas cosas que jamás podría recuperar: gran parte de su historia y de su experiencia en común.

Un fenómeno interesante en los hombres es lo rápido que forman nuevas relaciones con mujeres. J. Eugene Knott comenta: «Comparados con las viudas, los viudos parecen unirse nuevamente con el sexo opuesto más a menudo y con mayor celeridad».[6] Es como si de tal manera se considerasen hombres casados —o varones en relación con una mujer— que les resulta un choque demasiado fuerte el enfrentarse otra vez con su soledad. Quizá sea el «síndrome del consentido de mami» que está volviendo a levantar su repulsiva cabeza. Los hombres no son capaces de verse a sí mismos sin una figura materna que cuide de ellos, por tanto pasan muy rápido a nuevas relaciones y vuelven a casarse en proporciones increíbles.

En cierta ocasión pregunté a un sociólogo familiar acerca de las estadísticas sobre cuán rápidamente, después de la muerte de sus esposas, se casan los hombres que han enviudado, y me contestó: «Déjeme decírselo de esta manera: Es posible que en el mismo funeral estén mirando a su alrededor en busca de la mujer soltera más apta, quien la mayoría de las veces resulta ser una de las mejores y más antiguas amigas de su esposa».

La soledad imprevista no es algo simple para los hombres, los cuales tratan de aplacar el dolor de la relación terminada con un nuevo vínculo, pasando por alto al hacerlo algunas de las mayores lecciones de la vida; lecciones acerca de su identidad real como varones. Fresh Start [Nuevo Comienzo], un seminario internacional que tiene por objeto la recuperación del divorcio, sugiere que la persona divorciada no busque una relación estable al menos durante los dos años siguientes a la terminación del matrimonio. La razón es sencilla: por lo general se tarda como mínimo ese tiempo en asimilar las emociones normales que se experimentan con motivo de un divorcio. El resentimiento, la

---

6. Knott, «Grief Work with Men» [Cómo tratar el dolor de los hombres], p. 100.

depresión, la negación y el regateo con Dios pueden llegar a mezclarse con la intensidad romántica de la nueva relación. Si el amor obsesivo ataca con fuerza a aquellos que nunca han estado casados, también afecta de un modo agudo a los recién divorciados y a los viudos. Cierto hombre que conozco se volvió a casar tan pronto, después de la muerte de su esposa, que sus hijos adultos no pudieron soportarlo y casi no quisieron tener nada que ver con él.

En *Second Chances* [Segundas oportunidades], Judith Wallerstein y Sandra Blakeslee revelan que la experiencia de recuperación de un divorcio en particular presenta tareas únicas:

> El peligro en toda crisis es que la gente se quede donde está, reaccionando constantemente a lo largo de los años al impacto inicial como si éste acabara de producirse. Las oportunidades en las crisis son que la persona reconstruya lo que se ha destruido o cree un sustituto razonable para ello; que sea capaz de crecer emocionalmente, adquirir nueva competencia y orgullo, y fortalecer las relaciones íntimas muy por encima de su capacidad anterior.[7]

Algunas de las tareas que mencionan Wallerstein y Blakeslee incluyen llorar la pérdida, recuperarse, resolver o contener las pasiones, aventurarse de nuevo, reedificar, y ayudar a los niños (si se tienen). Las autoras concluyen diciendo:

> Este es el principal trabajo sicológico y social del divorcio, que comprende todas las tareas anteriores a modo de ladrillos. El objetivo es crear una nueva y sostenida relación de adulto que sea mejor que la que queda atrás, e incluya a los niños o establecer una vida fuera de la relación conyugal gratificante que abarque, pero no sobrecargue, a los hijos. Para encontrar la estabilidad después del divorcio una persona debe permitir

---

7. Wallerstein y Blakeslee, *Second Chances* [Segundas oportunidades], p. 277.

que las obligaciones, los recuerdos y las lecciones del pasado coexistan pacíficamente con las experiencias presentes. Esa es la verdadera esencia de las segundas oportunidades. Aunque he expresado tales tareas en sucesión, cada individuo va necesariamente atrás y adelante, trabajando en una de ellas y luego en otra, o en varias simultáneamente, a lo largo de los años. Como todo lo demás en la vida, las soluciones son relativas. He descubierto que algunas personas perdonan y que la mayoría de ellas jamás olvidan, ni tienen por qué hacerlo. Pero es verdad que un nuevo crecimiento sólo puede echar raíces en un terreno preparado que no se halle todavía cubierto de hierbas. De modo parecido, las nuevas relaciones necesitan el espacio creado por la separación de un individuo de lo antiguo y su receptividad hacia lo nuevo.[8]

Después de un divorcio o de la muerte del cónyuge, los hombres necesitan comprensión y un compañero de duelo que sea capaz de recorrer con ellos sus emociones o sentimientos no emotivos. Esta persona debería ser alguien en quien el hombre confíe. No creo que deba tratarse de un individuo del sexo opuesto, aunque muchos hombres han intentado convencerme de que en su caso una mujer ha desempeñado este papel. Aún veo a esas mujeres como esposas o madres sustitutas que llenan el vacío femenino dejado por el cónyuge. Sin embargo, estoy dispuesto a reconocer que puedo equivocarme. Somos hasta tal punto criaturas de la negación, con frecuencia habiendo perdido el contacto con nuestros propios motivos, que me resultan sospechosas unas sustituciones tan aceleradas. Pero jamás he pasado por ello.

La soledad no nos resulta sencilla. Aun el duelo se ve complicado por nuestros enfoques únicos de varón y la forma en que el lado femenino los interpreta.

La soledad que los hombres experimentan resulta dolorosa y a menudo es invisible y mal interpretada. Algunos varones

8. *Ibid.*, pp. 281.

llegan a la conclusión de que la única forma de tratar adecuadamente con lo que sienten es casándose para reparar el dolor. Ya sea consciente o inconscientemente, el motivo sexual tiene probablemente alguna parte en la decisión. Después de todo, ¿no dijo el apóstol Pablo que es mejor casarse que estarse quemando? Pero el matrimonio no hace en absoluto más fácil esta área de la vida. ¡Incluso la sexualidad de casado es difícil!

CAPÍTULO 6

No es fácil la alcoba

O de lo que los hombres bromean, pero de lo que jamás hablan

■

Cuando los hombres empiezan a hablar de sexo, uno descubre que tienen toda una mitología o al menos muchos falsos conceptos acerca de su propia sexualidad. Escuchándolos y actuando como su confesor he observado cierta experiencia común. Parece haber una similitud fundamental entre las vidas interiores de los varones adultos: sus luchas, sus temores y sus falsos conceptos son también los míos. Lo que encontramos unos en otros es a esos seres sexuales que somos. Cuando por fin se logra levantar la tapa, la vida sexual interior aparece como una extraña contradicción de creencias, dilemas y a menudo comportamientos autodestructivos. La diferencia entre lo que los hombres desean y lo que consiguen, o entre lo que piensan que deberían desear y aquello que terminan logrando, es extrema y a veces absurda.

A lo largo de mis años como pastor y consejero he llegado a tres conclusiones acerca de la sexualidad de los hombres.

> *La mayoría de los varones adultos creen que si revelaran completamente la verdad sobre su sexualidad, alguien podría pensar que son unos pervertidos o unos individuos disfuncionales.*

Primeramente, que los solteros se sienten mucho más culpables de lo que en realidad son o de lo que revelan. En segundo lugar, que los hombres casados tienen probablemente menos actividad sexual de lo que están dispuestos a reconocer ante otros varones. Y en tercer lugar, que la mayoría de los hombres confiesan sólo una pequeña capa (por lo general aquella aceptable) de su experiencia sexual verdadera. La mayoría de los varones adultos creen que si revelaran completamente la verdad sobre su sexualidad, alguien podría pensar que son unos pervertidos o unos individuos disfuncionales. Eso no deja mucho terreno intermedio. El doctor Bernie Zilbergeld comenta:

> Una de las piedras angulares del estereotipo masculino en nuestra sociedad es que el hombre no tiene dudas, preguntas o confusión alguna en cuanto al sexo, y que un hombre de verdad sabe cómo gozar relaciones sexuales satisfactorias y las mantiene a menudo. El que un varón adulto pregunte algo acerca del sexo, revelando así ignorancia en cuanto al mismo, o exprese preocupación al respecto, o reconozca un problema en ese campo, es arriesgarse a ser tenido por algo menos que un hombre.[1]

Ya sea que los hombres fanfarroneen acerca de sus hazañas sexuales o que no hablen nunca de ello, lo cierto es que nuestro tiempo en la alcoba no resulta muy sencillo. Lo que sucede cuando se cierra la puerta del dormitorio no es necesariamente una agradable expresión de amor o de lujuria. Nuestra incómoda masculinidad hace que la vida amorosa sea también incómoda para nosotros. Nuestra experiencia sexual revela tanto acerca

---

1. Zilbergeld, *Male Sexuality* [Sexualidad masculina], p. 5.

de lo que somos como cualquier otra área de nuestras vidas, pero existe la tensión adicional del gran secreto que rodea al tema. Cierta fuente afirma: «La organización masculina enseña a los hombres jóvenes que el sexo es algo secreto, moralmente impropio y agradable».[2] Y esta afirmación es todavía más cierta en el caso de los hijos de la fe llamados cristianos. Hablar de sexo y revelar nuestros problemas en ese terreno es ser considerados como poco espirituales o como personas que están en pecado. Sin embargo, para comprender la ansiedad que despierta el tema debemos estar dispuestos a traspasar el velo seudoespiritual y hacer frente a nuestros motivos y miedos más profundos. Herb Goldberg observa:

> Las verdades más profundas de nuestra constitución sicológica se revelan en la respuesta sexual, lo que nos excita y lo que nos apaga, y los elementos relativos a la distancia que son una expresión del varón exteriorizado y de la mujer interiorizada, elementos que se expresan sexualmente. Él se mueve inexorablemente hacia la desconexión y ella hacia la fusión (intimidad). Aquello que nos excita sexualmente o nos apaga relata verdades dolorosas acerca de nuestras defensas polarizadas más profundas. Además hay mucho que aprender de nuestras elecciones y fantasías sexuales, así como de la forma en que tales elecciones se expresan en nuestras respuestas eróticas.[3]

Enfrentar las realidades de nuestra experiencia sexual puede constituir uno de los ejercicios que más madurez espiritual nos brinden. A través de él descubrimos quiénes somos realmente y en qué grado nos afectan nuestras convicciones, nuestros valores, nuestras motivaciones y nuestras experiencias pasadas. Estas son cuestiones de identidad muy profundamente arraigadas en los varones, y constituyen un área en la que el ego

---

2. Fracher y Kimmel, «Counseling Men About Sexuality» [Cómo aconsejar a los hombres acerca de la sexualidad], p. 88.
3. Goldberg, *The Inner Male* [El hombre interior], p. 119.

masculino es muy frágil. Correcto o incorrecto, real o ficticio, el funcionamiento sexual adecuado se considera prueba de masculinidad, de modo que cualesquiera dificultades en el terreno del sexo dañan inevitablemente la identidad del varón.[4] A los hombres nos resulta difícil expresar cómo nos sentimos en cuanto a nuestras expresiones sexuales.

Como ya expliqué anteriormente, los hombres no tienen esa facilidad para expresar cosas íntimas, tan naturales para las mujeres, especialmente cuando se trata de sentimientos. Herb Goldberg cree que los sexos están tan polarizados por los condicionamientos, que resulta en su mayor parte imposible conseguir que los hombres «de verdad» se relacionen en el nivel de los sentimientos. Y señala:

> La realidad sicológica más profunda en cuanto a los hombres y la masculinidad es que a los varones les resulta inconscientemente amenazador, frustrante e insatisfactorio relacionarse de maneras personales, y que en la relación polarizada varón-mujer, y dentro de la dinámica de la familia tradicional, un hombre no puede ser diferente por un simple acto de la voluntad, aunque lo desee, algo que les sucede a la mayoría de los varones adultos[...] El condicionamiento masculino se exterioriza y lo desconecta, llenando de ansiedad e inquietud el lado personal de su vida, mientras que siempre que se concentra en objetos impersonales, metas y abstracciones fuera de sí mismo experimenta una disminución de la ansiedad, satisfacción y un sentido de masculinidad[...] En otras palabras, cuanto más masculino es el varón menos puede relacionarse a un nivel personal, quiera o no quiera hacerlo.[5]

Esta realidad no es muy comprendida por ninguno de los dos sexos. El hombre tiene probablemente una idea mucho más realista acerca de la sexualidad femenina, debido al énfasis que

---

4. Fracher y Kimmel, *op. cit.*, p. 91.
5. Goldberg, *op. cit.*, pp. 231 y 232.

han puesto en la misma el movimiento feminista y los escritos sobre la sicología de la mujer, que ésta acerca de la del hombre. Puesto que los varones no manifiestan sus personalidades internas a las mujeres, especialmente en lo relacionado con el sexo, muchas esposas y amigas no tienen ni idea acerca de la sique sexual interior del varón y, por consiguiente, albergan muchas opiniones graciosas sobre cómo es la sexualidad masculina. Cuando hablo sobre el tema a grupos de mujeres, algunas se quedan muy sorprendidas al oír nuevas ideas sobre la sexualidad de los hombres. Puesto que la mitad de la relación conyugal opera en función de una serie de suposiciones distinta en el dormitorio, no es de extrañar que éste se vuelva incómodo. Hay que desmitificar la alcoba y liberarla de esas falsas suposiciones, que constituyen demonios que destruyen la gozosa expresión mutua de una sexualidad compartida. Tanto los hombres como las mujeres se ven atormentados por estos noche tras noche a causa de su inconsciente presencia en actitudes y respuestas.

¿Y cuáles son algunos de esos mitos a los que les permitimos nublar nuestro pensamiento y hacer incómodas nuestras alcobas conyugales?

Mitos sexuales masculinos

Los hombres quieren sexo a todas horas

El primer mito masculino es que los varones no se sacian de relaciones sexuales. No sé quién lanzaría dicho mito, pero sigue vivo y goza de buena salud. Las mujeres creen realmente que los hombres desean sexo a todas horas. Y basándome en las conversaciones que he mantenido con varones adultos, mi estudio de las investigaciones disponibles y mi propia vida, sé que ellos no son así. Sin embargo, aquí también las mujeres tienen ventaja, ya que la literatura popular y el conocimiento de que hay ciertos momentos del mes en los cuales ellas no están motivadas sexualmente, han hecho que los hombres se acostumbren a sus no. Una mujer puede sufrir un dolor de cabeza o tener la regla, y esas cosas constituyen un legítimo no aceptable para el hombre. El varón que cuestiona tales cosas o las rechaza es insensible y le impone la relación sexual a la mujer.

Sin embargo, el que un marido le diga no a su esposa suscita preguntas en otros varones (que piensan que si un hombre lo es de veras, jamás debería negarse) y en ella. La mujer repasará inmediatamente toda una serie de hipotéticas razones sin relación entre sí acerca de por qué él ha dicho no «realmente». Y piensa: «¿Tendrá una aventura? ¿No le resulto atractiva? ¿Me ama de veras? ¿Le gusta más mi mejor amiga? ¿Es acaso impotente? ¿Lo han despedido del trabajo? ¿Tiene SIDA?» Todas sus preguntas se basan en el mito de que los hombres siempre quieren sexo. Si su hombre no la desea en ese momento, algo debe andar verdaderamente mal, ya sea en él o en ella. Sin embargo, la simple realidad puede ser, ni más ni menos, que esté cansado o que no le apetezca tener relaciones sexuales en ese momento.

Sería agradable que las mujeres pudiesen aceptar el hecho de que a veces los hombres no se sienten románticos. Resultaría excepcional si reconocieran también que un sentimiento momentáneo no significa que los maridos no amen a sus esposas o que algo vaya mal en la relación. Los hombres no son máquinas sexuales que mueren si no están en la cama. El sexo es importante para ellos, pero no de suma importancia.

> Sería agradable que las mujeres pudiesen aceptar el hecho de que a veces los hombres no se sienten románticos.

Este mito conduce con frecuencia a los hombres a otra área de una relación motivada por el rendimiento. Si un hombre piensa que su mujer tiene este concepto del sexo y su ego masculino está en peligro con respecto a ella, con frecuencia ejecutará la rutina para confirmarle que los hombres quieren sexo todo el tiempo, y que él es muy hombre, a pesar de que preferiría dormir. Este razonamiento resulta más fácil y seguro que enfrentarse a sus sentimientos directamente, desafiando las insinuaciones sexuales de su mujer y teniendo posiblemente que discutir «lo que nos pasa». El mito ha tomado una hermosa experiencia y la ha convertido meramente en una cuestión de actuación del uno para con el otro, en vez de en una relación verdadera entre ambos motivada por la mutua comprensión.

Los hombres necesitan el sexo para aliviar la tensión

El segundo mito dice algo como lo siguiente: los hombres necesitan el sexo para aliviar la tensión. Estoy seguro de que este mito es un remanente de alguna clase de educación sexual dada en el instituto o de determinadas clases de biología impartidas en la universidad. Se basa en la realidad de que el semen se acumula en los testículos, lo cual puede o no causar cierto dolor o tensión.[6] Sin embargo, con toda probabilidad ciertas mujeres exageran desmedidamente la evidencia en favor de la causa. Aunque la intención de la esposa pueda ser sincera y piense de veras que está satisfaciendo las necesidades de su esposo al aliviar su tensión, a mi modo de ver, este argumento convierte la expresión sexual en un mero servicio prestado.

Cierta esposa me dijo: «Si mi marido no tiene relaciones sexuales al menos una vez por semana se pone muy irritable». Pero si los hombres necesitan meramente aliviar la tensión, la relación matrimonial se convierte en algo despersonalizado y deshumanizado, incluso desmasculinizado. El hombre al que su mujer acaba de prestar servicio no se siente amado o valorado por sí mismo, sino como algo impersonal, una especie de animal al que se le han extraído los fluidos para que pueda sentirse mejor.

Los hombres no necesitan las relaciones sexuales para aliviar la tensión. En la creativa obra de sus manos, Dios ya se ha ocupado del problema de la tensión mediante las emisiones naturales nocturnas, que tienen lugar cuando la acumulación de

---

6. Para una comprensión cabal de la fisiología del sexo, véase *The Gift of Sex* [El don del sexo] de Clifford y Joyce Penner.

fluido es demasiada. Para los hombres, el coito supone mucho más que un alivio de la tensión. La mujer que se ve prestando un servicio a las necesidades de su esposo tiene un concepto deficiente del sexo y una comprensión inexacta de lo que precisa su marido en el terreno sexual.

Un hombre sólo está satisfecho cuando llega al clímax

El tercer mito es que un hombre sólo se siente satisfecho cuando llega al clímax. Esto hace del hecho último la única realidad importante. Si el hombre no alcanza el orgasmo, la relación sexual es insatisfactoria y no tiene sentido. Por desgracia, este mito está arraigado profundamente en las dos industrias pornográficas. ¡Sí, he dicho dos! Una dirigida a los hombres, que promueve el mito, y otra a las mujeres, que hace lo propio. Estamos más familiarizados con la primera porque resulta más obvia, más gráfica y se halla más sujeta al ataque.

La industria de películas, vídeos y revistas X es un negocio mayormente orientado hacia los hombres, que son sus principales consumidores. Las mujeres constituyen el cebo, pero los peces son los hombres. Esta industria presenta el mito del explosivo orgasmo masculino. Todo se dirige hacia ese fin, y el orgasmo justifica lo que sea hasta llegar ahí. Bernie Zilbergeld comenta:

> En la mayoría de los materiales eróticos no hay orgasmos ordinarios, corrientes. Cada uno de ellos es explosivo, que disloca el cuerpo y hace estallar la mente, e incluso mejor que el anterior. No resulta necesario decir que no es así como sucede en la vida real, sin embargo, muchos de nosotros tomamos la fantasía como meta y no omitimos ningún esfuerzo a fin de lograr el orgasmo sumo para nosotros mismos o nuestros cónyuges. Comparado con la fantasía, los orgasmos reales pueden parecer más bien vulgares.[7]

---

7. Zilbergeld, *op. cit.*, pp. 50 y 51.

Como en nuestra sociedad las mujeres están más expuestas al material pornográfico orientado hacia el varón y más conscientes del mismo, el mito de el orgasmo en los hombres llega a ser supremo. Las mujeres creen que los varones no quedan satisfechos a menos que ocurra la explosión, y basándose en este malentendido, hacen que la misma tenga lugar lo antes posible. Así se crea el otro mito adicional de que la mujer ha cumplido con su obligación dando a su hombre lo que él realmente más quería y lo que de todas formas era lo más importante. La industria pornográfica orientada hacia el varón promueve y glorifica una concepción fantástica del sexo, que da importancia suprema al orgasmo masculino. ¡Pero es que lo mismo hace la pornografía orientada hacia la mujer! Esta última resulta igual de tentadora y es mucho más aceptada —y en definitiva promueve exactamente la misma mitología—.

La palabra *pornografía* viene de dos vocablos griegos: *pornos*, que significa «ramera o prostituta, así como la actividad sexual que se realiza con tal persona», y *graphé*, que quiere decir «escritura». Estos dos términos juntos cobran el sentido de escribir acerca de la actividad sexual con rameras o el más general de cualquier tipo de escrito que presente relaciones sexuales ilícitas. Desde el punto de vista del consumidor, consiste en comprar una relación sexual ilegítima sustitutoria: adquirir fantasía sexual.

Desde esta perspectiva, adopto la polémica opinión de que cualquier forma de fantasía sexual sustitutoria es igual de pornográfica y dañina, ya que promueve un estereotipo sexual incorrecto. Los consumidores de la segunda clase de pornografía son mayormente mujeres, aunque en dicho material se las presente como cebo a ellas y a los varones, así como al concepto de amor romántico. El amor, según aparece en el material mencionado, termina en el mismo orgasmo explosivo. Esta mitología se encuentra en las dosis diarias de los seriales de televisión y en las novelas de amor romántico baratas acerca de las cuales hablan algunas mujeres.

Dichas novelas y los episodios televisivos de la tarde presentan una forma de pornografía. Son materiales pornográficos porque describen fantasías sexuales ilícitas por precio y crean una imagen artificial de la sexualidad normal. Las mujeres «compran» el concepto del amor romántico, que culmina con el explosivo beso o la escena de cama, experimentando las mismas emociones que los hombres cuando contemplan los materiales X. Ambos comercian con ficción sexual y reciben una carga sicosexual al vivir sustitutoriamente las fantasías prohibidas que ejecutan los actores y actrices. No son más que imágenes impresas y filmadas, concebidas por escritores y llevadas a la práctica por productores e intérpretes, a los que se remunera económicamente para que jueguen con nuestra imaginación sexual.

Muchas personas no aceptarán la idea de que los *culebrones* televisivos son igual de pornográficos que otras materiales más explícitos, pero creo que lo son. Las imágenes que se han formado en las mentes de las mujeres acerca de la sexualidad masculina están enérgicamente representadas en estas obras. Pensar que dichas imágenes no tienen ninguna influencia sobre el pensamiento femenino es como defender que la constante exposición de los hombres a los videos X tampoco afecta a estos. Sin embargo, muy poco se dice del impacto que tiene este material en el concepto femenino de los varones y de la influencia que puede ejercer sobre su idea del sexo y del amor en el matrimonio.

Comparado con una novelista romántica del máximo éxito como es Jackie Collins, D. H. Lawrence resulta bastante insípido. Sin embargo, en su obra se presentan las mismas fantasías irreales sobre el sexo. Y de todos modos, ¿quién lee a Lawrence? Todos conocemos la respuesta: las mujeres son quienes leen a Lawrence, Collins y el resto. Lo que Lawrence describe en vívidas imágenes verbales es exactamente lo mismo que se crea con la cámara para el público masculino.

A las mujeres les gusta el mito tanto como a los hombres. Para una mujer, la idea de perder la cabeza, de ser tan arrebatada emocionalmente que llegue a una playa remota y se convierta en algo que antes no era, le resulta muy atractiva, tanto como el clímax perfecto con una hermosísima joven estrella de material X que experimentan los hombres. Unos y otras apoyan la fantasía del importantísimo clímax.

La realidad es que los hombres son capaces de disfrutar del tacto, los besos y las caricias sin necesidad de efectuar la gimnasia del sumo orgasmo, y de hecho lo hacen. Hay ocasiones en las que los maridos gozan llevando a sus mujeres a un clímax sin siquiera precisar o desear ellos mismos un orgasmo, y pueden asimismo disfrutar del coito sin eyaculación.

Cierto hombre me dijo que cada vez que él y su esposa tenían relaciones sexuales, si tardaba más de cinco minutos en alcanzar el orgasmo, ella le decía: «¿Qué es lo que sucede, querido?» La implicación era que si no llegaba al clímax inmediatamente, algo le pasaba. Esto impedía su disfrute cabal de las relaciones conyugales con su mujer. Ella haría bien en gozar cuando su esposo la ama, sin mirar el reloj, y en aprender a disfrutar del toque, las caricias y el sentido de unidad que les proporciona su unión. De todos modos... ¿no es eso precisamente lo que dicen querer las mujeres? Si realmente desean que las tengan en los brazos y las acaricien, ¿por qué quieren hacer que el hombre llegue a su clímax lo antes posible? Esta es una variante del sexo como servicio al cónyuge —algo poco realista e insincero— y refleja una desafortunada actitud hacia la sexualidad masculina.

Los hombres tienen aventuras amorosas por culpa del sexo

Otro mito sexual sobre los varones es que estos se van con otras mujeres debido al fracaso de sus relaciones conyugales. Dicho mito también deshumaniza sutilmente a los hombres, haciéndolos meros seres sexuales controlados por instintos e impulsos eróticos.

Pero los hombres son algo más que seres sexuales. Cuando el varón desea exclusivamente sexo hay muchas mujeres en nuestra sociedad dispuestas a proporcionárselo por dinero. Esas chicas del oficio no quieren líos, ni oír cómo se siente el hombre en cuanto a la vida, su matrimonio o la bolsa de valores. Están disponibles para prestar un servicio y obtener un pago. ¿Por qué pensamos que tiene tanto éxito la prostitución? Pocos hombres se enamoran de prostitutas. Se trata de un mero intercambio entre ellos.

Sin embargo, los hombres sí se enamoran de sus secretarias, clientas, asociadas en los negocios, compañeras de coro o de las esposas de sus mejores amigos. Y estoy convencido de que la razón tiene poco que ver con el sexo. Por lo general, puede que este se halle implicado, pero no constituye necesariamente la causa principal. La razón es mucho más profunda. La relación con la otra mujer suple alguna necesidad en la vida del hombre que su trato con su propia esposa no ha satisfecho. He conocido hombres con esposas espléndidas y muy sensuales, pero que han «caído» en una aventura. Al preguntarles acerca de sus relaciones sexuales en el matrimonio, las más de las veces responden: «Ah, son magníficas».

El saber esto supone a menudo para la esposa tanto una buena como una mala noticia. Buena, en el sentido de que no tiene por qué sentirse culpable por no ser una compañera sexual adecuada para su marido. Mala, porque debe evaluar qué otra cosa en su relación puede no haber sido como debería, o porque ha de aceptar la realidad más dura de todas: ¡Que simplemente sucedió y que él la ama de veras![8]

En estas situaciones es importante conocer la sicología del varón. A veces resulta casi jocoso y prácticamente irracional pensar en un hombre sexualmente capaz, con una esposa muy atractiva e incitante acostada a su lado en la misma cama, que en vez de desearla a ella se siente eróticamente estimulado por alguien menos agraciado y mucho más lejano. No se trata de una ecuación razonable, a menos que entendamos hasta qué punto

---

8. Naturalmente, la culpa en estos casos es compartida. Un matrimonio requiere el compromiso de dos personas, y el 95 por ciento de las veces ambos son culpables. De modo que cuando un hombre tiene una aventura amorosa no estoy intentando decir que la falta sea de su mujer. Él es responsable y culpable de romper los votos matrimoniales.

la masculinidad de un hombre es incómoda e ilógico su comportamiento en la alcoba.

El codiciar imágenes o a alguna personalidad distante cuando una mujer atractiva y dispuesta se encuentra a su lado desafía a todo instinto animal, lo que significa que su sique de varón y su vida sexual interior son muy complejas. Esta realidad hace de él un ser superior y exige de su esposa que lo considere como más que un animal sexual. Su respuesta erótica no está desconectada del resto de su vida, y cuando tiene una aventura amorosa con otra mujer lo hace con algo más que con el cuerpo de esta. Se trata de un ser relacional, y la calidad de sus relaciones se desborda sobre otras áreas de su vida.

Las mujeres no son las únicas que aceptan mitos sexuales. También los hombres se aferran a fábulas relativas a la sexualidad femenina que dificultan más su propio funcionamiento sexual.

Los mitos de los hombres acerca de las mujeres

Nos guste o no, queramos o no admitirlo, los hombres nos casamos con nuestras madres. Emocionalmente, tenemos muchas necesidades de «niño pequeño» que traemos con nosotros al matrimonio, en busca de atención materna. Por consiguiente, escogemos mujeres con tendencias maternales que puedan cuidar de nosotros, satisfacer nuestras necesidades, afirmar nuestros egos y sostener nuestro yo interior.

Nos guste o no, queramos o no admitirlo, los hombres nos casamos con nuestras madres.

Este primer mito consiste simplemente en que ella debería ser una matrona para mí. El chiquillo que aún queda dentro del hombre le hace desear una mujer que sea y funcione como segunda madre. Y obviamente esta actitud no termina a la puerta de la alcoba, sino que impregna asimismo la relación sexual. La razón de ser de la esposa es satisfacer sus necesidades —incluyendo sus apetitos sexuales—.

La mamá que le limpiaba la nariz, le preparaba el almuerzo y le vendaba sus rasguños se convierte en la esposa que afirma su masculinidad mediante un cuidado materno, tanto en el aspecto emocional como en el sexual.

Gordon Dalbey llama idolatría a este deseo infantil:

> El mundo sigue imponiendo sobre las mujeres amadas ese instinto masculino que protege la dependencia materna primitiva. El «¡No puedo vivir sin ti, nena!», dicho de diferentes maneras, es una expresión ortodoxa entre los cantantes pop y su público. En realidad, esta idea ha llegado a ser tan habitual que un amante[...] cree de veras que decirle tal cosa a una mujer constituye una demostración de amor por ella, más que una abdicación infantil de la vida propia y, por tanto, pura idolatría.[9]

Herb Goldberg desenmascara este mito y lo trata como lo que realmente es: irresponsabilidad. Y escribe al respecto:

> Los hombres desean el matrimonio tanto como las mujeres, pero por motivos distintos. Quieren la atención materna... Desean validar su masculinidad y su capacidad de despertar cariño, pero con frecuencia no quieren la responsabilidad que implica decir: «Deseaba de veras esta relación»[...] Es más, ella está realmente ahí para suplir sus necesidades, su dependencia, su aislamiento, su desesperación, su deseo de control y su necesidad de saber que no se irá con ningún otro hombre[...] Esto quita bastante responsabilidad de sus hombros.[10]

Los varones también sostienen ideas un poco anacrónicas, si no alarmantes, acerca del funcionamiento sexual de las mujeres. Cierto hombre me dijo que su esposa jamás había tenido un orgasmo vaginal. «¿Puede usted imaginar eso? —añadió—. El

---

9. Dalbey, *Healing the Masculine Soul* [Cómo sanar el alma masculina], p. 39.
10. Goldberg, *op. cit.*, pp. 67 y 67.

problema tiene que estar en ella o en mí, y como lo he intentado todo, debe tratarse de algo suyo». El mito que había detrás de su preocupación era: el «verdadero» orgasmo tiene que ser vaginal.

A pesar de los datos sobre cuán infrecuente es esta experiencia en las mujeres, tanto los hombres como ellas mismas siguen buscándola y piensan que están fallando como seres sexuales si la vagina no hace explosión durante el coito. Sin embargo, los estudios siguen aportando pruebas de que el orgasmo vaginal es más bien una exageración o un mito. Cierto informe descubrió que un 67 por ciento de las mujeres estudiadas no alcanzaban ningún tipo de orgasmo de manera regular. Otro 5 ó 6% dijeron no haber experimentado nunca un orgasmo. El *Informe Hite* refirió un porcentaje más alto —del 11,6%— en esa categoría.[11]

Ambos sexos deberían apreciar lo que experimentan en vez de perseguir el evasivo santo grial de los orgasmos.

Del mismo modo que algunos maridos piensan que sus mujeres habrían de experimentar un orgasmo vaginal, otros esperan que estas tengan zonas erógenas estándar, y cuando tocan los lugares «adecuados» y no pasa nada, se preguntan qué es lo que les sucede a sus esposas. Las raíces de este mito se hallan indudablemente en los vestuarios de los institutos de enseñanza secundaria. Por lo menos fue allí donde lo escuché por primera vez. Lo llamo el mito del «soplarla en la oreja». No sé si existe alguna evidencia de que soplar en el oído de una mujer sea realmente un excitante, pero ilustra bien el problema, ya que lo que estimula a unas puede disgustar a otras.

Aunque existen áreas sensibles bastante normalizadas en las mujeres —tales como los genitales, los pechos, la boca y el interior de los muslos—, todas no experimentarán del mismo modo la excitación sexual. Cierto hombre me dijo tomando una taza de café que no sabía por qué las caricias en los pechos no

---

11. Estadísticas citadas en *Women, Psychology's Puzzle* [Mujeres, el rompecabezas de la sicología] de Rohrbaugh, pp. 271 y 272.

le hacía ningún efecto especial a su esposa; ¡ya que esta estaba muy bien desarrollada!

La suposición de dicho hombre era doble: (1) los pechos de todas las mujeres son igual de sensibles; (2) cuanto mayor sea el busto, tanto más intenso será el encuentro sexual. (Dicho sea de paso, algunos hombres se casan basándose en tal mitología y luego no pueden explicarse lo que ha sucedido.) Estas diferencias entre unas mujeres y otras las hacen al mismo tiempo fascinantes y frustrantes. Ciertamente los cónyuges necesitan una comunicación mejor acerca de lo que les agrada y desagrada a ambos.

El último mito tiene que ver con lo que llamo la tigresa agresiva. Si el primero giraba en torno al hecho de que muchos hombres se casan con mujeres que poseen tendencias maternales, este lo hace sobre el deseo de los varones de que sus esposas se comporten en la cama como amantes. Mi punto de vista es que la mayor parte de los hombres quieren en un solo paquete una madre y una querida. No sé de ningún varón adulto con quien haya hablado, ni de estudio alguno que haya leído, que no saliera con ese mismo deseo masculino. Los maridos quisieran que sus esposas fuesen más espontáneas, originales, dadas a experimentar e iniciadoras. Pero una cosa es desear esto y otra muy distinta esperarlo como la conducta normativa femenina en la cama. Este mito resulta aún más interesante debido a que las esposas confiesan muchas de las mismas frustraciones con sus maridos. En un estudio realizado por el doctor Bernie Zilbergeld, éste afirmaba: «Las mujeres dijeron que sus hombres se resistían bastante a probar nuevos lugares, horas, posiciones y actividades. Por mucho que hablen, los varones parecían más inhibidos que ellas, y muchas mujeres expresaban un deseo de que las relaciones sexuales fueran menos serias y más juguetonas».[12]

Los hombres y las mujeres desean lo mismo el uno del otro, pero cada sexo está esperando que empiece el contrario. El mito,

---

12. Zilbergeld, *op. cit.*, p. 194.

en el caso del hombre, es que la mujer inicie la variedad y que debiera comportarse como la tigresa agresiva que él desea. En realidad, ella probablemente no será una tigresa, aunque eso no quiere decir que no esté dispuesta a asumir el papel en cuestión; es más puede que sea muy favorable a hacerlo. Pero si el hombre quiere una tigresa, necesita comunicárselo y buscarlo.

Desearía tratar de explicar en qué lugar veo al marido en la alcoba con una esposa de los años 90. Las mujeres actuales son educadas, cultas, inteligentes y conocedoras de sí mismas. Los mitos acerca de los distintos sexos no tienen cabida en el mundo de nuestros días. Tanto hombres como mujeres deben cooperar y comprenderse entre sí para que las alcobas de América puedan constituir una experiencia más placentera. Por tanto, ambas partes han de esforzarse por echar fuera las antiguas mentiras demoníacas que se han promovido acerca de la sexualidad. Unos y otras han de hacer frente a las realidades acerca de su condición de personas y sus relaciones. Como dice cierto escritor:

> En las relaciones sexuales[...] puedes permitir el acceso a tus emociones, intereses e ilusiones. Al hacerlo, corres el riesgo de que ello sea el comienzo de un contacto real con la otra persona, una especie de intimidad, con todas las posibilidades y peligros que la intimidad entraña.[13]

El sexo funciona como un espejo en el que nos encontramos a nosotros mismos, y con frecuencia no nos gusta lo que vemos en él.

El sexo funciona como un espejo en el que nos encontramos a nosotros mismos, y con frecuencia no nos gusta lo que vemos en él. Para la mujer se trata de una expresión romántica de la relación, de modo que todo el vínculo —y su situación en ese momento— está implicado. En cuanto al hombre, el sexo ha llegado a ser para él un área más de su identidad basada en el

13. Zilbergeld, *op. cit.*, p. 172.

rendimiento, y muchos varones se están cansando de ello. Con frecuencia estos desean el mismo tipo de caricias y solicitud que la mujer, pero sin que el destino de toda la relación dependa de cada experiencia sexual.

Para ella, el sexo puede ser una experiencia de intimidad, ternura y caricias, ya sea que esto conduzca a algo más o no. Para él, también puede significar esas ocasiones en las que es abrazado y abraza, o acaricia íntimamente a su esposa sin pensar en su propio placer, pero al mismo tiempo seguir suponiendo el anhelo persistente y libidinal de ser apasionadamente excitado por una mujer apasionada. Dicho anhelo está siempre presente, en algún lugar, cerniéndose sobre la experiencia y haciendo más incómoda la relación.

Para ella, el sexo consiste en hacer lo que le gusta y le produce deleite, sabiendo al mismo tiempo que su hombre también se deleita en ella. Para él, se trata de disfrutar del cuerpo de ella pero igualmente de conectar con ella como persona. Sin embargo, a menudo no sabe cómo hacer esto o de qué manera comunicar sus temores o frustraciones sexuales. Se requiere un conocimiento maduro de sí mismo y una relación de confianza para lograrlo, y muchos hombres no han desarrollado esa habilidad o no se sienten lo bastante seguros acerca de su condición sexual o de la relación para revelarlo.

Para ella, el sexo consiste en ser pasiva y dejar que su hombre le haga el amor. No le gusta mostrar agresividad, y desearía que él se responsabilizara más por ser espontáneo e imaginativo. Para él, se trata simplemente de otra área de la vida en la que nada sucede a menos que actúe correctamente. Quiere ser el iniciador y mostrar más inventiva, pero tiene que sopesar el rechazo emocional de su condición de persona en caso de que sus ideas sexuales no sean compartidas de un modo entusiasta. Con frecuencia resulta más fácil y menos doloroso, emocionalmente hablando, volver a la misma rutina de siempre o no hacer nada en absoluto.

¿Qué es lo que puede hacer la alcoba menos incómoda para el hombre? Nuestra masculinidad está implicada, aunque no debiera estarlo. ¿Qué podemos hacer los varones para liberar el lecho conyugal de esos demonios que nos roban tanto del gozo accesible mediante nuestra capacidad sexual concedida por Dios?

Uno de los máximos expertos sexuales del pasado nos ha legado un manual secreto para la unión gozosa de los sexos. Se trata del rey Salomón, y su libro, el Cantar de los Cantares, forma parte de la Biblia. Se trata de una historia de amor muy descriptiva y sexualmente explícita en la que se destacan cinco principios de las relaciones sexuales.

La intimidad sexual requiere tiempo

En los comienzos de la experiencia de Salomón con la sulamita, su futura esposa, las descripciones que él hace de esta se van ampliando cada vez más. Su primera referencia a ella es corta y sencilla: sólo ve sus ojos. La segunda alusión tiene lugar en la noche de bodas, y las descripciones que hace van desde sus ojos, pasando por sus dientes, labios y cuello, hasta los pechos. El retrato final, que tiene lugar después de que la pareja ha estado casada cierto tiempo, e incluso experimentado algunos conflictos, es con mucho el más íntimo de todos. En dicho retrato, Salomón se ocupa de los rasgos de su mujer desde la planta de sus pies hasta la coronilla de su cabeza.

En mi labor de consejero he hablado con matrimonios que esperan alcanzar lo máximo la noche de bodas o poco tiempo después, y cuando no sucede así piensan que algo va mal. O un cónyuge está más dispuesto a explorar la variedad sexual que el otro, lo cual causa dificultades. Mi opinión, basada en lo que Salomón dice acerca del sexo, es que las experiencias avanzadas llevan tiempo. Cada matrimonio tiene su propio horario, y hay que olvidarse de los promedios y estadísticas nacionales. Vaya despacio.

La intimidad sexual requiere ajuste

En lo que respecta al sexo, los hombres pueden ser muy insensibles para con los horarios de sus esposas y las diferentes necesidades de estas. Aparentemente, el rey Salomón tenía la misma dificultad. Una mañana temprano llama a la puerta de la cámara de su mujer, aparentemente, habiéndose excitado sexualmente mientras volvía a casa del trabajo. Sin embargo, cuando hace su proposición ella le da la excusa tradicional. ¡El dolor de cabeza tiene en realidad un precedente bíblico! Y, puesto que su esposa no está interesada, Salomón, como suelen hacer típicamente los varones, se marcha. Sin embargo, a medida que ella piensa más en su hombre, llega a excitarse también.

Este pasaje describe lo que sucede en muchas familias alrededor del mundo cada noche. Se trata de un problema de ajuste. Al parecer, Salomón se había olvidado de mirar el reloj de sol que había en el patio. A fin de gozar de intimidad sexual, los matrimonios deben repasar sus horarios y buscar el mejor momento para disfrutar el uno del otro. En cierta ocasión enseñé con un hombre que me dijo que no podía dar una clase antes de las nueve de la mañana. Cuando le pregunté por qué, respondió: «Porque los niños salen de casa hacia la escuela hacia las ocho». ¡A eso se le llama ajuste!

La intimidad sexual requiere comunicación

Cuando en castellano se habla de *trato*, la palabra debe acompañarse de un adjetivo para poder comprender su verdadero significado. En lo relativo a la intimidad sexual, el trato o intercambio de carácter verbal es un requisito previo básico para el trato carnal. En Cantares, los cónyuges se dicen lo que les agrada al uno del otro. Alaban sus correspondientes atractivos físicos, expresan sus deseos y se comunican a medida que prosigue el acto del amor. La comunicación de palabra crea la atmósfera romántica en la que puede florecer la intimidad sexual.

La intimidad sexual requiere confianza

Esta entrega desinteresada por excelencia demanda una relación de confianza, en la que puedan producirse la expresión juguetona y una agradable exploración. La sulamita pide dicha relación del rey, e incluso tal vez tiene un sueño alarmante acerca de la ausencia de este. A lo largo de todo este poema de amor aparece el tema constante de no permitir que el amor sexual se excite hasta que pueda ser plenamente satisfecho. Y el contexto en el que esto resulta posible es en el de una segura relación de amor dentro del matrimonio. Muchos problemas que experimentan las parejas tienen su origen en la falta de confianza. En ocasiones, uno de los cónyuges ha violado esa confianza mediante aventuras sexuales; otras veces, la incapacidad de alcanzar el clímax proviene de no poder entregarse completamente a una persona en la cual no se tiene confianza plena.

La intimidad sexual resta tiempo

Nuestra sociedad tecnológica ha creado abundantes artilugios para ahorrar tiempo, pero lo único que hacen los mismos es lanzarnos a una mayor velocidad por los carriles láser de la vida. Si deseamos tener una vida sexual satisfactoria habremos de aprender a reducir un poco la velocidad. Cuando la sulamita es arrebatada en su amor por Salomón, inicia cierto período de apartamiento con él. Le dice: «Vayamos al campo. Busquemos un sitio hermoso. Veamos si han salido las hojas. ¡Y hagamos el amor!» Imagino a Salomón haciendo las maletas, cancelando citas y pidiendo a alguien que le represente en las reuniones importantes. Algún tiempo sin los niños, las responsabilidades y los amigos es esencial para una relación sexual próspera e íntima. La pareja necesita tiempo para explorar, para adquirir nueva confianza, para hablar y para desarrollar el resto de estos principios.[14]

Aunque el respeto de tales principios no garantiza llegar al máximo en el lecho conyugal, sí proporciona algunos parámetros a partir de los cuales la relación sexual puede hacerse más

---

14. Tomado y adaptado de «How to Obtain and Maintain Sexual Intimacy» [Cómo conseguir y mantener una intimidad sexual], de Robert y Cinny Hicks, pp. 233-235.

satisfactoria y menos incómoda para los hombres. No obstante, los principios en cuestión no quitarán esas tensiones, inherentes a nuestra cultura, que sufren los varones. La masculinidad es incómoda, y este libro no tiene por objeto decir que las tensiones o dificultades desaparecen como por arte de magia meramente con adherirse a los principios correctos, incluso si son bíblicos. La realidad de la condición de hombre sigue estando ahí e incluye también la alcoba.

Andrew Greeley ha expresado muy bien el dilema sexual de los varones:

> En una cultura como la nuestra, la posición del varón es cuando menos precaria. Se espera de él que sea dos personas distintas a la vez. En el mundo profesional: alguien vigoroso, lanzado, implacable, ambicioso y dedicado a buscar el éxito. Por otro lado, en lo que respecta al entorno sicológico familiar, se le pide amabilidad, compasión, ternura, bondad. En otras palabras, que en su profesión, carrera y trabajo, un hombre se ve obligado a ser agresivo aun cuando tenga poca confianza en su capacidad para ello; mientras que en su relación con su esposa y su familia, se espera de él que tenga espíritu comunitario, incluso si no confía tampoco en sus habilidades en ese campo. Para empeorar las cosas, el éxito laboral es considerado en nuestra sociedad como una prueba de hombría. Uno demuestra su habilidad de una forma en el mundo donde trabaja y de otra bastante distinta en el lecho conyugal o a la mesa. La contemporización, por lo general insatisfactoria, no es lo suficientemente agresiva para el mundo profesional ni lo bastante expresiva para hacer el amor. El hombre aborda a su mujer como si se tratase de una clienta a quien debe venderle algo —comprendiendo probablemente que esa no es la manera de hacerlo, pero no sabiendo con certeza de qué modo actuar—. El resultado neto es un varón que en el coito no resulta ni lo bastante agresivo ni lo suficientemente solícito y comunal.[15]

---

15. Greeley, *Sexual Intimacy* [Intimidad sexual], pp. 118 y 119.

¡Por eso es tan incómoda la alcoba! Pero si el dormitorio conyugal resulta incómodo, lo que sucede en el mismo crea otra área en la cual la competencia y la identidad masculina se ven constantemente evaluadas. Llegar a ser padre es fácil, pero no lo es el *serlo*.

CAPÍTULO 7

No es fácil ser padre

O por qué los hombres se sienten fracasados como padres

— ■ —

Estaba recién casado, pero mi amigo tenía en su haber muchos más años de vida matrimonial. Y al fin, él y su esposa se sentían orgullosos porque iban a ser padres de un niño varón. Cierto día, mientras íbamos al trabajo en automóvil, me confesó su ansiedad en cuanto a ser un padre primerizo. «Uno se asusta si no ha tenido hijos antes. No estoy seguro de saber cómo ser padre». «¡Supongo —le respondí en mi ingenuidad, y por falta de algo sabio o inteligente que decir— que harás lo mismo que tu padre hizo contigo! Pero para mi amigo ese *era* el problema. La experiencia padre-hijo que había tenido le proporcionaba poca luz, excepto en cuanto al tipo de padre que no deseaba ser. No tenía casi ninguna idea de lo que era un padre solícito. Al faltarle un buen modelo que seguir, se sentía asustado.

Con el aumento actual de familias disfuncionales, divorcios, padres solos y padrastros y madrastras, muchos hombres comparten el dilema de mi amigo. Los niños pueden tener muchas figuras paternas, ninguna en absoluto o un padre en algún país distante. El padre se encuentra en el otro extremo de la relación. Ya se trate de un padre sin esposa que intenta ejercer su paternidad desde una cierta distancia, o ser papá y mamá para sus hijos en el hogar, de un padrastro que cuida de niños no relacionados genéticamente con él y que viven en su casa, o de un padre que todavía está casado con su primera mujer y tiene hijos propios, la paternidad no resulta fácil. Tampoco estoy seguro de que ser padre haya sido fácil alguna vez, pero actualmente la paternidad ha asumido otras presiones y responsabilidades convirtiéndose en una realidad totalmente nueva. Las expectativas, las frustraciones, los compromisos económicos, los dilemas entre el trabajo y la responsabilidad paterna, y la falta de sanos modelos actuales se unen dando como resultado una paternidad difícil.

El cambio nunca resulta fácil, pero en lo referente al arte y las habilidades de la paternidad mucho ha cambiado desde la generación de mi padre. Mis experiencias en «nacimientos» ilustran los cambios significativos ocurridos durante mi vida.

Cuando nació nuestro primer hijo, se me relegó a la sala de espera. No tuve elección. Los administradores del hospital estimaron inadecuado que los padres contemplaran la experiencia del nacimiento.

¿No podíamos los hombres tratar con ella? ¿Estorbábamos? ¿Haríamos alguna estupidez? No sé cuál era la razón, pero allí estaba en la sala de espera llena de humo, con mi suegra, levantando una mirada ansiosa hacia cualquier persona con bata que entraba por la puerta. Para ser plenamente sincero, no me sentí menospreciado ni tratado como un ciudadano de segunda. Jamás me pasó por la mente que *debiera* acompañar a mi mujer. Me habían educado con la imagen televisiva del padre nervioso que se pasea por la sala de espera hasta que el médico o la enfermera entran y le dicen: «¡Es niño! ¡Felicidades!» No sentí ninguna animosidad hacia el personal del hospital, ni tampoco pesar por no haber estado presente cuando llegó Charis, mi hija mayor. Era simplemente el espíritu de la época. El lugar del padre estaba en la sala de espera.

Dos años después, muchas cosas habían cambiado. Estábamos a mediados de los setenta y las actitudes favorecían una mayor participación de los padres. Cuando nació Ashley, mi segunda hija, se me permitió entrar a la sala de parto, cámara en mano, inmediatamente *después* de su alumbramiento. (Como se me olvidó ponerle película, perdimos la ocasión de grabar el acontecimiento para la posteridad.) También me dejaron tomar en brazos a mi hija recién nacida, besar a mi mujer y disfrutar el momento en mayor medida que con Charis. Incluso permitieron que estuviera con Cinny hasta el momento en que fue conducida a la sala de parto. Estas salas ya no estaban fuera del límite para los padres. Estar allí con mi esposa, escuchando las quejas y los gemidos de las mujeres situadas al otro lado de la cortina, suponía una experiencia distinta. Disfrutaba estando con Cinny, e incluso aunque la cámara no pudiese recoger el acontecimiento, tengo las imágenes grabadas en mi mente.

Cuatro años más tarde llegamos por fin como matrimonio. Estábamos casi en los años ochenta. Los dos lustros transcurridos entre nuestro primer y último hijos marcaron un cambio decisivo en la manera adoptada por el hospital de considerar a los padres, y en la participación que estos podían y deseaban tener en el proceso del nacimiento. Recuerdo cuando Cinny anunció que estaba embarazada por tercera vez. Se nos acercó una enfermera de la iglesia y nos dijo: «Naturalmente, querrán lo mejor para su bebé y escogerán tener un parto en casa» ¡Un parto en casa! Recuerdo haber pensado: *Eso es muy distinto a la sala de espera. ¿Estoy verdaderamente preparado para ello?*

Desde la sala de espera del hospital hasta una especie de parto de autoayuda en el hogar hay una transición bastante grande. Las actitudes habían cambiado tanto en diez años que comprendí en seguida que ciertamente algo me sucedía y que no era la clase de marido que amaba de veras a su esposa, ni a sus futuros hijos, si me inclinaba por el tradicional parto aguardando en la sala de espera. Puesto que corrían peligro tanto la percepción de mi masculinidad como la credibilidad de mi esposa como madre, decidimos aceptar las clases de alumbramiento en casa simplemente para ver si podíamos aprobar el examen. ¡Creo que lo suspendimos!

Una noche de cada siete, durante varias semanas, nos llevamos la almohada a clase y, junto con algunos otros matrimonios, practicamos nuestras técnicas de respiración y ayuda al parto. El contenido de las sesiones era una interesante mezcla de consejos médicos y filosofía naturalista en el entorno normal del hogar, con luces tenues, los otros niños contemplando el gran acontecimiento y el marido al lado de su esposa —acariciándola y besándola—, así como, por último, recogiendo al recién llegado; todo ello formaba parte de la oferta. Resistimos hasta que cierto matrimonio trajo una película casera de un parto anterior. Tengo que decir que de alguna manera me sentía abrumado estando junto a la misma mujer que veía en la pantalla. No obstante, cuando miré a mi alrededor tuve la impresión de que todo el mundo pensaba que aquello era algo realmente especial. Esa noche, volviendo a casa, Cinny y yo nos prometimos el uno al otro que no habría ninguna película del parto número tres.

Finalmente, transigimos y tomamos la decisión de hacer las cosas al natural pero en la clínica. Habíamos aprendido que lo mejor para el niño era un nacimiento sin medicamentos, y estábamos decididos a ello. Pero lo que era aún más importante: podía estar con Cinny en el parto real y animarla durante la dilatación. Esperaba con impaciencia aquello. Luego, la tan esperada fecha llegó y pasó. Los nueve meses se convirtieron en diez.

El ginecólogo empezó a preocuparse y nos dijo que era arriesgado permitir que el embarazo continuara por más tiempo, sugiriéndonos provocar el parto. ¡Pero un alumbramiento provocado significaba medicamentos! Nuestra enfermera de las clases de ayuda al parto se puso furiosa. ¿Cómo podíamos hacerle eso a nuestro hijo? ¿Tan poco lo queríamos? ¿Cómo era posible que fallásemos de aquel modo?

No obstante seguimos el consejo del médico, ingresamos a Cinny en la clínica y se nos asignó una habitación de parto. El lugar me sorprendió: no tenía aquel aspecto ni aquel olor estéril de la habitación de hospital. Las paredes estaban decoradas con vivos colores y los altavoces emitían música. Me dieron una máscara, una bata y unos protectores de zapatos; todo lo que llevan los médicos y las enfermeras. ¡Era un asistente al parto!

Dejé a Cinny por un momento para buscar algo de comer, pero pronto me llamaron por el altavoz: «¡Sr. Hicks, su esposa está lista!» Cinny estaba preparada para dar a luz. ¡Preparada para mí, su asistente en el parto! Cuando llegué a la habitación, una enfermera con treinta años de experiencia estaba junto a mi mujer, y me dijo: «Será mejor que empiece a ayudarla. Tiene muchos dolores». Hicimos los ejercicios respiratorios que tantas veces habíamos ensayado. Pero Cinny seguía gimiendo y era obvio que sufría. No habíamos previsto la cantidad de dolor que puede producir un bebé de cuatro kilogramos y medio.

—No quiero entrometerme en sus convicciones —me dijo la sabia enfermera—, pero una inyección en este momento podría ser de gran ayuda.

—¿Quieres una inyección para el dolor? —pregunté volviéndome a Cinny.

—¡¡Sí...!! —gimió.

La inyección fue providencial. Y nació Graham. El médico me permitió cortarle el cordón umbilical y seguidamente acosté a nuestro hijo recién nacido sobre el pecho de mi esposa. Fue un momento especial.

Ninguno de mis hijos es más importante que los demás. Todos son únicos y especiales porque son *nuestros*. Pero ilustran cuánto cambiaron en una sola década las actitudes de la gente hacia el nacimiento y la paternidad.

Mitos sobre la paternidad

¿Han hecho estas innovaciones más fácil o más difícil la paternidad? El cambio jamás resulta sencillo. Cada transformación social trae consigo nuevas frustraciones y esperanzas. También significa que se crean nuevas fábulas, las cuales llegan a formar parte de la mitología social. Hay muchos mitos sociales en torno a la paternidad, pero he aquí algunos que han hecho más dificultoso mi ejercicio de ella. Y cuando hablo con otros hombres, y escucho sus inquietudes y frustraciones, descubro que son algo común. Algunos mitos enfurecen a los varones. Les da rabia la presión que esas fábulas, con frecuencia no reconocidas ni expresadas, producen en sus vidas.

Primero la familia

Cuando los hombres volvieron de la Segunda Guerra Mundial, muchos de ellos sentían que habían perdido la oportunidad de lograr una educación y un impulso profesional. Era como si toda una generación de varones adultos (de acuerdo con sus esposas) hicieran el siguiente compromiso mental consigo mismos y con otros: «Me dedicaré plenamente a mi trabajo y mi carrera, y tú, como esposa, cuidarás de los niños. Yo soy el proveedor, tú la que se ocupa de la crianza».

El compromiso dio resultado, en su mayor parte, hasta la década de los sesenta, cuando las mujeres demandaron igual acceso al mundo laboral. Estaban cansadas de soportar todas las responsabilidades de la crianza de los hijos sin ayuda de los hombres. Los niños que se hacían adultos en los años sesenta expresaban: «Papá, gracias por el dinero, pero ¿quién eres tú? No te conozco. No te he visto nunca». Cierto chiquillo de esa generación me dijo: «Yo soy el hijo que mi padre pasó por alto, porque mis años formativos coincidieron con la cima de su carrera y él nunca estaba presente». El péndulo empezó entonces a volver a la otra dirección, como debía. Los investigadores revelaron: «Los niños necesitan padres que se ocupen de ellos». Las madres proclamaron: «Necesitamos ayuda en casa». Y los padres dijeron: «No queremos que el trabajo domine nuestras vidas». Finalmente, la iglesia despertó y sostuvo: «Primero la familia».

Mi primer encuentro con el cristianismo fue mayormente a través de este mensaje de la prioridad de la familia. Aprecié ese énfasis familiar como una medida correctiva necesaria para el estricto papel desempeñado anteriormente por los hombres. Quería poner primero a mi familia. Asistí a seminarios y conferencias que me ayudaron a organizar mi tiempo y ordenar mi vida en torno a cualesquiera prioridades que tuviera. Mi prioridad suprema —después de Dios— siempre fue mi familia. Eso era lo que enseñaba, animaba y creía. Pero con el tiempo, al examinar seriamente mi manera de vivir y otras expectativas en cuanto a mí como hombre y como persona, comencé a notar la inherente mitología del compromiso. En cierto sentido, se trataba de un modelo de conducta tan estricto como el de la generación anterior. No obstante, llevar a la práctica dicho compromiso presentaba serios problemas. Dos ejemplos pueden ayudarnos a aclarar lo que quiero decir.

Establecer una jerarquía de prioridades que sean expresiones auténticas de nuestros valores y compromisos es algo necesario y útil para nuestra propia aclaración. Sin embargo, el hecho de conocer nuestras prioridades no nos ayudará a tomar cualquier decisión que se presente. Recuerdo cierta ocasión en la que salía de casa para una velada con mi mujer. Ya que Cinny era (y sigue siendo) una prioridad para mí, y que dedicarle tiempo a ella también lo era, solía planificar salidas juntos. Se me pidiera lo que se me pidiese, siempre protegía el tiempo que le había asignado a ella. Estábamos a punto de salir a cenar cuando sonó el teléfono: un joven miembro de nuestra iglesia acababa de ser atropellado por un coche y no localizaban a sus padres. Yo era su pastor, y un amigo telefoneaba para saber si conocía el paradero de aquellos. En mi lista de compromisos, Cinny ocupaba un lugar por encima de mi trabajo en la iglesia, pero me encontré ante un dilema emocional: sabía cuál era mi deber. Mi esposa me leyó el pensamiento y, sin vacilar, expresó: «Vamos al hospital». Por tanto, pospusimos la cena. Nuestra salida se quedó para otro momento. El ministerio de la iglesia había invalidado mi compromiso prioritario con la familia.

Un segundo ejemplo sirve para ilustrar la otra cara de la moneda.

Había estado fuera durante varias semanas a causa de unas prácticas militares, y al volver tenía algunas reuniones seguidas en la iglesia, la tercera de las cuales era un importante encuentro de ancianos. La congregación se enfrentaba a algunas cuestiones cruciales. Yo formaba parte de la plantilla de la iglesia y los temas a tratar afectaban mi área de responsabilidad. Tenía que estar allí para dar mi opinión, defender mi posición y votar.

Sin embargo, Cinny me llamó al despacho aquella tarde y me hizo saber que había telefoneado el director del colegio. Nuestro hijo tenía un problema en la escuela. Luego añadió: «Creo que Graham te necesita. Has estado fuera mucho tiempo». Yo había sido bien enseñado. Todavía recuerdo las palabras de mi maestro, el Dr. Howard Hendricks: «Si mi esposa me dice que estoy demasiado ocupado lo recibo como algo del Señor». Por lo tanto, era Dios quien me hablaba, pero estaba incómodo pensando: *¿Debo faltar a esa reunión crucial para la vida de la iglesia a fin de quedarme en casa con mi hijo?* Al fin eché mano al teléfono, llamé al presidente de la junta de nuestra iglesia, le dije lo que había sucedido y cuál era mi parecer acerca de las cuestiones que se plantearían en la reunión de aquella noche. Luego le informé que no asistiría a esa, y me fui a casa como debía.

Sin embargo, el mito de «primero la familia», por muy buena medida correctiva que haya sido durante algún tiempo, también tiene sus deficiencias. Vivimos en el presente, lo que significa que las necesidades del momento cambian. Como hombre tengo muchas responsabilidades, sueños, ambiciones, compromisos, valores, creencias, gustos y fobias. Todas esas cosas forman parte de mí como persona, e incluso como cristiano. El trabajo es importante para mí, y que me vaya bien en él también lo es. Contar con amigos tiene importancia, así como el descansar y el relajarme lo suficiente. Igual de importante es disfrutar de mi lectura, de mi afición a escribir y de mi ministerio. También me importa mi familia y mi matrimonio. Tratar de ordenar todas esas cosas según una jerarquía absoluta, no sólo es imposible de practicar de un modo consecuente, sino que también resulta muy poco sano y falto de sensibilidad para con otras muchas responsabilidades y conmigo mismo.

Espero que en nuestras vidas contemos con la clase de personas capaces de reconocer que no podemos estar en cada reunión importante por causa de problemas familiares, al igual que con una esposa que comprenda que hay veces en las que ella no puede estar primero debido a otras necesidades y responsabilidades urgentes. Poner a la familia por delante constituye un magnífico ideal, pero es causa de una vida y una paternidad poco realistas. No amo menos a mis hijos cuando estoy trabajando, ni creo que me comporte irresponsablemente si no puedo estar presente en todas las reuniones relacionadas con mi trabajo donde se me necesita.

> *Poner a la familia por delante constituye un magnífico ideal, pero es causa de una vida y una paternidad poco realistas.*

El mantener a la familia en primer lugar es una buena medida correctiva para una generación de padres que obviaron la vida familiar, pero en mi experiencia y en la de muchos otros resulta difícil practicar consecuentemente esa doctrina. Tal vez haya llegado el momento de reconocer cómo vivimos realmente y desmitificar la creencia. Sólo Dios puede ser el primero en mi vida, y confío en que Él me dará la sabiduría suficiente para entender lo que debo hacer en cada situación. Esto significa considerar de un modo realista cada una de mis responsabilidades y preocupaciones, e intentar actuar de la mejor manera que pueda en vista de todas mis prioridades. Soy miembro de la reserva de la Guardia Nacional Aérea, y en ese cuerpo tenemos un dicho: «Entre nuestros trabajos civiles, nuestra familia y la Guardia, todos los días hay por lo menos uno de ellos que está enfadado con nosotros. Algunos días son dos de los tres. Y otros aun ¡todos sin excepción!» Esa es la realidad, la realidad que a veces hace arduo el ser padre.

La responsabilidad paterna del crecimiento espiritual de toda la familia

Un segundo mito con el que me crié espiritualmente fue: por haber nacido varón tengo que ser el «cabeza» de familia. Al pricipio de mi matrimonio eso me halagaba y glorificaba mi ego. *¡Caramba* —pensaba—, *soy el jefe!* Sin embargo, cuanto más viejo me hago, más reconozco que esta creencia es un mito.

El problema de escribir acerca de lo que pienso del tema es que me coloco en posición de ser considerado un irresponsable en cuanto a ese rol familiar. En algunos círculos cuestionar esta suposición de la vida hogareña nos pone en malas con muchos. Sin embargo, conozco a bastantes hombres que están cansados de la presión que supone ser el único responsable del comportamiento, las actitudes y el estilo de vida de todos los integrantes del hogar. Cuando sus hijos se hacen adolescentes y tienen problemas, cuando uno de sus vástagos se divorcia o es arrestado por la policía, o cuando una hija queda embarazada sin casarse o cae en la adicción a las drogas, algunos hombres son censurados por no haber sido los líderes espirituales ni los padres solícitos que debieron ser para con su familia, lo cual les hace sentirse fracasados en su tarea.

El célebre escritor y siquiatra cristiano John White comenta:

> Hasta el siglo veinte los padres sabían como educar a sus hijos[...] Si sus hijos resultaban ser unos delincuentes, ellos [los padres] tenían más tendencia que nosotros a culpar a aquellos que a sí mismos[...] El resultado neto del diluvio de artículos de prensa, tanto religiosos como seculares, sobre la educación de los niños, ha sido dos generaciones de padres angustiados, con sentimientos de culpabilidad e inseguros de sí mismos.[1]

Y White sigue señalando que en esta ilustrada era de la familia, los padres buscamos una relación directa de causa y

1. White, *Parents in Pain* [Padres heridos], p. 19.

efecto tanto en la crianza de los hijos como en el ejercicio de la paternidad.

Y señala:

Hemos estado considerando esta ley de causa y efecto, y he argüido como si supiéramos lo suficiente —que no lo sabemos—, si fuese posible descubrir algún tipo de fórmula. Podríamos decir: Juan es como es, en un 33,7 %, por la manera en que fue criado; en un 22,4 %, a causa de las influencias generales de la cultura; en un 21,0 %, por mecanismos genéticos de diversos tipos, y en un 22,9 %, debido a otros factores. ¿Pero qué pasa con Juan? ¿No ha tenido nada que ver en el asunto? ¿Le parecía simplemente estar escogiendo? ¿No es nada más que la suma de las influencias que se han ejercido sobre él o tiene alguna responsabilidad más? ¿Es alguien que ha escogido realmente? Como cristiano creo que jamás podremos «explicar» científicamente a Juan. Él es Juan. Tiene una voluntad propia y elige. Está siguiendo un camino que él mismo ha escogido[...] Hemos visto que una reflexión cuidadosa nos dice que no podemos, ni atribuirnos todo el mérito cuando nuestros hijos salen bien, ni toda la culpa en el caso contrario.[2]

Aunque es posible que la madre sienta dicho fracaso de un modo más intenso, al menos en la iglesia se considera al padre como quien no tiene control sobre su familia.

No sé por qué se relaciona la manera de ser del hijo con la eficacia de su crianza, pero mi experiencia es que la responsabilidad de su fracaso se extiende directamente a los pies del padre. Aunque es posible que la madre sienta dicho fracaso de un modo más intenso, al menos en la iglesia se considera al padre como quien no tiene control sobre su familia. Después de todo él es el líder espiritual del hogar, y

2. *Ibid.*, pp. 34, 36.

la interpretación básica de esto es que el éxito como tal implica una relación directa de causa y efecto entre sus excelentes cualidades de carácter y las de sus hijos. Si hay algún problema con el niño, debe haberlo también con el padre, la madre o el proceso de crianza.

No interprete que estoy intentando restar importancia al papel del padre en dicho proceso formativo. Su contribución a la vida del niño es profunda. Michael Lamb, profesor de la Universidad de Utah, e investigador destacado del cometido del padre en el desarrollo del niño, comenta:

En lo que respecta al desarrollo del rol sexual, la masculinidad del padre y su prestigio dentro de la familia guarda correlación con la masculinidad de sus hijos y la feminidad de sus hijas. Sin embargo, tal asociación depende de que dicho padre tenga una interacción suficiente con su progenie, por lo que su grado de compromiso con la crianza de sus hijos resulta crucial. Uno de los hallazgos mejor establecidos es que la masculinidad de los hijos y la feminidad de las hijas es mayor cuando tienen un padre comprometido con su crianza y que participa ampliamente en su educación.[3]

Pero después de subrayar la clara contribución del padre a la vida del hijo, Lamb señala:

Resulta obvio que el padre no es sino un factor en el proceso complejo y polifacético de la socialización. Ambos progenitores contribuyen al desarrollo sicológico de sus hijos, y es improbable que las aportaciones de uno y otro sean independientes. Los modelos diádicos (de dos personas solas), aunque más fáciles de conceptuar, deforman seriamente las realidades sicológicas y sociológicas del entorno en el que se desarrollan los niños. Ya que éstos tienen que integrarse en un sistema social sumamente complejo, el proceso de socialización ha de ser también intrincado,

3. Lamb, *The Rol of the Father in Child Development* [El papel del Padre en el desarrollo del niño], p. 25.

flexible y polifacético. No debería sorprendernos que tal proceso demande la participación complementaria de varias personas.[4]

¿Es el padre el único responsable de todo lo que sucede en el hogar? Si lo es, no resulta extraño que tantos expresen su indignación en cuanto a esta expectativa poco realista. El papá tiene la responsabilidad de ser un padre para sus hijos, una influencia en la crianza de éstos, pero sin excluir a la madre o a otros adultos de importancia. Incluso la Escritura parece destacar una responsabilidad conjunta de liderazgo espiritual y moral en el hogar. Tanto el padre como la madre deben participar en la enseñanza, la corrección y la influencia sobre sus hijos (Proverbios 1.8; 4.3; 6.20; 10.1; 17.25; 31.1, 26-27; 1 Tesalonicenses 2.7, 11). Se trata de un trabajo demasiado considerable para un solo individuo. Aun los padres no casados deben comprender que necesitan a otros adultos de importancia en la vida del niño para que participen en la formación de su carácter. Por último, es el hijo quien debe decidir qué clase de vida desea llevar.

Buena parte de la enseñanza cristiana contemporánea acerca del ejercicio de la paternidad da por sentado que el padre controla lo que escoge su hijo. Se supone que el objetivo de dicha paternidad y de la crianza de los hijos es el control del niño. Sin embargo, aunque la Escritura hace hincapié en la cuestión del control, a mi entender no es éste el propósito de la paternidad. Si el control fuese su objetivo, habría que quitar de en medio la elección, y sin la libertad de elegir el niño no puede desarrollarse nunca adecuadamente. Howard Hendricks ha dicho en numerosas ocasiones: «Cada vez que hago por mi hijo algo que es capaz de realizar él mismo, lo estoy convirtiendo en un tullido emocional». Yo añadiría que siempre que tomo decisiones por él las cuales puede tomar él por sí solo, estoy impidiendo su proceso de maduración. Pero esta afirmación produce

---

4. *Ibid.*, p. 30.

escalofríos doctrinales a muchos fundamentalistas. Si un padre no tiene a sus hijos controlados, ¿cómo puede ser un hombre de Dios?

Las Escrituras nos advierten acerca de lo que un padre es capaz de hacer a sus hijos. El apóstol Pablo, primer teólogo doméstico de la iglesia, reveló que los padres podían aplastar literalmente el espíritu de los niños, enconarlos y exasperarlos. También previno contra el hecho de que en sus intentos sinceros de fomentar los valores espirituales, tales padres provocasen a ira a sus hijos (Colosenses 3.21).

He conocido a muchos de esos niños ya adultos. Provienen de trasfondos religiosos estrictos, son hijos de predicadores y misioneros y no se les permitió escoger por sí mismos la mayoría de las cosas relacionadas con la iglesia, los valores espirituales y la moral. En interés de la carrera o de la imagen de su padre, tuvieron que ser buenos niños cristianos —lo quisieran o no—. No resulta sorprendente que cuando al fin contaron con la oportunidad de marcharse del hogar, abandonaran también la religiosidad de sus padres.

El liderato espiritual no involucra controlar lo que el niño escoge. Incluso en la lista de requisitos para los líderes de la iglesia, el versículo dice: «Que tenga a sus hijos en sujeción con toda honestidad» (1 Timoteo 3.4). (La palabra que se traduce por honestidad transmite la idea de dignidad, de mantener alta la cabeza.) La meta no es el control: el padre debería esforzarse por tener una relación de respeto y dignidad para con el niño.

He perdido mi dignidad demasiado a menudo con mis propios hijos. Cuando no hacen lo que quiero, acabo gritándolos e increpándolos. Rebajo el valor que tienen generalizando su comportamiento infantil: «Tú nunca... Siempre haces...» Y veo sus caritas inclinarse hacia abajo y mirar al suelo. He triunfado... ¡los tengo bajo control! Pero ¿qué ha sucedido? Ya no disfrutamos de una relación digna: ha desaparecido todo mi respeto por ellos y el suyo hacia mí. No he triunfado, sino fracasado. Sin embargo, muchas personas en la comunidad cristiana aplauden mi victoria por «controlarlos».

> *La idea del padre como todopoderoso líder espiritual de la familia, que controla el comportamiento de sus miembros, es un mito.*

La idea del padre como todopoderoso líder espiritual de la familia, que controla el comportamiento de sus miembros, es un mito. No creo que los hombres quieran ser los únicos responsables de lo que les sucede a sus hijos. Como tampoco lo desean las madres. Conozco a cientos de hombres que aman a sus niños e intentan ser lo mejor posible una especie de líder en el hogar, pero raras veces tienen bajo control a su progenie o alguna otra cosa. También creo que hay poca relación entre lo bien que un padre se relaciona con sus retoños y cómo vaya a irles a éstos en la vida. Cuando se trata de la crianza de los hijos no estamos hablando de las funciones de una computadora: Pulsa la tecla adecuada y aparecerá en la pantalla lo correspondiente. La crianza de los hijos no es así en absoluto, ya que los padres tienen que habérselas con individuos, no con autómatas.

En el antiguo libro sobre cómo criar a los hijos con sabiduría, el rey Salomón reconoce sus limitaciones con su propio vástago. Y amonesta:

> Hijo mío, *si* recibieres mis palabras,
> Y mis mandamientos guardares dentro de ti,
> Haciendo estar atento tu oído a la sabiduría;
> *Si* inclinares tu corazón a la prudencia,
> *Si* clamares a la inteligencia,
> Y a la prudencia dieres tu voz;
> *Si* como a la plata la buscares,
> Y la escudriñares como a tesoros,
> *Entonces* entenderás el temor de Jehová,
> Y hallarás el conocimiento de Dios.
>   (Proverbios 2.1-5, énfasis añadido)

Salomón sabe que lo único que puede hacer es animar a su hijo para que escoja un determinado camino. El resultado está condicionado a la elección del muchacho. Yo no cuento con la capacidad de hacer que mis hijos amen a Dios y tengan discernimiento y comprensión respecto a la vida. Mi única posibilidad consiste en ejemplificar esa clase de existencia y estimularles a que la adopten. En última instancia, la elección es suya: Salomón reconoce que la paternidad supone una relación condicional, no de causa y efecto.

Hay otro mito que está llegando a predominar, y que llamo el mito del superpadre.

El superpapá

Las supermamás son ya bastante conocidas. Pueden hacer malabarismos con su carrera y su matrimonio, y todavía asistir regularmente al club de jardinería, tomar parte en cenas benéficas, hacer sus propios regalos de Navidad, presidir la Asociación de Padres de Alumnos y patrocinar a las animadoras deportivas. Sólo era cuestión de tiempo que los padres entrasen también en escena.

Cuando surgió el nuevo padre realmente comprometido con sus hijos, la expectativa lógica era que pronto se convertiría en el superpapá. No es que hayan faltado alguna vez padres aficionados que vivieran para los logros deportivos de sus hijos o las medallas de natación de sus hijas. También he conocido a hombres que disfrutaban más y encontraban más sentido en la vida como entrenadores de la liga infantil que trabajando en su profesión. Estos siempre han estado presente en las comunidades. Pero ahora veo otro tipo de varón que hace todavía más difícil mi ejercicio de la paternidad. El superpapá.

Ese superpapá es el hombre ideal para la iglesia, la liga infantil y el colegio. Alguien comprometido, que está presente y disponible; es el perfecto voluntario. Enseña a un grupo de niños en la Escuela Dominical, entrena al equipo de fútbol, recauda dinero para las niñas exploradoras, asiste a todas las conferencias de padres y profesores, y aún le queda tiempo para triunfar en su carrera y su matrimonio.

Los hombres como yo no sabemos de qué manera lo hace. Probablemente me sienta un poco celoso del compromiso y la energía de ese tipo, pero al mismo tiempo la imagen parece más bien sacada de alguna película que de una ajetreada vida real como la mía. Yo soy animal de una sola acrobacia, me resulta difícil hacer bien más de una cosa. Por tanto, cuando veo que en el equipo de fútbol de mi hijo se necesita otro entrenador, siento siempre una punzada de culpabilidad, especialmente si mi mujer dice: «Querido, tú puedes hacerlo». Casi no importa que yo sepa muy poco acerca de ese deporte. El sentimiento de culpa saca a la superficie el mito de que los padres que aman a sus hijos serán entrenadores de fútbol, tengan o no idea del mismo. No puedo ir meramente al partido y disfrutar de la participación de mi hijo. Mi presencia no basta. Debo participar con él, necesito ser un entrenador.

El sentimiento de culpa también ataca a una de mis experiencias favoritas como padre: las conferencias con los profesores. Algunas educadoras hacen que me sienta más niño que hombre. La maestra me sienta en una de esas sillitas mientras ella repasa todas las áreas en las cuales mi hijo no está rindiendo como debiera. Por último, levanta la vista del trabajo deficiente y dice: «Y bien... ¿qué piensa *usted* hacer al respecto?»

Ninguno de mis hijos ha sido bueno en matemáticas, de modo que aborrezco especialmente abordar esa área de rendimiento escolar. La implicación es siempre la misma: «Señor Hicks, necesita pasar más tiempo con ____ y ayudarle con las tareas de matemáticas. ¿Piensa usted contribuir a paliar estas deficiencias?» Me pregunto qué sucedería si realmente expresara lo que tengo en la mente y dijese: «No, yo soy incapaz de calcular el saldo de mi cuenta bancaria y no he utilizado la geometría, el álgebra o la trigonometría desde que acabé cada uno de esos cursos. Ahora no hago nada relacionado con las matemáticas sin una calculadora, un abogado y un contador público».

El problema consiste en que no hay nadie con una mente matemática en la familia. De alguna manera se nos pasó por alto al distribuir ese don. En realidad no importa el tiempo que dedique a «ayudar» a mis hijos con sus tareas de matemáticas. Si soy franco, en el tercer curso de primaria ellos ya superaban mis conocimientos de esa asignatura; pero ¡trate de admitirlo ante una profesora de enseñanza secundaria! Expréselo y descubrirá hasta qué punto se ha aceptado el mito del superpapá. Además existe un contrato no reconocido entre padres y profesores: la mayoría de éstos saben cuán atareados están los padres, pero también conocen el poder que les dan «Las Notas». El padre comprende igualmente que la mayor parte de lo que su hijo está aprendiendo (gran suposición) se perderá, no tendrá aplicación o habrá sido superado cuando él acabe el curso. Pero Las notas significan acceso a la universidad, de manera que se suscribe un contrato inconsciente: los padres empujan las notas por esa causa, sin llamar la atención al hecho de que la información no es de vital importancia. Esto crea un dilema bastante grande para aquellos padres que quieren decir la verdad a sus hijos.

Cuando Charis estaba en el último año de secundaria, me preguntó: «Papá, ¿con qué frecuencia utilizas el álgebra?» Enfrenté un dilema. ¿Debía ser sincero y decirle la verdad: «Nunca uso el álgebra»? Temía que al hacerlo ella perdiera la motivación de seguir realizando sus tareas y tomarse en serio la clase. Y si no tomaba la clase en serio, sacaría mala calificación, lo cual podía afectar a su aceptación en la universidad «apropiada». Por otra parte, si le mentía me encontraría realmente en un lío. Sabía que su siguiente pregunta habría de ser: «¿Cómo y dónde la utilizas?» Así, tratando de arreglar un problema crearía otro mayor. No estoy seguro de lo que hacen los superpapás, pero tengo la impresión de que cada noche se sientan con sus hijos alrededor de la mesa del comedor, involucrados en las tareas escolares de éstos, ¡incluso si hay fútbol americano en la televisión!

Todo este capítulo podría ser la racionalización de mis frecuentes sentimientos de fracaso como padre, pero no creo que lo sea. Pienso que hay bastante investigación que indica que cualquiera que esté obsesivamente preocupado por el comportamiento o las actividades de otros (incluso de sus hijos) no es un individuo sano. Por desgracia, los colegios, las iglesias y las organizaciones parecen recompensar esta participación obsesiva y consideran al individuo obseso como un modelo de padre. David Elkind escribe extensamente acerca del «hijo apremiado»:

> Hoy en día, a los niños que sufren trastornos hay que considerarlos, evaluarlos y ayudarlos en el contexto de su entorno abrumadoramente estresante. En todo caso, los pequeños a los que vemos en la clínica actualmente se parecen más a las víctimas del shock por los bombardeos de la guerra que a los niños neuróticos del pasado. En cierto sentido, la guerra es para los adultos lo que las prisas para los niños: un enorme estrés que produce mucho daño y un poco de bien.[5]

Elkind explica de qué manera los padres «apremian» a sus hijos al deporte para resarcirse de las insuficiencias que tuvieron en sus propias vidas:

> De esta manera, los hijos se convierten en símbolos o portadores del frustrado espíritu competitivo de sus padres[...] El padre o la madre puede enorgullecerse del triunfo de su hijo o censurarle[...] En cualquier caso, ese padre o esa madre pronto invierte sustitutamente más compromiso en el niño que en su propia vida.[6]

Los superpapás pueden estar bien motivados para el éxito de sus hijos y es posible que nuestra cultura los considere padres comprometidos y con interés, pero las cosas por las que se interesan son predecibles. La presión y el estrés resultante proceden siempre de los valores de adulto, generalmente de aquello que los padres consideramos respetable, fructífero y útil. Comparados con las actividades socialmente deseables, tales como la competición atlética, los clubes y los acontecimientos

---

5. Elkind, *The Hurried Child* [El niño apresurado], p. 182.
6. *Ibid.*, p. 30.

organizados que se centran en la escuela y la iglesia, el caminar por el parque, pescar sentado a la orilla de un río o construir un fuerte en el patio trasero de la casa no parecerán nunca importantes. Tales actividades son difíciles de justificar en una sociedad dominada por el rendimiento y ciertamente no llevarán a nadie a la universidad. Sin embargo, el juego no productivo ni programado es importante para el crecimiento y la creatividad de los niños.

Si me siento celoso de los superpapás es sólo un instante. Cuando me paro a pensar, veo a mi propio padre, que me decía a menudo: «Ven conmigo». ¡Y nos íbamos! Con él pasaba ratos no gobernados por el rendimiento. No importaba realmente lo que hiciéramos o adónde fuésemos. Estaba con él. Mi padre no era un superpapá, tampoco yo lo soy.

El padre acaudalado

Yo vivo en el *Main Line* de Filadelfia. Antes de mudarme a esa zona privilegiada pensaba que «main line» era algo que se hacía con las drogas.[7] Sin embargo, ahora ese nombre me trae a la mente una imagen y una filosofía completas de la vida. Desde luego, la gente de dicho suburbio bromea al respecto y la mayoría no piensa o reconoce que sean parte de la conformidad social y económica, pero así es. Y lo mismo sucede conmigo. Me guste o no, estoy ligado a una expectativa económica en cuanto a la vida que nos afecta tanto a mis hijos como a mí.

No debería vivir donde vivo. Básicamente no puedo permitírmelo. Sin embargo, en un principio fui llamado a una iglesia de esta zona, de modo que aquí estoy. Vivo en el *Main Line*, mis hijos van a los colegios de aquí y tienen amigos de este suburbio cuyos padres son abogados, médicos, ejecutivos, contadores públicos, políticos y escritores famosos.

---

7. «Main Line» significa la clase alta e influyente, y «main line» es el término que se utiliza para la inyección de la droga en la vena. (N. del T.)

Me gusta donde vivo. Es un área bonita e histórica, establecida con «dinero antiguo». Sus ondulantes fincas han sido subdivididas para permitir a familias adineradas más nuevas trasladarse a la zona y a mí vivir en ella. En un sentido me siento cómodo aquí. Soy una persona de clase media alta con estudios universitarios, un profesional en cierto modo culto e inteligente. Puedo competir salvo en lo que respecta al dinero.

Una de mis quejas favoritas en cuanto a la mayor parte de lo que se escribe hoy en día acerca de la familia es que esa literatura pasa a menudo por alto las presiones económicas y las complicaciones que éstas tienen para los hogares. Puedo entrar casi en cualquier librería y escoger un libro acerca de algún matrimonio que volvió a juntarse después del naufragio de su relación, o leer otro sobre cómo poner mis prioridades en el orden correcto y resolver mis problemas administrativos en casa, pero pocas veces se aplican a mi caso en el lugar donde vivo. Muchas de sus sugerencias requieren dinero, dinero en abundancia. ¿Cuál es la tarifa actual de los consejeros matrimoniales? En mi área es de unos 75 dólares por hora. Restaurar el matrimonio de uno demanda recursos económicos. ¿Y qué me dice de los retiros de enriquecimiento conyugal? ¡Al menos 200 dólares por un fin de semana! ¡Me pregunto qué hacen los pobres!

Cuando nos mudamos al Main Line, escogimos la casa más barata que había. Pero a la larga lo barato se paga. Aquella casa necesitaba mucho trabajo, y de vez en cuando había amigos que pasaban por allí para ver lo que era necesario hacer. «Bah —decían—, eso es fácil de arreglar. Conozco al mejor carpintero de *Main Line*. Voy a darte su número de teléfono. Seguro que te puede ayudar en eso». Era algo fácil de arreglar, si estabas dispuesto a pagar las tarifas de *Main Line*. Otras personas actuaban con más realismo. Un querido amigo se presentó y nos empapeló toda una habitación durante el fin de semana.

Todo esto me sirve para sacar a luz un mito más: ser un buen padre significa poder proporcionar a sus hijos todo lo que ellos quieren o lo que reciben los demás jovencitos del vecindario. Este mito dificulta mi ejercicio paternal.

Cuanto mayores se hacen mis hijos, más forcejeo con el asunto. La razón de ello resulta obvia: las etiquetas de los precios sobrepasan cada vez más mi capacidad de pago. El asunto empezó por los pañales, siguió con los zapatitos, las bicicletas, las tarifas de los seguros de automóvil para adolescentes y, por último, los estudios universitarios. Recuerdo una ocasión en la que estaba sentado hablando con un directivo financiero de la universidad. El hombre, muy cortés y alentador, me aseguró: «Escuche, señor Hicks, lo que hacemos aquí es reunir un paquete económico de subvenciones, becas, préstamos y fondos al que el padre pueda hacer frente. ¿Cuánto de estos 16,000 dólares de la cuenta puede proveer?» «¿Qué le parecerían 1.000 dólares?», tartamudeé. El joven, acicalado y bien vestido funcionario contestó sonriendo: «Bueno, necesitaríamos algo más que eso».

¡Qué fracaso de padre soy! No hace tanto que estaba todavía trabajando por menos de 16.000 dólares al año con más dinero para gastos extras del que ahora poseo.

Este sentimiento de fracaso tiene un efecto muy profundo en los hombres. Cuando contemplo a otros profesionales masculinos llevar a sus familias a la estación de invierno de moda durante las navidades, comprar automóviles completamente nuevos para sus hijos cuando éstos se gradúan del Bachillerato, y transportarlos en avión de acá para allá a su antojo, es fácil llegar a la conclusión de que los buenos padres dan buenos dones a sus hijos (Mateo 7.9-11). Sin embargo, nunca he estado en situación financiera como para hacer tales regalos a los míos. Hemos vivido con la realidad de tener que pasar navidades «aburridas» en casa, poseer Volkswagen «escarabajos» y viajar en coche distancias extravagantes porque era más barato que tomar el avión.

Aunque en mi fuero interno sé que un padre acaudalado no es forzosamente un buen padre, me han criado hasta tal punto con el mito cultural del hombre como proveedor y protector que todavía tengo un sentimiento de fracaso cuando no puedo dar a mis hijos lo que quieren o lo que yo desearía darles. Creo que hoy en día, en nuestra sociedad, muchos hombres se enfrentan a una movilidad descendente cada vez mayor y de carácter permanente en la escala social, lo cual nos resulta más difícil a aquellos que hemos sido educados con expectativas de clase media y clase media alta.

En cierto estudio sobre las familias con movilidad descendente, Katherine Newman escribe: «La movilidad descendente asesta un golpe al corazón del "ideal masculino" de la clase media. Cuando el hombre de la casa fracasa en la tarea que con más claridad define su rol, sufre una pérdida de identidad como varón».[8] Y luego añade la dimensión de la esposa que trabaja, la cual debe suplir las insuficiencias financieras causadas por el marido: «Cuando esto se junta con los esfuerzos admirables de una esposa por salvar la situación poniéndose a trabajar, la respuesta del hombre puede verse intensificada por sentimientos de impotencia y rabia que culminen en malos tratos».[9]

Newman considera también que los niños criados en ambientes semejantes piensan en sí mismos como víctimas, aunque no siempre está claro de quién o de qué.

> *Creo que hoy en día, en nuestra sociedad, muchos hombres se enfrentan a una movilidad descendente cada vez mayor y de carácter permanente en la escala social.*

La presión económica encoleriza a los hombres y hace que los hijos se sienten víctimas de unas fuerzas invisibles y a menudo mal entendidas. Esto tiene graves implicaciones. Como cristiano, sé que uno no puede amar a Dios y a Mamón, y que la realidad material no es aquella en la que debemos poner nuestra confianza. Pero vivimos en un mundo material, y nuestros hijos también, y el dinero resuelve *algunos* de los problemas de la vida. Estoy cansado de sentirme un fracasado porque no puedo proveer todo cuanto deseo para mi familia.

---

8. Newman, *op.cit.*, p. 139.
9. *Ibid.*, p. 140.

Sugiero que el padre acaudalado al que glorifica nuestra cultura es un mito. Incluso las vidas de muchos cristianos ricos y famosos están cargadas de mentiras al respecto. La mayoría de las personas sinceras acerca de su vida, o de lo bien que les va, que conozco, reconocerán que sólo un mes las separa del desastre económico. Negocian con demasiados recursos ajenos, se sobregiran, cuentan con excesivos préstamos y les agobian las deudas. Están luchando por mantenerse simplemente a flote.

Aprecio la sinceridad de estas personas, la cual me indica que si decido tener menos cosas o darles menos a mis hijos no les estoy fallando. Confío en que algún día comprenderán que tuvieron un padre que hizo cuanto pudo por darles lo que estaba a su alcance, y en último análisis reconozcan que el mayor regalo consistió en contar con un padre en sus vidas, a pesar de todos los defectos que éste tuviera.

Después de entrevistar extensamente a los famosos y a los infames, Christopher Andersen, redactor jefe de la revista *People*, escribió un libro sobre aquello de lo que según dice todos terminaron por hablar: su padre. Los comentarios finales de Andersen proporcionan una perspectiva realista del asunto:

Ser padre no es ningún trabajo, y cualquiera que diga o piense lo contrario se lo comunicará así a su hijo. La paternidad es un estado existencial, y no sólo no resulta tan difícil, sino que las alegrías y recompensas que proporciona superan siempre a todas las dificultades. El hogar no debería ser un campo de entrenamiento. Tampoco tendríamos que buscar la aprobación o la censura del mundo exterior acerca de nuestro «éxito» en educar al niño. La vida de un padre transcurre con una mujer y también con sus hijos. Si se da bastante oportunidad para una tierna simbiosis, un interés y un cariño sinceros, eso basta. El padre no enseña a su hijo a ser creativo, inteligente o humano. La creatividad, la inteligencia y la humanidad son cosas cuyo desarrollo sólo puede permitirse. La contribución del padre es aquella de una sutil dirección. Contrariamente a lo que están predicando tanto los sumos sacerdotes de la sicología popular, resulta inútil intentar que mamá y papá concuerden en todos los aspectos de la crianza de los hijos. Cada hogar tendrá su débil de carácter y su mandón, su rencoroso y su pacificador, su huraño y su vivaracho. Los padres también son personas, y si se ven obligados a conformarse a la idea del comportamiento correcto que tiene algún sicólogo, el niño no tardará en caer en cuenta.[10]

La paternidad dificultosa en las Escrituras

Recuerdo que cierto día estaba en una clase del seminario y el profesor preguntó de improviso: «¿Cuáles son algunos de los personajes de la Biblia que considerarían como buenos padres?» Rápidamente repasé mi, por aquel entonces, limitado conocimiento de las Escrituras para encontrarlo. Estaba seguro de que se trataba de una pregunta legítima y que el problema residía en mi falta de preparación en la Palabra, ya que había ido a la universidad en vez de asistir a un instituto bíblico. Sin embargo, noté que muchos de mis compañeros, los cuales se habían criado en la iglesia y habían ido a escuelas cristianas y a institutos bíblicos, también permanecían callados. Finalmente, el payaso de la clase se descolgó con un: «Jesús». Todos rieron estrepitosamente. Luego, una vez que se hubo calmado la risa, el joven expresó: «No... lo dije en serio. Jesús no tuvo ningún hijo, ¡por lo tanto es el único padre perfecto!» Su argumento incidía precisamente en la cuestión que quería tratar el profesor: el fracaso paternal en la Biblia.

No se necesita leer mucho las Escrituras para comprender que resulta imposible encontrar en ellas a un buen padre. La Biblia no registra suficientes detalles acerca de ninguno como para inferir que sus hijos salieran bien gracias a su buena crianza. ¿Qué clase de padre era el primero de ellos, Adán? Uno de sus hijos mató a su hermano (Génesis 4.8). ¿Y qué decir de

---

10. Andersen, *Father: The Figure and the Force* [Papá: La figura y la fuerza], pp. 248 y 249.

Noé? Uno de los suyos hizo algo indigno a su padre (Génesis 9.21-24). ¿Y Abraham, el padre de la nación de Israel? Como no podía esperar a tener un heredero, engendró un hijo con una sirvienta sexualmente disponible (Génesis 16). Y considere a Isaac y Jacob: el primero tenía favoritismos con sus hijos (Génesis 25.28) y el segundo fue un engañador cuyos vástagos cometieron asesinato, incesto y fornicaron con prostitutas (Génesis 38.15), además de vender como esclavo a su propio hermano (Génesis 30—50).

También podemos pensar en los reyes de Israel como padres. Saúl tenía problemas mentales y espirituales hasta tal punto que su propio hijo llegó a ser el mejor amigo de su archienemigo: David (1 Samuel 18). El rey David, por su parte, descuidó de tal manera a su hijo Absalón que éste tuvo que dirigir una revuelta contra él para que le hiciera caso (2 Samuel 15). Y a Salomón, otro de sus hijos, no le fue mucho mejor con los propios. Salomón amaba al Señor, pero también idolatraba a sus mujeres, sus ejércitos y su riqueza. Tuvo dos hijos que dividieron la nación después de su muerte; división de la que jamás se recuperó Israel (2 Crónicas 11). Llegando ya al Nuevo Testamento, vemos que los escritores sagrados tienen que enseñar a los padres cómo hacer con sus hijos. Los ejemplos de la historia anterior no eran precisamente excelentes. Y siguen sin serlo.

¿Qué conclusión sacamos? ¡Qué Dios es el único Padre perfecto! Él es el solo Padre bueno, e incluso sus hijos (los hijos de Dios) se han metido a lo largo de toda la historia en líos tremendos: adorando a dioses falsos, siendo inmorales e impíos, quebrantando el pacto matrimonial, asesinando, robando y codiciando. La mayor parte de la experiencia de Dios como Padre le ha resultado incómoda. Y un vistazo a las Escrituras indica que la paternidad tampoco fue fácil para los personajes bíblicos.

Podemos aprender de Dios mismo lo que es un buen padre. Puesto que Él es el creador de sus hijos humanos, está comprometido con ellos, hagan éstos lo que hagan. Los profetas jamás lo acusaron de ser mal Padre porque tenía hijos tan perversos e impíos. En realidad, Dios experimenta un constante conflicto emocional acerca de si debe desechar del todo a su progenie (Oseas 1.6-9), pero siempre se vuelve atrás y reafirma su compromiso con ellos como Padre perpetuo (Ezequiel 16.60-63). Es un Padre que permanece constante contra viento y marea.

A Dios no le resulta fácil ser nuestro Padre. Pero me anima saber que no soy el único que piensa que la paternidad es difícil. De modo leve pero importante, ello facilita mi propio ejercicio de la misma: por esta razón me mantengo constante con mis hijos pasen por lo que pasen.

El investigador familiar Urie Bronfenbrenner ha afirmado en numerosas ocasiones que el aspecto más importante de la paternidad es el compromiso irracional del padre. Y una vez, cuando le preguntaron a qué se refería con ese «compromiso irracional», respondió: «El padre está chalado con sus hijos simplemente porque son suyos».[11] A veces pienso que los profesores, los administradores de centros escolares y los padres no tienen certeza de este fenómeno. ¿Por qué me siento culpable al respaldar la posición de mis hijos frente a la del colegio, la del maestro de Escuela Dominical e incluso la de mi esposa? En nuestra sociedad, tan consciente de la sicología, al compromiso irracional con los hijos se le llama «negación sicológica» o «renuencia a aceptar sus faltas». Lo reconozco, pero sigo loco con ellos porque son mis hijos.

De algún modo, creo que así nos ve Dios como hijos suyos. Él conoce nuestras faltas, pero se ha comprometido con nosotros mediante su Hijo. ¿Estaba Él negando la realidad o no enfrentándola al hacer que Jesús muriese por nosotros con objeto de que pudiéramos ser adoptados de manera real en su familia? No lo creo.

La contribución de un padre

El terapeuta familiar Carl Whitaker dijo en cierta ocasión: «Los malos padres hacen más fácil para los hijos dejar el hogar

---

11. Bronfenbrenner, *La Familia Americana* (cinta de audio).

y la familia». Estoy de acuerdo en que tales padres facilitan la partida física, pero no tengo la misma certeza en cuanto a las cuestiones emocionales, mentales y de identidad relacionadas con la separación. Cuando hablo con hombres, éstos dejan claro que no les resultó fácil abandonar el hogar. Incluso su partida y su separación se vieron complicadas por las fallas en sus familias de origen.

Al dedicar más tiempo a participar en el proceso de crianza, los varones ciertamente comprenderán cuál es su papel y en qué debería consistir su principal contribución.[12] El padre tiene una importancia decisiva para el desarrollo de los hijos. La obra de Michael Lamb que citamos anteriormente demostró que el padre desempeña un papel vital en el desarrollo moral y en la identidad sexual de ambos sexos.[13]

De esta investigación se desprende lo que muchos de nosotros hemos creído durante algún tiempo o experimentado como cierto en nuestras propias vidas, pero que no contaba con bastante base científica que lo corroborase. Los hombres hacen aportes únicos al proceso de crianza. Esto no significa que la madre no contribuya también a dicho proceso, pero existen factores de desarrollo que sólo los padres pueden aportar al mismo. Así como el desarrollo emocional del niño durante la primera infancia depende más de la madre, posteriormente es el padre quien desempeña un papel más decisivo.

---

12. Los estudios indican que hoy en día los hombres están dedicando más tiempo a participar directamente en el proceso de crianza de los hijos que en el pasado [Pleck, 1985; Gilbert, 1985]. En lo que respecta a la investigación, el papel del padre en el desarrollo del niño sólo ha sido reconocido recientemente. Hasta 1986, el Congreso de los Estados Unidos no se había interesado por el tema, pero gracias al congresista Dan Coates (presidente en Indiana del Comité del Niño y de la Familia) se recibieron testimonios de expertos relativos al mismo, parte de los cuales han sido publicados. Algunos de los investigadores, por otro lado, han puesto por escrito sus conclusiones, y el Consejo de Investigación sobre la Familia ha realizado un buen esfuerzo para difundir la cuestión.

13. Lamb, *op. cit.*

La vida como un todo

Las vidas de los niños están tan estructuradas por la escuela, la iglesia, la liga infantil y los padres, que para ellos el tiempo de juego se convierte en otra actividad programada. Apresuramos a nuestros hijos de actividad en actividad, tanto suyas como nuestras. El tiempo de desplazamiento es acelerado y, por lo general, tenemos la radio a todo volumen para mantener fuera el ruido de la vida.

Algo se ha perdido. ¿Cómo puedo comparar un viaje a la tienda con mi hijo en nuestro automóvil familiar con aquellos paseos sabatinos que realizaban hace un siglo los padres en compañía de sus vástagos? La mayoría de los hombres no pensarían en tener una larga conversación con alguno de sus hijos. ¿De qué hablaban ellos? ¿Discutían y discrepaban entre sí? ¿Pasaban largos períodos en silencio? Probablemente de todo un poco.

Una cosa sé, que la cantidad de tiempo que un hijo pasaba entonces con su padre superaba a la de hoy en día. La mayoría de los hombres no eran ejecutivos, ingenieros u otra clase de técnicos especializados. Eran especialistas en la vida, e impartían su filosofía acerca de la misma.[14] David Elkind dice que una filosofía de la vida constituye uno de los grandes valores de «alivio» que todo niño necesita:

> Todo el mundo precisa una filosofía de vida; una forma de ver la existencia globalmente y en perspectiva. El arte de vivir es lo más difícil que han de aprender los niños, y lo hacen mejor si sus padres poseen una manera general de ver la vida[...] El apremiar a los niños para que se conviertan en adultos viola la santidad de la vida dando prioridad a un período de la misma sobre otro[...] Si somos capaces de vencer algunos de los apremios

---

14. Ya sé que estoy simplificando exageradamente la cultura de los colonos americanos. Entiendo que había padres alcohólicos o que maltrataban a sus hijos, y otros que daban a estos muy poco apoyo emocional o económico.

de nuestra existencia adulta y descentrarnos, podremos comenzar a apreciar el valor de la niñez con sus propias alegrías, tristezas, preocupaciones y recompensas especiales.[15]

Puedo escuchar a Elkind diciendo que los padres hemos de dedicar tiempo a saborear las experiencias de nuestros hijos y a proveer un marco para que esto pueda suceder y desarrollarse. En ratos así es cuando se comunica el arte de vivir.

> *Quizás proporcionar un verdadero liderato espiritual consista en perfeccionar el arte de descubrir y aprovechar lo mejor posible los momentos educativos.*

Quizás proporcionar un verdadero liderato espiritual consista en perfeccionar el arte de descubrir y aprovechar lo mejor posible los momentos educativos. Esto implica comprender algunas cosas acerca del desarrollo del niño y del adolescente y considerar la mayoría de lo que el chico enfrenta como crisis previsibles de desarrollo: un niño de dos años derramará la leche, otro de cinco dirá que no a su madre, el de diez será torpe jugando al fútbol y el de dieciséis beberá o fumará alguna vez. Sin embargo, con frecuencia hacemos de estas cosas cuestiones morales o de carácter. Los padres pueden proporcionar a sus hijos una filosofía acerca de la vida y del crecimiento que les conceda la libertad de fallar y desarrollarse bajo su mano protectora.

Recuerdo que en una ocasión se me pidió que echara a un adolescente de cierta conferencia juvenil porque fue descubierto fumando marihuana. Tuve que llamar a su padre y decirle que mandábamos a su hijo a casa por ser una mala influencia para los otros jóvenes cristianos. En cierto modo me quedé sorprendido de la respuesta que el hombre me dio: «Muy bien, envíelo. Los chicos serán siempre chicos, sabe usted».

Mi primer pensamiento fue: *Vaya padre despreocupado. Debería darle a su hijo lo que se merece.* Sin embargo, después de casi veinte años ejerciendo la paternidad, reconozco que

---

15. Elkind, *op. cit.*, p. 199.

aquel padre tenía un compromiso irracional con su hijo y estaba loco con él. Lo aceptaba incluso en su fracaso. Dicho sea de paso, hoy en día su vástago es un próspero hombre de negocios.

Déles libertad

Una segunda contribución de los padres, especialmente en lo que respecta a sus hijas, es la de conceder a éstas la libertad de ir creciendo. En su libro *Fathers and Daughters* [Padres e hijas], William Appleton señala que los conflictos con el padre son una característica básica del paso normal de las chicas a la edad adulta.[16] Se trata de un período importante, pero de mucho estrés para ambas partes. Sin embargo, la tarea clave a desarrollar desde el punto de vista paterno es dar libertad a su hija. Los temores paternos en cuanto a permitir que su hijita escoja por sí misma y corra con las consecuencias no resultan agradables y hacen difícil nuestra masculinidad. Gordon Dalbey comenta al respecto: «El problema principal entre padre e hija es la separación: ¿puede el progenitor dejar libre a la chica, expresar su confianza en la capacidad de ésta y declarar: "Tú eres *tú* misma"?»[17] Vemos este conflicto representado en varias películas modernas tales como *The Miner's Daughter* [La hija del minero], *Norma Rae* y *En el estanque dorado*. Todas ellas describen el intento desesperado de una hija por liberarse de su padre, a fin de poder hacer lo que quiere, pero deseando al mismo tiempo la afirmación y aceptación de su progenitor.

Es llegado ese momento cuando veo buena parte de mi fracaso como padre y me ha sido necesario enfrentar la realidad de lo que le confesaba a Dios en cuanto a la dedicación de cada una de mis chicas a Él. Mi confesión consistía en que éstas son suyas y yo nada más que un mayordomo de los tesoros divinos. Tal confesión implica que ha de llegar un día cuando mi tarea acabe (en lo referente a un papel activo); pero un padre aprecia

---

16. Appleton, *Fathers and Daughters* [Padres e hijas], pp. 15-19.
17. Dalbey, *op. cit.*, p. 153.

y considera siempre especial el «amor a papá». Reconocer este cambio y permitir la separación de una hija molesta tanto a la masculinidad como a la paternidad.

En tal separación, el padre debe soltar a su hija. Desde la perspectiva de ella, el proceso consiste en ver a su progenitor en términos más bíblicos; términos que yo, como antiguo pastor, enseñé pero jamás he querido de veras afrontar o reconocer. Jesús lo dejó bien claro: «El que ama a padre o madre más que a mí, no es digno de mí» (Mateo 10.37). Si quiero que mis hijas sean discípulas de Cristo, no pueden seguir siendo mis niñitas ni mirándome como a un ídolo. Gordon Dalbey arroja luz sobre este «amor a papá». Según él, en la separación «el ídolo papá había caído. Esto significa la muerte para las chicas idólatras o el comienzo de una nueva vida para las mujeres fieles y sus padres. Porque, ciertamente, sólo cuando los ídolos caen puede Dios aparecer en las vidas».[18]

Para que una chica tenga su propia vida, y con el tiempo un vínculo con otro hombre, debe separarse de su padre. Nuestro papel en cuanto a nuestras hijas cambia. No podemos seguir siendo el protector, proveedor e ídolo que fuimos en otro tiempo. Ellas necesitan madurar y nosotros hacer lo propio y dejarlas ir. Tenemos que encomendárselas a nuestro Dios y a otros hombres. En sus años adultos debemos aportar a su vida una relación de persona mayor a persona mayor. No podemos seguir haciendo el papel de «papá» con ellas (excepto cuando ellas lo quieran) y hemos de buscar la reconciliación en caso de que el proceso de separación resultara excesivamente doloroso y traumático.

La llamada

Las relaciones que los hombres forman con sus hijos son diferentes a las que tienen con sus hijas. La competencia entre padres e hijos varones es casi siempre notoria y el distanciamiento

---

18. Dalbey, *op. cit.*, 159.

emocional bastante común. Sin embargo, la contribución única que el padre hace a la vida de su hijo es ese vínculo masculino decisivo y la «llamada» a la virilidad que el mismo lleva asociada. Sin esta tarea a desarrollar, el chico, como hombre, puede buscar un «padre» en los mentores, amigos o incluso en la orientación homosexual.

La obra de Samuel Osherson, *Finding our Fathers* [Cómo encontrar a nuestros padres], señala que los hombres con frecuencia tratamos de encontrar al varón oculto que llevamos dentro mediante el resto de las experiencias de nuestra vida con otros hombres y organizaciones. La mayoría de las culturas antiguas tenían marcadores culturales para definir claramente y fechar la edad viril; pero ya que nuestra sociedad no los tiene, el muchacho ha de intentar deducir por sí mismo qué trata esa cosa que se llama masculinidad. De modo que el padre tiene la palabra decisiva en la vida del chico.

El desarrollo masculino es distinto al femenino en el sentido de que las chicas no tienen que dejar a su madre para llegar a ser mujeres. Pueden seguir siendo amigas durante toda la vida, y realizar juntas todavía actividades femeninas tales como el ir de compras, hablar de ropa, decorar y criar hijos sin renunciar a otras importantes relaciones. Las chicas tienen su período de vinculación con la madre, y dicho vínculo no necesita romperse para que puedan madurar y hacerse mujeres.

En el caso del varón el proceso es más complicado: el muchacho debe separarse de su madre y encontrar a su padre. Los antropólogos culturales han reconocido universalmente este proceso; sin embargo, en el mundo occidental por lo general se pasa por alto o se hace burla de toda conciencia del mismo. La costumbre más parecida relacionada con dicho proceso es el bar mitzvah judío. Este marcador ceremonial define y hace hombres a los muchachos hebreos. Como preparación para el acontecimiento, el chico debe aprender a leer la Torá (Ley) en hebreo. Por supuesto, no se hace instantáneamente maduro en términos de madurez sicológica o física, pero mediante esa ceremonia la comunidad judía —primordialmente los hombres y su propio padre— «llama» a su virilidad.

Gordon Dalbey describe la práctica de cierta tribu nigeriana en la que los hombres van realmente a la choza del muchacho y lo llaman para que deje a su madre y se una a los varones adultos de la comunidad. Entonces la madre lucha y grita por la pérdida de su hijo. El chico debe escoger entre quedarse en casa con ella o juntarse con los hombres, que siguen animándolo a salir fuera hasta que por fin se va. A continuación inician al chico en los misterios de la tribu y los «secretos de los varones».[19]

Algo extraño de los hombres es que pensamos que el hacer muestras sinceras de afecto a nuestros hijos los convertirá en afeminados. Los estudios indican justamente lo contrario.

Lo que pretende la tradición es claro. Para que el chico se convierta en hombre debe renunciar a su madre y escuchar las voces de los varones. Resulta interesante que la madre luche por retener al niño, lo cual sucede a menudo en la realidad. Las mujeres deben entregar a los hombres sus preciosos niñitos, y estos ir con sus padres y con los demás varones adultos.

Hoy en día creo que el único acceso a la comunidad masculina (sea ésta lo que sea) se realiza por medio del padre. Pero ¿cómo puede ocurrir este proceso si la madre está sola? En tal situación, el padre, aunque no tenga la custodia, debe comprender que a pesar de hallarse lejos, tiene un papel decisivo que realizar. Su hijo está tratando de oír la voz paterna. Y si el padre se muestra renuente, debe acudirse al abuelo, a los tíos o a los amigos varones para que cumplan ese cometido.

¿Y qué si usted mismo no ha pasado nunca por dicho proceso? Resulta difícil saber cómo llevar a cabo algo que uno no ha visto nunca hacer. Sin embargo, no creo que sea nada extravagante o complicado. En la mayoría de las culturas sucedía de manera habitual, y en gran parte ocurre simplemente con que usted esté ahí para su hijo, con el deseo de que se cree un vínculo emocional entre ambos. Algo extraño de los hombres es que

---

19. Dalbey, *op. cit.*, pp. 49-52.

pensamos que el hacer muestras sinceras de afecto a nuestros hijos los convertirá en afeminados. Los estudios indican justamente lo contrario. Los padres cariñosos, amistosos y solícitos aportan fuerza y autoaceptación a sus hijos varones.[20]

Hoy en día nuestro llamado a la virilidad de los hijos es más bien gradual que ceremonial. Se produce en los cientos de ocasiones en las que estamos juntos. Con mi hijo esto ocurre las veces que hablamos de alguna película, las que disparamos su escopeta de pequeño calibre, las que jugamos a lanzarnos la pelota e incluso las que charlamos después de castigarlo. Cada una de esas cosas constituye una pieza del proceso de llamar a su virilidad.

Un problema relacionado con esto es qué hacer cuando existe una verdadera animosidad hacia el propio padre por sus fallos en ese sentido. Dalbey ofrece algunas agudas sugerencias:

El hombre debe estar en guardia contra la tentación de bordear el dolor de verse separado de su padre; hacerlo es permitir que dicho dolor lo ate y lo controle desde el inconsciente más profundo al que lo relega. Debe comenzar donde está realmente[...] y guardarse de la tentación asociada de juzgar y condenar a su padre por lo que no le dio. El hombre que confiesa su dolor trayéndolo a la cruz de Jesús comenzará a ver que su padre no recibió tampoco la llamada de su progenitor y por tanto no supo cómo hacer lo propio con él. El padre de uno no es el opresor, sino una víctima más, un hermano necesitado como él de afirmación masculina.[21]

No hay padres perfectos. Nuestra paternidad será siempre defectuosa y su ejercicio no resultará fácil. Nunca lo ha sido; nunca lo será. No vamos a la escuela para aprender a ser padres ni hacemos muchas prácticas para ello. La mayoría de nosotros lo realizamos como podemos con la esperanza de hacer algo bien. Valdría la pena que las iglesias ofrecieran más ayuda en esta área. Pero los hombres tenemos conflictos abiertos con la iglesia. No es un lugar donde nos sentimos verdaderamente a gusto; de modo que incluso nuestros domingos nos resultan fastidiosos.

---

20. Lamb, *op. cit.*, p. 25.
21. Dalbey, *op. cit.*, p. 54.

CAPÍTULO 8

No es fácil ir a la iglesia

O por qué los hombres se sienten incómodos en la iglesia

———— ■ ————

Una madre entró cierto domingo por la mañana en la habitación de su hijo e intentó hacerle salir de la cama. Después de varios intentos le dijo: «Cariño, tienes que levantarte para ir a la iglesia». A lo que él replicó: «Dame una buena razón para ello. La gente de esa iglesia no me aprecia. ¿Por qué tengo que ir?»

Su madre le afirmó: «¡Porque eres el pastor!

Así es, incluso los pastores se sienten fuera de lugar en la iglesia. Sostengo que la razón es que —sea de la denominación que sea—, la iglesia como institución apela esencialmente más a las mujeres que a los hombres. Me divierte todo ese debate actual sobre la ordenación de las mujeres. ¡Como si no hubieran tenido nunca ningún poder en la iglesia! Hable con cualquier ministro o examine la mayoría de los archivos de las iglesias para ver los porcentajes que hay de hombres y mujeres, y la verdad se hará evidente. Las mujeres ejercen un poder tremendo en todas las iglesias por su mera fuerza numérica.

En la tradición católica, los hombres rezan a María; en la protestante, el consejo de unos pastores a otros es no enfrentarse jamás al «grupo de señoras». Sea cual sea la tradición, las mujeres son quienes realizan la mayor parte del ministerio intercesor, y no me refiero a la oración. Me dicen que las mujeres leen el ochenta por ciento de todos los libros cristianos; incluso aquellos que, como este, van dirigidos a los hombres, lo compran para sus maridos.

El doctor Lyle Schaller, famoso asesor eclesiástico en los Estados Unidos, señaló un cambio de tendencia que a él personalmente le preocupaba, y que describió como «la feminización de la iglesia en casi todas las denominaciones». Schaller observó que entre el sesenta y el sesenta y dos por ciento de los asistentes a los cultos del domingo son mujeres. Y que en aquellas actividades que reflejan directamente la vida de una congregación, la brecha entre los sexos resulta todavía mayor.[1]

¿Cómo se explica esta diferencia? Un domingo por la mañana, durante el culto, miré a mi alrededor y me pregunté: ¿Hay algo aquí que atraiga realmente a los hombres? ¿Que sea característicamente masculino? Me fijé en las túnicas, las flores y las cosas que se repetían, con las cuales no se podrían identificar la mayoría de los hombres. Luego me dieron una comida bastante escasa. Después de venir por primera vez a mi iglesia, cierto amigo judío me dijo: «El Señor no pone una mesa demasiado buena en vuestra iglesia; yo creía que los judíos éramos roñosos. Pero al menos alimentamos bien a nuestra gente». Ciertamente el cuadro ha cambiado desde la Última Cena, cuando Jesús disfrutó de una buena comida con sus amigos más íntimos en el relajado y confortable ambiente del Aposento Alto y dio a la misma un nuevo significado espiritual. Hoy en día, este acontecimiento simbólico de suprema importancia se ha reducido a un

---

1. Citado en el libro de Dalbey *Healing the Masculine Soul*, pp. 174-175.

mero formalismo, sin nada lo suficientemente terreno como para que la mayoría de los hombres lo «palpen».

Contrastando con esto, uno de los cultos de comunión más memorables que haya experimentado nunca tuvo lugar en las llanuras desérticas de Australia. Como no había pastor, los hombres de la iglesia se turnaban para dirigir el servicio de Santa Cena, y el día que yo asistí lo hizo un rudo minero. Tenía todas sus notas apuntadas en fichas y en medio de la ceremonia se le cayeron todas al suelo. Él, tratando de recobrar la compostura, hizo un vano intento de colocarlas de nuevo en orden. Finalmente se echó a llorar y dijo: «¡Y yo que quería hacer un trabajo bien hecho para el Señor!» Cuando miré a mi alrededor descubrí que no había nadie que no estuviese llorando, y me dije: *¿Y no es esto la comunión? ¿No se trata de traer nuestro quebrantamiento al quebrantamiento de Cristo y buscar en Él la aceptación y el perdón que tanto necesitamos?* Después del culto asamos todo un cordero y lo compartimos entre nosotros.

Las dos imágenes están muy lejos una de otra en cuanto a distancia y concepto: uno de esos cultos tenía flores y era formal y predecible; el otro, sencillo e imperfecto, dejaba lugar para el fracaso y la fragilidad humana. Yo sugeriría que uno era femenino y el otro masculino. ¿Qué es lo que ha producido esta feminización a gran escala de la iglesia, que hace que los hombres se sientan tan fuera de lugar en ella? Algunos tal vez discutan este comentario mío acerca de los varones, puesto que hay muchos hombres «en la iglesia»; sin embargo, lo que estoy tratando es si ellos se sienten o no a gusto allí.

Mientras escribía este libro, mi esposa y yo asistimos a un estudio para matrimonios junto con otras varias parejas. En el grupo estaban representadas muchas tradiciones cristianas y distintos niveles de compromiso. Cuando me pidieron que mencionara los capítulos del presente volumen, di una panorámica de cada uno de ellos y, al llegar a este, utilicé el primer título que tenía: «Por qué los hombres odian la iglesia». De todos los capítulos que había nombrado, este fue el que despertó mayor reacción. Varios hombres dijeron piadosamente: «Pues a mí me gusta la iglesia». Sin embargo, al proseguir la conversación terminaron siendo más sinceros. Y uno de ellos reconoció: «Sí, jamás me he sentido realmente a gusto en ella. Siempre me siento como un extraño». Al dar la vuelta al círculo, y para sorpresa de sus mujeres, todos los hombres manifestaron sentimientos parecidos. Creo que pueden ser varias las razones de dichos sentimientos.

El ministro como modelo de virilidad espiritual

Primeramente, la mayoría de los hombres se comparan a sí mismos con la imagen del ministro religioso. El retrato que los medios de comunicación hacen de él es uno de los ejercicios más perpetuados de lavado cerebral sistemático. Con frecuencia el ministro es un sacerdote o alguien de ese tipo, vestido con atuendo diferente y, naturalmente, los productores suelen elegir a un hombre afeminado y de aspecto inocuo para representar el papel. Por lo general, aparece en escenas de poca trascendencia, ya sean bodas o entierros, pero, incluso, esas escenas dejan paso rápidamente a la «verdadera» acción. En ciertas películas, como *El Exorcista,* el ministro puede echar fuera demonios (un trabajo con el que los hombres se identifican realmente) o ser un antiguo pistolero, como en cierto filme de Clint Eastwood. Mientras escribo no puedo recordar ninguna descripción reciente de lo que considero una vida normal de ministro religioso. Para el espectador medio, los ministros viven en el anonimato, en la periferia de la vida, y sólo aparecen como camafeo en bodas, entierros e invocaciones presidenciales.

Para el hombre promedio los ministros religiosos llevan una vida imposible de comprender, con la cual sienten que no tienen mucho en común. Probablemente, la mayor parte de los laicos se pregunten qué es lo que un ministro hace a lo largo de todo el día y si verdaderamente trabaja duro. ¿Cómo podrían saberlo? Creo que muchos hombres de negocios de la iglesia tienen sospechas persistentes de que su ministro no se gana el sueldo y piensan: *¿No estaría bien contar con un empleo en el que sólo se trabaja un día a la semana?*

Esta percepción no es correcta, pero las fantasías difícilmente mueren. La mayor parte de los hombres se identifican muy poco con cualquier cosa que haga el ministro durante todo el día. Pero el verdadero problema está en el hecho de que este fantasma que vive en la periferia de la vida, el ministro religioso, se convierte para las esposas y las mujeres en general en el modelo tanto de la espiritualidad como de la hombría. El pastor es un hombre perfecto, el varón espiritual por excelencia, como toda esposa desearía que fuese su marido.

Este es un aspecto aterrador del ministerio: saber que las mujeres de la congregación están constantemente comparando a los hombres como yo con sus propios esposos. Si supieran cuán a menudo me gustaría estar en el lugar de sus maridos: libre de la absurda mezquindad que muchas veces caracteriza a la iglesia y con la posibilidad de ganar más dinero. Asimismo, debido a que la mayoría de los varones de la iglesia no buscan la oportunidad para conocer personalmente a su pastor (no creen que haya nada en él con lo cual identificarse) y que muchos ministros no desean que se los descubra (que se sepa que son simplemente como los demás hombres), el sexo masculino no sabe nada acerca de la verdadera vida de un ministro. Por tanto, el hombre de iglesia promedio da por sentado que la valoración de su vida que hace su mujer utilizando como norma al pastor es la adecuada. Según dicha norma, él siempre se queda corto: es menos espiritual, tiene un compromiso menor y sabe muchísimo menos de la Biblia.

El hombre que ocupa el púlpito se convierte así en un sutil enemigo para la mayoría de los varones adultos. Su vida no tiene ningún atractivo para otros hombres y, si son sinceros, quizá se sientan incómodos con alguien de su sexo que sabe poco de finanzas, del mundo real y de las tentaciones a las que ellos se enfrentan cada día.

Recuerdo que en cierta ocasión estaba en casa de uno de mis primeros maestros en la vida cristiana. Como recién convertido, aprendí mucho de él, y apreciaba realmente su efecto en mí. Como él iba a salir de la ciudad, permitió que utilizáramos su

> *El hombre que ocupa el púlpito se convierte así en un sutil enemigo para la mayoría de los varones adultos.*

casa para una cena. No habiendo sido educado en la iglesia, ni conocido realmente a ningún ministro en mis veintiún años de vida, no sabía lo que podía esperar en casa de un pastor.

La idea que tenía era que se trataba de alguien que oraba y leía la Biblia durante todo el día, y supongo que esperaba que su hogar reflejara ese cuadro.

¡Que si quedé decepcionado! Allí no había ningún cuadro de Jesús, y sus niños tenían juguetes —incluso armas—, mientras que en el garaje estaban apilados los equipos de esquí. Ahora doy gracias a Dios por aquella temprana impresión en mi alma. Él era un hombre, y no un fantasma afeminado. Me podía identificar con él. Había un punto de contacto masculino.

El Dr. Donald Joy habla del «varón deformado como norma en nuestra sociedad», el cual ha adoptado dos perfiles: uno, el del macho que lucha con su deformidad compensando sus inseguridades con una «actuación» viril en vez de ser realmente masculino; el otro, el del varón afeminado que ha renunciado a ser hombre y escapa de su virilidad por sentirse más cómodo con el lado femenino de la vida.[2] Tanto el uno como el otro necesitan ver ejemplos de la masculinidad normal.

El ministro religioso ocupa una posición fundamental en nuestra cultura para ejemplificar al mismo tiempo la masculinidad y la espiritualidad realistas. Sin embargo, para que esto suceda tiene que haber un cambio de mentalidad a ambos lados del púlpito o del altar. El hombre promedio se pregunta: ¿Qué tengo yo en común con este hombre y por qué debería escucharlo? Los nuevos varones, aquellos bebés de la posguerra que han sido educados —si no víctimas de un lavado de cerebro— para pensar que la integridad está más relacionada con la vulnerabilidad que con el rendimiento, preguntan: «¿Eres real? ¿Luchas

---

2. Joy, «Is the Church Feminized? [¿Está la iglesia feminizada?]»

con lo que yo lucho? ¿Vas a ser sincero conmigo en cuanto a tu vida interior?»

Esto parece fácil de solventar, pero recuerde mi afirmación de que aun los pastores se sienten fuera de lugar en la iglesia. Los domingos jamás son sencillos. Mientras un grupo quiere y valora la vulnerabilidad y la sinceridad, el otro tiene expectativas imposibles acerca del pastor. Probablemente se trate de una cuestión de edades, pero no siempre es así. Ese otro grupo desea tener la seguridad de que el pastor es aquel modelo de la vida espiritual que ellos estiman y juzgan oportuno. Naturalmente, la forma que esto toma en una congregación y en otra no concuerda, pero es algo que siempre está presente. Ya se trate de su manera de predicar, de lo rápido que devuelve las llamadas telefónicas, de lo temerosos de Dios que son sus hijos o de cuán comprometida sea su mujer, se espera de él que sea el hombre modelo de la congregación. Obviamente, ningún hombre puede cumplir ambas expectativas sin ser insincero con un grupo o sin que el otro lo considere un fracasado.

Un amigo mío describió cierta experiencia personal que tuvo con la junta de su iglesia. Como su pastor, estaba comprometido con la vulnerabilidad y sinceridad en el púlpito, a fin de poderse identificar con los problemas de la congregación. Su ministerio creció y la gente acudió en tropel a la iglesia. Sin embargo, en una de las reuniones de ancianos, la junta lo regañó por dar la impresión a los creyentes de que no era malo tener problemas matrimoniales y porque al expresar los suyos hacía pensar a algunos que no se estaba calificado para el ministerio.

Creo que sólo los laicos pueden resolver esta tensión. Si se quiere hacer lo necesario a fin de alcanzar y ganar a los hombres para la iglesia, los líderes deberán decidir si prefieren en sus ministros la apariencia de perfección o la sinceridad. Pienso que esto ayudaría muchísimo a que los varones estuvieran más a gusto en un lugar incómodo. Una de las razones por las cuales los hombres no se sienten cómodos en la iglesia es que no lo están tampoco con los ministros ni con el tipo de vida que ellos ejemplifican.

Un plan de juego poco claro

Otra de las razones por las cuales a los hombres les resultan tediosos los domingos es que no comprenden el juego. A los varones les gusta contar con un liderato claro y saber cuáles son las reglas del juego al que se está jugando. En ausencia de éstas, cada hombre debe imaginarse qué está intentando hacer el pastor y de qué trata eso de la iglesia. Un ministro necesita por lo menos tres años de estudios para descubrirlo y luego pasa el resto de su vida tratando de llevarlo a la práctica. El hombre de la calle no tiene ninguna pista, especialmente si se ha convertido en la madurez. ¡Cierto hombre me dijo que cuando empezó a asistir a la iglesia pensaba que las epístolas eran las esposas de los apóstoles! Y yo le contesté: «¿Quiere decir que no lo son?» La iglesia puede ser un lugar muy confuso, y los pastores no son muy buenos comunicando sus expectativas.

Como preparación para una de las conferencias de Lausana sobre evangelismo, se le pidió a Ford Madison, un hombre de negocios de Dallas, EE.UU., que hablara sobre el papel de los laicos en la evangelización mundial. Madison encuestó a varios de dichos laicos que estaban muy activos en sus propias iglesias a fin de tener una idea sobre qué cosas pensaban éstos que sus pastores esperaban de ellos. La pregunta que les hizo fue: «¿Qué piensa usted que su pastor espera que haga como laico? Ford dice que quedó sorprendido de los resultados. La expectativa número uno era que diesen más dinero. La número dos, que asistieran a todos los programas de la iglesia y los apoyaran. La número tres, expresada con las propias palabras de Ford: «No muevan la barca».[3]

¡Qué triste comentario es ese de que el hombre promedio de la iglesia no pueda comprender lo que el pastor quiere realmente de él más allá de su contribución a la ofrenda y a los programas que se anuncian a la congregación! Estoy seguro de que si se les

3. Ford Madison, entrevista personal con el autor, reunión de profesores del Seminario de Dallas.

hubiera hecho esa misma pregunta a los ministros, éstos habrían respondido: «Queremos que los hombres crezcan en su relación con Cristo, lleven una vida que glorifique a Dios, o que cultiven buenas relaciones familiares».

Se trata de un problema de percepción. Los hombres entienden la iglesia de cierto modo y actúan en consonancia con su manera de percibirla. Si ésta es errónea, sus acciones también lo serán.

> *Los hombres entienden la iglesia de cierto modo y actúan en consonancia con su manera de percibirla. Si ésta es errónea, sus acciones también lo serán.*

Para salvar esa brecha, los pastores necesitan comunicar mejor lo que piensan y traer a los hombres al centro de la razón de ser de la iglesia. Los varones adultos de la congregación necesitan reconocer que su principal responsabilidad no es dar dinero o apoyar los programas, sino realizar ellos mismos el ministerio. Una vez que los hombres entienden de lo que trata la iglesia y toman parte personalmente en el ministerio de ésta, se encuentran a gusto en ella. Saben cuál es el fondo de la cuestión.

Richard Halverson, pastor destacado y ahora capellán del Senado de los Estados Unidos, dijo en cierta ocasión a un grupo de ministros:

He conocido tres clases de *hombres* de iglesia. Los primeros son los hombres de *iglesia*. Viven y trabajan para la congregación local. Siguen fielmente los programas, dan su dinero, arreglan las cosas relacionadas con el aspecto físico de la misma y se aseguran de que todo funcione como es debido. La segunda clase está formada por los hombres de iglesia *mundanos*. Asisten a la iglesia y dan sus ofrendas simbólicas, pero viven para el mundo, el mundo de los negocios, de la profesión y de las metas personales[...] El tercer grupo lo integran los hombres de iglesia *del mundo*. Aunque están en la iglesia se extienden más allá de la misma, hacia la gente. Estos apoyan los programas, pero preferirían participar en un ministerio personal en el mundo. Están dispuestos a enseñar en la Escuela Dominical, pero sus corazones se inclinan por los grupos pequeños o por dirigir una reunión de oración en la empresa. Ven los intereses de Dios como lo que pueden hacer por ellos en el mundo.[4]

Yo añadiría que los hombres de esa tercera clase son pocos por una razón. La mayoría de los varones se sienten más a gusto haciendo en la iglesia las cosas relacionadas con la planta física y las finanzas. Las perciben como más masculinas. Sin embargo, puesto que en la mayoría de las congregaciones hay que hacer estas cosas, muchos pastores encuentran difícil mover a los hombres más allá de las mismas y explicarles esos otros objetivos más importantes a largo plazo. Pero creo que si los ministros son capaces de aclarar sus metas para la iglesia, los hombres podrán dirigir sus energías a otra cosa que no sea el tratar de deducir por sí mismos cómo deben servir a su iglesia y a su Dios.

Hay una cuestión relacionada con ésta. Algunos hombres que han estado en la iglesia no quieren volver a ella. No estoy hablando de los escépticos, los herejes o aquellos que se fueron a consecuencia de la disciplina eclesial, sino de varones adultos que han sido fieles a los programas de la congregación y dado dinero como muestra de su amor a Dios, pero que han sufrido o se han quemado.

Muchos hombres han sufrido en la iglesia: a causa de proyectos de construcción o de reuniones de junta; por la manipulación de sus pastores o de las esposas de estos; debido a una inversión muy grande de su tiempo, energía y dinero en algo que luego se ha vuelto contra ellos. Estos hombres todavía están en la iglesia, pero no sienten entusiasmo por ese hecho ni se encuentran cómodos allí.

Otros están agotados. Su lema es: «Ya he cumplido mi tiempo. Ahora que sirvan algunos de los más nuevos o jóvenes». El Dr.

---

4. Mensaje dado en un desayuno de pastores en Honolulú, Hawai, enero de 1979.

Howard Hendricks me ha dicho en numerosas ocasiones que puede ver esta población creciente en el campo evangélico. Hablando en conferencias de laicos y retiros para hombres por todo el país, se ha dado cuenta de la ausencia de los varones mayores de cincuenta años. Es como si toda una sección de los hombres de la iglesia hubieran abandonado cualquier esperanza en la misma. No porque tengan creencias opuestas, ni porque hayan sufrido en ella. Simplemente están cansados. Todavía están en la iglesia, pero los que en otro tiempo participaron en la refriega activa ahora se hallan al margen, contemplando la acción.

Considere el escenario típico. Digamos que se trata de un hombre que no ha tenido la ventaja (otros dirían el impedimento) de haberse criado en la iglesia, sino que tomó su decisión personal a través de algún ministerio dirigido a estudiantes de enseñanza secundaria o universitaria. Se casa, empieza a tener hijos y siente la necesidad de que su familia se integre en una iglesia. Busca alguna que tenga programas para diferentes edades, los cuales se ajusten a sus hijos, y su esposa desea ciertas actividades para mujeres. Encuentran una iglesia completa y se comprometen gustosamente con ella. Casi a los treinta años de edad, el hombre está dirigiendo una clase de adultos y, junto con su esposa, llevan a cabo un estudio bíblico para matrimonios en casa. Cercano a los treinta y cinco, ya tiene las suficientes canas como para que se le considere diácono. Lo eligen para el cargo y empieza a ocuparse de los necesitados de la iglesia. Cuando alcanza los cuarenta años de edad, reúne los requisitos para ser anciano. Dedica diez años a ese ministerio y, como los hijos ya han dejado el hogar, él y su esposa piensan seriamente en pasar más tiempo en la playa o la montaña. Ya cumplió su tiempo. Jugó al juego de la iglesia y lo hizo bien. Pero ahora, a los cincuenta años de edad, ¿adónde más puede ir? ¿Qué más tiene para él eso que llamamos cristianismo?

Mi conclusión es que el tal hombre puede muy bien no haber conocido en absoluto un ministerio bíblico. Hoy en día tenemos la iglesia tan institucionalizada que resulta difícil para los varones adultos pensar en un ministerio a menos que el mismo se encuentre regulado en algún manual eclesiástico. ¡Parece como si dichos manuales los hubieran escrito gente como Moisés o el apóstol Pedro!

Tengo la convicción de que una de las razones por las cuales los hombres aguantan tantas discusiones pedantes y de poca importancia en las reuniones de los comités (aunque jamás las tolerarían en sus propios negocios) es que éstas son el único sitio en la iglesia donde se encuentran a gusto. Al menos una reunión de consejo, en la que los hombres se juntan alrededor de una mesa para tratar los temas de la congregación, tiene un formato que les es familiar. Un anciano me dijo que necesita pellizcarse en medio de algunas reuniones de la iglesia debido a que no difieren en nada de las de su empresa. Aparte de comenzar con una oración o tener un breve devocional, la sesión en sí es siempre igual.

Necesitamos hacernos una pregunta fundamental: ¿Es de esto de lo que trata la iglesia? Yo sostengo que no. No podemos mantener comprometidos a los hombres con esas reuniones hasta que se mueran. Dichas reuniones pueden llevarlos a una muerte prematura y no les estamos dando ninguna visión de lo que es toda una vida de servicio. La iglesia está usando e incluso abusando de los talentos y el tiempo de los hombres, mientras rehúsa formarlos en el amor a Dios y una vida de servicio a su Maestro. Por consiguiente perdemos a nuestros líderes más maduros a causa del cansancio y porque no hay nada para ellos en la iglesia aparte de lo que ya han hecho.

Hasta que los hombres no consideren el ministerio como algo más que asistir a una reunión o tomar decisiones, continuaremos perdiendo a los mejores varones. En un librito que escribiera en 1947, Elton Trueblood preguntaba: «¿Cómo es que la iglesia no consigue a los mejores hombres?» Su pregunta me intrigó y la respuesta que daba todavía me persigue: «Porque son los mejores[...] A los mejores hombres no les interesan las cosas triviales». Esta afirmación resulta profundamente dolorosa, pero alberga una cierta ironía.

El cristianismo no supone ningún pasatiempo banal. Y como concluía C. S. Lewis, si esto es así, no deberíamos dormir por la noche. Pero la forma en que se presenta y se vive dicho cristianismo en la iglesia, lo reduce, con frecuencia, a las trivialidades más insignificantes. No es extraño que los hombres no quieran tener nada que ver con el mismo. Prefieren arriesgar su vida en la bolsa de valores, pasar su tiempo en el campo de golf y buscar significado cada mes en la declaración de ganancias y pérdidas. Si no llamamos a los varones adultos a un cristianismo verdadero y los desafiamos a invertir sus vidas de un modo personal en vez de institucional, me temo que seguiremos perdiendo a los mejores hombres.

Hace poco conocí a uno de esos hombres. Frank había cumplido su tiempo en la iglesia y estaba cansado del juego institucional. Durante los últimos años se ha concentrado en pequeñas reuniones con hombres para desayunar o almorzar; encontrándose con ellos en su propio terreno, escuchándolos, orando en su compañía, ayudando a otros a seleccionar opciones de trabajo. Le pregunté a Frank: «¿De dónde salen los hombres como tú? Te dio acaso la iglesia la visión de lo que estás haciendo ahora y te ayudó a arrancar?» Por desgracia, Frank contestó: «La iglesia no puede atribuirse el mérito. En mi primer trabajo, al salir de la universidad como recién convertido, cuando intentaba integrar la fe con los negocios, algunos individuos mayores que yo, sin razón aparente para mí, me tomaron bajo su protección y me enseñaron acerca del mundo empresarial y cómo podía caminar con Cristo en el mismo». Algunas personas pensarían que Frank se retiró drásticamente del liderazgo después de desilusionarse con la iglesia. En realidad, lo que hizo fue renunciar a un liderato de institución por un verdadero ministerio personal. La diferencia es significativa.

He visto a demasiados hombres válidos dejar la iglesia o su liderazgo porque estaban hartos de jugar y consideraban que gran parte de lo que ella hacía era una pérdida de tiempo. Tenemos que recuperar la iglesia para los hombres, desfeminizarla y apelar a los varones en aquello que les cueste algo más que su dinero o su tiempo. *Cristo quiere sus vidas.*

Cuestiones no resueltas con el padre

> *Tenemos que recuperar la iglesia para los hombres, desfeminizarla y apelar a los varones en aquello que les cueste algo más que su dinero o su tiempo.*

Como se ha indicado en varias ocasiones, los temas referentes al padre obsesionan a nuestra masculinidad, estemos en el momento de la vida que estemos. Aunque muchos forcejean con el asunto de la ausencia generalizada de los varones en la iglesia, algunos se han preguntado si ello puede responder a cuestiones sin resolver con los padres terrenales que tuvimos. Después de todo, Dios es nuestro Padre y si el mensaje en cuanto a los padres no me resulta tan positivo, el Padre celestial no me será muy atractivo.

Algunas de las conexiones teologicosicológicas de esta discusión me han fascinado en el contexto de esta discusión. Al viajar y hablar en muchos tipos diferentes de iglesias, he notado cuáles son las clases de congregaciones que tienen una mayor representación de hombres. Casi unánimemente, las iglesias que cuentan con más varones son aquellas en las que los hombres ven al pastor como un líder vigoroso. También he descubierto en ellas cierta tendencia a un mayor control del comportamiento de los miembros y un concepto de Dios que destaca la santidad y la soberanía divinas. ¿Se sienten más atraídos los varones por una imagen de Dios que les recuerda a su propio padre distante, austero y controlador? No puedo demostrar esta aseveración, pero suscita algunas cuestiones interesantes para el debate.

Dicho sea de paso, sí puedo predecir que las iglesias que hacen hincapié en un Dios de amor, de gracia, de misericordia y de compasión contarán con más mujeres que hombres. En buena medida, los varones consideran débiles esos atributos. Cierto sicólogo (que pidió no ser nombrado) me dijo que en su experiencia como consejero, cuanto más inseguro resulta un hombre, tanto más se preocupa de las cuestiones del control y por consiguiente tanto más calvinista es en su teología. No me gusta sicologizar los sistemas de creencias, pero tengo que reconocer que he llegado a conclusiones semejantes.

> **Si los hombres se sienten más atraídos por aquellas iglesias donde son habituales el control, un liderazgo fuerte y un Dios distante y trascendente, ¿qué podemos inferir de ello?**

Si los hombres se sienten más atraídos por aquellas iglesias donde son habituales el control, un liderazgo fuerte y un Dios distante y trascendente, ¿qué podemos inferir de ello? ¿Deberíamos simplemente ofrecer a los varones un programa con el que se sintieran cómodos o abordar el tema de cómo nuestros propios problemas de desarrollo relativos a nuestro padre han contribuido a darnos un determinado concepto de Dios y de la iglesia?

Habiendo servido en muchas instituciones cristianas y formado parte del personal de varias iglesias, he llegado a la conclusión de que un sinfín de hombres jamás han sido afirmados en su masculinidad por sus padres y, por tanto, son mayormente incapaces de expresar eso mismo con otros varones. En sus informes, estructuras organizativas, prácticas y enfoques normalizados de los problemas, rehuyen las relaciones vulnerables y solícitas. Gordon Dalbey dice al respecto: «Este instinto básico masculino de controlar las relaciones por medio de reglas tiene implicaciones profundas y ciertamente nefastas para la iglesia, ya que socava el mismo corazón del evangelio».[5] Ellos son como su Dios: distantes, controladores, rígidos, «deseando» sin emociones el curso de la acción. Son como sus propios padres.

Tal vez tengamos que decir a los hombres: «Ser vulnerable no es malo. Dios controla las cosas y al mismo tiempo es compasivo. ¡Sin la compasión divina el mundo entero estaría fuera de control!» Y aunque los hombres todavía pueden estimar que se trata de un mensaje débil, al menos resulta más saludable y,

---

5. Dalbey, *op. cit.*, p. 198.

según creo, teológicamente más acertado. También es posible que debamos ayudar a los varones a resolver los problemas reales que tienen en cuanto a sus padres humanos.

———— ■ ————

¿Cómo podemos reclamar a los hombres para el reino de Dios y hacerlos entrar por las puertas de la iglesia? Me gustaría tener una respuesta segura, pero al concluir este capítulo hay dos imágenes que me vienen a la mente. Una de ellas es con la que empecé: esa iglesia estéril, fría, formal, llena de flores, donde más de la mitad de los asistentes son mujeres. La otra es el partido de hockey más reciente que experimenté —¡y digo bien: experimenté! Al mirar al auditorio pude descubrir que había mucho más hombres que mujeres. ¿Y cómo vestían? ¡De cualquier manera! Algunos tenían el aspecto de corredores de bolsa, otros de carniceros. ¿Cómo se comportaban? ¿Eran inactivos, callados, impasibles, unos caballeros refinados? ¡En absoluto! Se mostraban comprometidos, gritones, enfadados, vocingleros, jubilosos. Y pensé para mí: *Aquí tenemos el mundo de los hombres: un lugar donde pueden expresarlo todo, ser ellos mismos, vestir como quieran sin que por ello se les impida entrar. ¡Y realmente vale la pena venir!* ¿Pero qué pasa con la iglesia? Allí un hombre no puede ser él mismo: tiene que cuidar lo que dice, actuar como es debido y vestir un traje y una corbata bien planchados y que hagan juego. Entonces me di cuenta: *Todos estamos vestidos a la manera que quería mamá. ¡Somos niños buenos, limpios, sentados y calladitos para no tener problemas con nuestras madres!*

¿Estoy sugiriendo que convirtamos la iglesia en un partido de hockey? Desde luego que no (después de todo alguien podría salir herido), pero sé que los hombres asistimos a algo y pagamos por ello cuando nos sentimos identificados. Resulta obvio que eso no sucede con la iglesia, de modo que sigo pensando en el partido de hockey.

Tal vez haya alguna forma de hacer que eso que llamamos iglesia sea más atractivo para los hombres y que nuestros domingos resulten un poco menos fastidiosos. Quizá si pudiésemos tener nuestra propia fe privada, una con la que de veras nos identificáramos —y no esa versión feminizada que se ve en tantas congregaciones—, la masculinidad espiritual nos resultaría más fácil. Pero también aquí parece que las cuestiones relativas a la virilidad son tan inquietantes como en las demás áreas. Incluso la búsqueda espiritual resulta tediosa.

CAPÍTULO 9

No es fácil ser espiritual

O por qué los hombres siempre piensan que las mujeres son más espirituales

———— ■ ————

Estaba en una reunión con un grupo de mujeres cuando me preguntaron qué era lo que pensaba hacer para que los hombres fueran «más espirituales». Las señoras de la iglesia tenían toda clase de estudios bíblicos, diversos grupos de reflexión y un enfoque muy cuidadosamente planificado del discipulado.

—Pues me gustaría organizar algo para ellos —contesté después de pensarlo un poco—, pero necesito la colaboración de ustedes.

—Seguro —contestaron ilusionadas—. ¿Qué quiere que hagamos?

—¡Que trabajen la jornada completa y sostengan a sus maridos para que ellos puedan estar libres durante el día a fin de seguir un programa de discipulado! —dije armándome de ironía.

No creo que les gustara la idea, pero entendieron mi argumento.

Reconozcámoslo, señoras. Muchas de ustedes gozan de ese privilegio de la clase media alta que es el tiempo libre. Sí, ya sé que piensan que están ocupadas, pero también observo que cuentan con mucho tiempo para el pelo, las uñas, las sesiones de bronceado, las clases de gimnasia y las actividades del club de campo. Para la mujer cristiana existe una lista adicional compuesta por algunos estudios bíblicos y reuniones de oración.

No pretendo criticar un compromiso debidamente ubicado, pero me ofende la injusta comparación que se hace con los maridos y los hombres en general. Ahora que muchas mujeres vuelven a trabajar fuera de casa, algunas están empezando a percibir la tensión que existe cuando se intenta madurar como cristiano al tiempo que se vive en Babilonia la mayor parte de la semana.

Al comparar sus vidas con las de sus esposas, los hombres no se sienten tan espirituales, debido simplemente a que no pueden asistir a tantas reuniones como ellas. Por consiguiente, tienen un complejo de inferioridad profundamente arraigado en lo relativo a las cosas del espíritu. La cuestión reside en cuál es la norma para la vida cristiana. La mayoría de los hombres piensan que dicha norma está compuesta por todo aquello en lo que participan sus esposas, ¡se trata, por tanto, de un canon femenino!

Los hombres no leen

A las mujeres que estén tímidamente leyendo este libro quisiera hacerles partícipes de algunos «secretos cristianos» de los hombres. El primero de ellos es que la mayor parte de los varones adultos no leen. Ya he mencionado antes que las mujeres leen el ochenta por ciento de los libros cristianos. No dispongo de estadísticas, pero basándome en mis entrevistas con hombres de muchos estilos de vida y niveles de educación diferentes, yo diría que el porcentaje es correcto. (Incluso yo he comprado muchos libros que jamás leo.)

Así que los hombres fundamentalmente no leen. No quiero decir que no *sean capaces* de hacerlo; aunque uno se sorprende de la cantidad de varones adultos que triunfan y sin embargo tienen problemas de lectura. Algunos presidentes de banco y graduados de la academia militar me han confesado sus dificultades básicas para leer. La razón de esas dificultades está a menudo, como vimos en el capítulo 1, en la niñez difícil que tuvieron. Su comienzo fue más lento y en raras ocasiones recuperaron la ventaja femenina. Pero el aspecto importante consiste en que los hombres no leen nada que no tenga que ver con su campo de trabajo.

Yo leo libros cristianos, pero se trata de mi profesión, mi campo laboral. A Cinny le encantan las novelas, sin embargo mi filosofía es no desperdiciar tanto tiempo en algo que ni siquiera es verdad. Eso anula de un plumazo toda la categoría de libros de ficción. Los hombres, si se ocupan en los negocios, leen los diarios económicos y las publicaciones de su especialidad, o pueden dar un vistazo a ciertas revistas de sociedad o relacionadas con la caza y la pesca, pero no echan mano de la *Institución* de Calvino o de la Biblia a menos que estén muy motivados o se hallen atrapados durante una semana en casa de un pastor sin nada más que hacer.

Esto me lleva a otro aspecto de este secreto: Cuando los hombres leen, no lo hacen durante largos períodos de tiempo. He tenido poco éxito dándoles libros, a algunos varones, para que los lean.

Casi semanalmente estuve reuniéndome con cierto hombre, y durante el transcurso de nuestros desayunos o almuerzos solíamos tocar algunos aspectos de su vida que revelaban cierta necesidad o interés. Yo siempre terminaba yendo a mi farmacia de libros y sacando una receta apropiada la cual dejaba luego en su casa. Con el tiempo me di cuenta de que estaba trasladando mi biblioteca allí, y le pregunté a su esposa: «¿Lee Chuck todos esos libros?»

Ella contestó mirándome un poco avergonzada: «Aprecio de veras el tiempo que le dedicas, pero no creo que haya leído ninguno de los libros que le has traído. Chuck simplemente ¡no lee!»

Desde ese momento adopté un enfoque distinto: Copiaba un capítulo de determinado libro, subrayaba sus puntos principales y se lo daba a leer. Los resultados fueron mucho mejores. En realidad aprendí esa técnica en las Fuerzas Aéreas, observando la forma en que actúan los jefes con su plana mayor. Se trata casi de una cuestión práctica. Cuanto más estrellas tiene un oficial, tanto más breves quieren que sean los informes que se le presentan. Más te valía poder probar cada cosa que dijeras, pero lo único que realmente deseaban era el fondo del asunto: «¿Están por nosotros o contra nosotros? ¿Recomienda usted a esta persona o no? ¿Pueden realizar la misión veinticuatro pájaros (aviones) o se necesitan veinticinco?»

Los hombres leerán algo breve, por eso escribo una carta circular devocional para hombres titulada *Men's Memo* [Notas para hombres]. Es muy breve, no más de diez líneas a triple espacio (eso resulta importante) e insisto en que se les envíe a la dirección de su trabajo, ya que es ahí donde ellos leen. Quiero invadir su tiempo habitual de lectura con algo que estimule sus mentes a pensar en el Señor y en su Palabra para ellos como varones. Esto ha tenido mucho éxito con la consecuencia añadida de que algunos de mis lectores más fieles son las secretarias que abren el correo. Cualquier día me voy a poner a escribir una carta semejante para mujeres.

Eso me lleva al tercer secreto acerca de los hábitos de lectura de los varones. Si uno escribe para hombres, y lo hace con brevedad e invadiendo el tiempo que ellos dedican a leer, le prestarán atención si dice algo pertinente; y puesto que está escrito para los hombres, las mujeres también querrán leerlo. No comprendo este fenómeno, pero sé que es así. En cierta ocasión recibí la llamada hostil de una mujer que quería suscribirse a *Men's Memo*. Estaba dispuesta a catalogarme como machista por escribir una carta circular devocional y distribuirla sólo entre hombres. No tardé en desarmarla diciéndole que estaría encantado en enviársela a ella, y luego le pregunté:

—Por curiosidad, ¿pueden los hombres comprar la revista *Mademoiselle*?

—Naturalmente —me respondió.

—Pero —seguí diciendo—, ¿la comprarán realmente para leerla o simplemente para mirar algunas de las fotos más reveladoras?

—Supongo que por esto último —terminó reconociendo. Pero luego soltó abruptamente—. ¡Pero a mí me encanta hojear y leer las revistas para hombres!

No lo comprendo, pero se trata de otra diferencia más entre hombres y mujeres. Escriba para los primeros y lo leerán también estas últimas. Hágalo sólo para las mujeres y únicamente ellas lo leerán. ¡Por eso escribo para los hombres! Estos se sienten espiritualmente inferiores porque saben que no leen tanto como ellas y eso hace incómoda su vida espiritual. Al mismo tiempo, debido a sus horarios de trabajo, los hombres tienen menos oportunidades de recibir formación bíblica que las mujeres. En un artículo sobre los varones publicado por la revista *Leadership*,[1] Bob Kroning comenta: «Los hombres mantienen unos horarios desenfrenados y no quieren otra actividad más a la que asistir».

Esto último suscita una cuestión seria acerca de todo el proceso de formación cristiana y madurez espiritual. ¿Qué relación hay entre la capacidad de leer y escribir y la madurez cristiana? O, por decirlo de otro modo: ¿Tenemos como meta la alfabetización o el aprendizaje? A menudo, en los Estados Unidos estamos tan culturalmente orientados que nos resulta difícil pensar en cualquier otra categoría que no sean los valores americanos, occidentales e instruidos de la clase media alta. Cierto verano di un cursillo en Cochabamba, Bolivia, y muchos de mis alumnos tenían sólo un nivel de lectura de tercer grado (en español), mientras que otros no podía leer en absoluto. Por primera vez en mi vida tuve que afrontar una nueva dimensión

> *Escriba para los primeros y lo leerán también estas últimas. Hágalo sólo para las mujeres y únicamente ellas lo leerán.*

1. What Do Men Want? [¿Qué quieren decir los hombres?]», *Leadership*, Invierno de 1991.

de todo el proceso de crecimiento en la fe. ¿Puede un hombre o una mujer sin la capacidad de leer ser un cristiano maduro? Tengo que decir que algunas de las personas con más mentalidad espiritual que yo haya conocido han sido los pastores de las montañas bolivianas. Contestando a mi propia pregunta, diré que sí, que la meta de la madurez cristiana o el medio para alcanzarla es el aprendizaje, no la alfabetización ni la capacidad de lectura. En Cochabamba enseñé a corazones hambrientos y mentes inquisitivas.

Hay muchas maneras de aprender. En cierta ocasión le pregunté a un graduado de la academia naval cómo había podido bandeárselas en tan riguroso entorno académico con su «secreta» dificultad para la lectura. Me contestó simplemente: «Escuchando con atención».

Los hombres pueden aprender oyendo casetes. Conozco a algunos que no leen demasiado bien ni de un modo abundante, pero escuchan cintas mientras corren, juegan al golf o conducen su automóvil. Muchos de ellos son capaces de citar a Charles Swindoll, James Dobson o Charles Stanley. Son alumnos; y si entiendo las características de los discípulos, diré que también esto último. Si están aprendiendo, no hay razón para que esos hombres anden dándose de puntapiés por la casa por no ser tan espirituales como sus mujeres.

Los hombres no oran

Hay un segundo secreto igual de importante: Los hombres no oran. No quiero decir con ello que no deseen orar o que no sepan necesariamente cómo hacerlo. Es sólo que la oración parece tan... ¿cómo diría?... ¡tan femenina! ¿Y por qué es así? Por lo general la mujer compara las plegarias de su marido (cuando éste ora con ella) con lo que considera la norma para la oración: la forma de hacerla del pastor.

Como antiguo pastor, déjeme comunicarle (¡no podemos simplemente decir las cosas, tenemos que comunicarlas!) una verdad profunda. En determinado momento de mi vida matrimonial,

Cinny, mi esposa, preguntó: «¿Por qué no oras en casa con nosotros de la manera que lo haces desde el púlpito?» Mi respuesta fue breve y sencilla: «En el seminario me enseñaron a orar así. La forma en que oro de verdad es como lo hago en casa». Creo que los hombres oran de la manera que hablan y las mujeres también. Existe una relación entre nuestros cerebros y nuestras bocas, incluso cuando nos dirigimos a Dios en oración. ¡Al menos eso espero!

Nuestro tiempo devocional motivó la pregunta de Cinny. Mi mujer y yo habíamos hecho una lista de nuestras peticiones: cosas para los niños, algunas necesidades de la iglesia, ciertos asuntos que estábamos enfrentando. Y luego oramos. Ella lo hizo a su manera: largamente, con muchas palabras, recordatorios y explicaciones. A continuación llegó mi turno: «Señor, necesitamos algún dinero; controla a Graham en la escuela; dale a Charis una amiga en su clase; y resuelve la situación en la iglesia. Amén».

—¿Es eso todo? —dijo Cinny mirándome.

—¡Pues claro! —le contesté—. ¿Acaso no lo hemos abarcado todo?

—Pero... pensaba que oraríamos un poco más de tiempo. Haces unas oraciones tan hermosas desde el púlpito. ¿Por qué no oras aquí de la misma manera?

Ahora intento hacer oraciones diferentes, ¡en la iglesia! Creo que agrado más al Señor siendo sincero que con tantos adornos, y que así doy un mejor ejemplo a todos esos hombres que se sienten culpables por no comprender lo que significa *providencia* o *soberanía* debido a que nunca asistieron al seminario. Sin embargo, de alguna manera, pienso que a las mujeres todavía les gustan más las oraciones floridas. Se sienten más tranquilas con la longitud y la pasión teológica. Yo prefiero orar como un hombre y no para ningún grupo en particular.

Los hombres oramos como hablamos, es decir, con pocas palabras y al grano. Estoy convencido de que al Señor no le agradan necesariamente nuestras largas explicaciones ni el hecho de que utilicemos términos teológicos. Él es nuestro Padre y sabe lo que tenemos en el corazón.

Los hombres jamás deberían sentirse inferiores por orar de un modo distinto al de sus mujeres. Lo esencial es que oren. Esa es la única cosa que les pido a los varones. Al preguntarle a un hombre acerca de su vida de oración, éste me contestó:

—Sí, oro todas las mañanas mientras voy al trabajo. Apago la radio, encomiendo el día al Señor y pido por mi esposa y mis hijos.

—¿Se lo has dicho alguna vez a tu mujer? —le pregunté.

—No —dijo—, me imaginé que no contaría realmente para ella que va a tantas reuniones de oración.

¡Aquel hombre me hizo perder los estribos! Todos los días de camino al trabajo oraba por su familia, pero tenía en poco su vida de oración debido a que ésta no satisfacía las expectativas de su esposa. Y esto me lleva a mi siguiente secreto.

Sentimientos de incompetencia

Los hombres tienden a lo que saben hacer y huyen de sus debilidades. Una pregunta corriente de las mujeres acerca de sus esposos es: «¿Por qué no ejercen un liderato mayor en el hogar?» «¿Dónde pasan el tiempo?», pregunto. «En el trabajo», replican. «¿Y por qué?», acoto. «¡Porque les encanta trabajar!» No, no creo que a los hombres les guste tanto el trabajo, pero se sienten competentes en el mismo, cosa que no sucede por el contrario en casa, es decir con las técnicas de crianza espiritual. Yo mismo, a pesar de tanto estudio teológico y educativo en ese terreno, sigo sin sentirme competente.

Un hombre me contaba la inquietud que sentía en cuanto a dirigir los devocionales de su familia. Decía que al no proceder de un hogar cristiano no había tenido el modelo de un padre que hiciera tales cosas. En el trabajo, por lo general, damos la formación debida a las personas para que éstas se sientan competentes en lo que hacen, pero obviamente no sucede lo mismo en la iglesia.

Por último le pregunté:

—¿Podrías echar mano a tu hijo [de tres años de edad] después de cenar, ponértelo sobre las rodillas y simplemente leerle algo?

—¡Claro! —dijo; y seguidamente me preguntó— ¿Y qué debería leerle?

—Probablemente eso ahora no importe. Sólo el hecho de sentarse en las rodillas de papá y escuchar su voz producirá más sentimientos agradables en él que el mejor de los relatos.

Pareció sentirse liberado. Creo que tenía la idea tradicional de las devociones familiares: la familia perfecta sentada a la mesa, con los ojos fijos en papá mientras él lee de la versión autorizada de la Biblia. Desde los hijos de dos años de edad, hasta los adolescentes, todos están embelesados con la magistral pronunciación y el entusiasmo por el texto bíblico que demuestra el padre.

Si tal es el modelo, no resulta extraño que los hombres se sientan tan alejados del mismo. Nadie tiene ya familias como esas (si es que algún día existieron). La siguiente escena es más fiel a la realidad: El hijo de dos años acaba de derramar su leche sobre la Biblia familiar y el adolescente está ahí sentado, cruzado de brazos, sonriendo presuntuosamente y diciendo: «Qué aburrimiento. ¿No podemos irnos todavía?» El padre que hace cualquier cosa de carácter espiritual con sus hijos está muy por delante de la masa en lo que a nuestra cultura se refiere. Este hombre debería ser alabado como una especie rara y elogiado por sus intentos más que censurado por una lista interminable de expectativas seudoespirituales.

Espiritualidad masculina

> *El padre que hace cualquier cosa de carácter espiritual con sus hijos está muy por delante de la masa en lo que a nuestra cultura se refiere.*

Los hombres tienen su propia espiritualidad. Así como sus cerebros funcionan de un modo diferente y sus lenguas hablan de otra manera, y al igual que ellos mismos trabajan y experimentan sus relaciones de forma característica, también su enfoque espiritual resultará único. Su singularidad masculina teñirá los gustos y necesidades que tengan en el terreno de la búsqueda religiosa. Los programas, las guías y los materiales que ministran a las mujeres pueden muy bien no servir para los hombres. El pasar por alto esta diferencia y no permitir que la misma afecte a la programación o los planteamientos de la iglesia da como resultado una mala experiencia más en cuanto a la masculinidad.

Es tiempo de afirmar que nuestras necesidades espirituales como hombres no son las mismas que las de las mujeres. Eso no significa que unas sean más correctas que las otras, pero sí que hay una urgencia decisiva de comprender y tomar en cuenta la perspectiva masculina, así como de apreciar las contribuciones y los enfoques que los varones dan a la vida cristiana. Esta última, y la formación espiritual, no se han planteado durante algún tiempo de un modo masculino. Cuando comenzó la revolución femenina, muchas de nuestras hermanas en la fe criticaron las viejas tradiciones espirituales por considerarlas dominadas por los hombres e ignorantes de las necesidades y las contribuciones femeninas. Por lo general hacían referencia a conocidos místicos, reformadores y teólogos que eran varones.

Nuestra respuesta fue animarlas a adquirir la misma formación que los hombres, aprender griego y hebreo, unirse al club de los teólogos y elaborar teologías femeninas. Muchas lo hicieron, aunque creo que su principal foco de atención fue más bien conseguir que se utilizaran pronombres femeninos respecto a Dios que llevar a cabo la más difícil tarea de elaborar tratados teológicos bien integrados.

Pienso que los hombres hemos recibido mucha ayuda de sus contribuciones características. Sin embargo, la comparación entre la situación de las mujeres hoy en día y aquella en que se encontraban los hombres en la Edad Media tal vez sea inadecuada. Los hombres de aquellos siglos no eran la clase de laicos que hoy en día llenan nuestras iglesias, sino sacerdotes, profesores universitarios, misioneros, obreros a pleno tiempo, los modelos normales de la vida espiritual.

Creo que los ejemplos que necesita hoy en día la espiritualidad masculina son más bien personas como C. S. Lewis, Malcolm Muggeridge, Charles Colson, Alexander Solzhenitsyn, el presidente checo Vaclav Havel y un sinfín de otros laicos comprometidos que viven en la oscuridad de un mundo impío. Pero ellos están dedicados a Cristo y se esfuerzan por marcar la diferencia allí donde están. Creo que esa es la verdadera espiritualidad. No la del aislamiento en la caverna, sino la que se dirige al mundo real. Aunque dicha espiritualidad nunca resultará fácil, al menos será más realista que aquella otra que a menudo se exalta basada en la historia antigua.

Puesto que la mayoría de los hombres que conozco no han tenido tiempo de leer los anales históricos y clasificar los diferentes enfoques que se hacen de la vida espiritual, intento dar aquí una panorámica simplificada de los mismos. Los hombres parecen caer en hábitos espirituales que pueden ser constructivos o destructivos para sus almas. A continuación trato de proporcionarles un espectro de las prácticas históricas para que puedan determinar en qué sitio encajan ellos.

Enfoques del desarrollo espiritual

Animismo

El enfoque más antiguo y primitivo del mundo espiritual es el animismo. La mayoría de las sociedades primitivas lo practicaron y aún sigue formando parte de muchas culturas del Tercer Mundo.

Este enfoque involucra la creencia de que todas las cosas están habitadas por espíritus, algunos de los cuales son buenos y otros malos. El animismo distingue muy poco entre el mundo material y el espiritual. Las rocas, los árboles y los lagos pueden ser morada de ciertos espíritus. Estoy seguro de que la mayoría de los hombres que lean esto, dirán: «Eso es algo descabellado. Yo nunca lo aceptaría». Sin embargo, tal comentario demuestra lo poco que reflexionamos a veces los varones sobre las prácticas cristianas más despreocupadamente aceptadas.

En cierta ocasión, un grupo de hombres me preguntó qué pensaba del tablero ouija. Era el día de Halloween [Festividad celebrada el 31 de octubre de cada año, en Estados Unidos y otros países, con disfraces; en la que predominan temas relacionados con espíritus, monstruos, etc.], y en el colegio un profesor había hecho que los niños jugasen a dicho juego. ¡Vaya debate acalorado que sostuve! No creo que el horario escolar deba malgastarse jugando con esa clase de tableros ni que éstos tengan ningún lugar en la escuela. Pero contesté:

—¿Piensan que cada uno de esos juegos que se fabrican están habitados por un espíritu malo?

—Sí —respondió la mayoría.

—¿De modo —expresé—, que lo que estan diciendo es que en algún momento del proceso de fabricación se asigna un espíritu a cada juego con el encargo de engañar y hacer que los niños crean en el poder de Satanás?

Pude llevar esto más lejos, pero no lo hice.

¿Existe alguna relación entre el creer y el que algo esté habitado por espíritus? ¿Tienen las rocas malos espíritus por el hecho de ser rocas? ¿O ha tenido algo que ver con ello una bruja o un sacerdote? No creo que una cosa pueda estar habitada por características malas hasta que alguien lo desea y se expone a ello. El juego es juego hasta que alguien presente invoca a Lucifer o a los espíritus para que vengan a morar en el mismo. Esta cuestión suscita temas serios acerca de la demonología y de la manera en que el mal se relaciona con este mundo material. Tal idea perpetuada a menudo como una preocupación normal de los progenitores es en realidad una forma sutil de animismo. Mi último punto para los hombres es que si un demonio puede habitar un tablero ouija, ¡es capaz de hacer lo mismo con la bolsa de valores o la barca que tengo en el lago!

Misticismo oriental

Ahora está de moda la literatura de la Nueva Era y colgar cristales en el espejo retrovisor del automóvil. Vaya a cualquier librería de un centro comercial y examine toda la categoría existente de libros que llevan el signo de la Nueva Era. Hace diez años ni siquiera existían como una categoría separada. La Nueva Era es una versión americanizada del misticismo oriental, con un poco de sicología popular añadida, bien presentada y comercializada por superestrellas iluminadas.

La creencia básica del misticismo oriental es que toda la realidad es una o constituye un todo unificado. Imagínesela como un río que fluye por algún sitio y del que todos nosotros formamos parte como pequeñas gotas de agua. De modo que la clave está en encontrar la corriente e ir con ella.

La meta es la iluminación, que resulta de mirar dentro de uno mismo y buscar allí algo de la chispa divina. En este concepto, lo material y lo espiritual se funden haciéndose indiferenciables en su mayor parte. Encontramos lo divino al descubrirnos a nosotros mismos y establecer algún tipo de unión con aquello que vemos en nuestro interior. Al encontrarlo nos convertimos en iluminados. Cierta vez le pregunté a un Hare Krishna qué era la iluminación y me contestó: «La iluminación es dar palmas con una sola mano». Ese es un concepto oriental.

Muchos cristianos atacan esta filosofía de la Nueva Era siempre que pueden, sin embargo la hemos tenido en nuestro propio campo históricamente. Algunos de los grandes místicos de la Edad Media buscaban una experiencia de unión con Dios, y el lenguaje que utilizaban para describir esos procesos y meditaciones es muy parecido al que he leído en la literatura de la Nueva Era. Esos místicos escribieron muchas de sus obras clásicas cristianas durante períodos de seria búsqueda de lo divino en su interior, con ayuno, oración y meditación. Incluso algunas discusiones actuales acerca del yo interior o del niño que llevamos dentro presentan cierta similitud con el pensamiento oriental. La idea de Freud sobre el inconsciente, que jamás se ha probado en realidad, guarda también algunas semejanzas con el concepto de que hay otro ego dentro del yo externo.

No veo a los hombres acudir en tropel a la sección de libros de la Nueva Era en las librerías, probablemente porque no son tan introspectivos como las mujeres, pero quisiera mostrar que los hombres se enfrentan a este enfoque actual de muchas maneras distintas.

Filosofía griega

Uno de mis profesores de teología comenzó el curso preguntando: «¿Hemos superado realmente a los griegos?» Y su respuesta implícita fue: «No, no lo hemos hecho». Cuando hablamos de espiritualidad no pensamos en los filósofos griegos, pero con frecuencia utilizamos las mismas palabras y los mismos conceptos que ellos inventaron. Los hombres hemos aceptado una idea griega corriente de la vida cristiana, considerándola bíblica o correcta, y sin darnos cuenta de su origen.

Tanto Aristóteles como Platón entendieron la importancia del proceso espiritual sin ninguna clara referencia al papel de los dioses o del Dios único en el mismo. Los pioneros del pensamiento griego dijeron que el desarrollo espiritual comienza con un anhelo espiritual humano que lleva al individuo a buscar un cambio en su comportamiento. Dicho cambio implica evitar y/o negar los impulsos no espirituales, y su meta es la *gnosis*, el término griego que significa «conocimiento». Sin embargo, esa gnosis no supone ninguna búsqueda intelectual, sino que más bien se refiere a los «misterios». En la búsqueda del espíritu (humano) debemos encontrarnos con los misterios divinos.

Aristóteles destacó el papel del intelecto y de la razón en dicho proceso, mientras que Platón vio la necesidad de negar los impulsos materiales, que no hacen sino frustrar el desarrollo espiritual. Con el tiempo, el pensamiento griego se transformó en gnosticismo, que hacía una clara distinción entre el mundo material y el espiritual: la materia era mala y las cosas del espíritu buenas. Por tanto, la meta del desarrollo espiritual consistía en cultivar el espíritu humano al tiempo que se reprimían los malos impulsos del mundo material.

Cada vez que enseño acerca de este tema me gusta mirar las caras de las personas que tengo en la clase. De vez en cuando, algún extrovertido dice abruptamente: «Eso es lo que me enseñaron en mi iglesia». Sí, hay mucho de gnosticismo griego en la iglesia que se presenta bajo la apariencia de espiritualidad bíblica. Algunos racionalistas aristotélicos piensan que creyendo las cosas adecuadas se producirá el desarrollo espiritual; de modo que hacen hincapié en la enseñanza y la doctrina correctas. Los platónicos (legalistas), por su parte, creen que las cosas del mundo material son malas y, por tanto, deberían evitarse para crecer como cristianos. Entonces, la vida espiritual se enfoca sobre la negación de los impulsos impíos que no hacen sino corromper el espíritu humano y divino. Esto da como resultado una espiritualidad fácil de comprender (lo cual explica por qué tantos hombres se inclinan hacia ello), pero tengo serias dudas de que dicho proceso conduzca a un auténtico encuentro con el Dios viviente.

La espiritualidad judía

La espiritualidad hebrea es difícil de clasificar, ya que el judaísmo está dividido en tres campos distintos: los ortodoxos, los conservadores y los reformados.[2] Añádanse las ramas hasídica y cabalística y vemos que los judíos enseñan una amplia variedad de enfoques espirituales. Sin embargo, históricamente, algunas creencias son uniformes. La preocupación global de la vida del espíritu parece restablecer la relación de pacto entre Dios y su pueblo como en otro tiempo. Por tanto, su mirada retrospectiva fundamentalista a la historia como pueblo del pacto es equilibrada por un deseo actual de que esa relación sea restaurada a unas prácticas más bíblicas (libertad para practicar la religión, construcción de un templo y reinstauración de las leyes levíticas). Otros creen que la vida espiritual se centra en la presencia de Dios entre su pueblo, en la Torá y en la comunidad viva. Tradicionalmente, el enfoque espiritual expresaba también el anhelo por la llegada del día de la consumación, cuando la

---

2. Cuatro, si uno cuenta a los reconstruccionistas como un grupo separado.

presencia de Dios sería conocida de un modo más universal. Algunos creen que esta es la esperanza mesiánica, mientras que los grupos más místicos consideran todas las experiencias espirituales aquí y ahora como anticipos de la era del Mesías.[3]

Ciertamente gran parte de las raíces de la espiritualidad cristiana están en estos conceptos judíos, que no son originales de Jesús ni de los apóstoles. Valoramos el sentido de la historia redentora porque compartimos la Biblia hebrea con nuestros amigos judíos. Consideramos su historia como nuestra, y creemos que dicha historia no es sólo importante, sino también verdadera y fundamental para todo el resto de nuestras creencias: si Dios no ha hablado ni actuado en la historia, nuestra fe y nuestro desarrollo espiritual no significan nada en absoluto.

Mientras estaba en el seminario, un estudiante indio se aprestaba para volver a su país durante el verano, y le pregunté: «¿Por qué no programas tu vuelo de tal manera que puedas hacer una escala en Israel?» Se me quedó mirando perplejo y finalmente me contestó: «¿Y por qué iba a querer hacerlo?»

Aquel hermano indio era cristiano, pero todavía tenía un concepto hindú de la historia. Para él no importaba si los acontecimientos de la Biblia habían o no sucedido; realmente no formaban parte de su fe en Jesús. No podía ver relación alguna entre sus creencias y la historia hebrea.

La otra cara de esta moneda es algo que me sucedió en Israel.

Estaba sentado en cierto café cuando un autobús de turistas se paró frente a mí y comenzó a desembarcar a sus pasajeros. Era obvio que la visita estaba preparada para judíos americanos.

Una mujer pidió permiso para sentarse a mi mesa y lo primero que dijo fue: «¡Caramba, ver todo esto casi le hace a una creer que realmente aquello sucedió!» Esa señora iba camino a descubrir su fe.

El concepto cristiano de la espiritualidad también mantiene esa creencia en un pueblo del pacto. Creemos que la sangre de

---

3. Blumenthal, *Understanding Jewish Mysticism* [Cómo entender el misticismo judío], p. 38.

Jesucristo, el Mesías, ratificó un pacto completamente nuevo, el cual fue prometido en un principio a la comunidad judía, pero que en estos últimos tiempos se nos ha dado benevolentemente a los gentiles (Jeremías 31.31; Lucas 22.20). Ello no significa que los judíos queden excluidos del mismo, sino que Dios nos ha concedido entrar a nosotros para que seamos copartícipes de ese «pacto judío». La relación de pacto mediante Jesucristo es también básica para nuestro desarrollo espiritual.

Los cristianos compartimos una visión del futuro con esta espiritualidad judía. Creemos que la historia se encamina a algún sitio y que este no es el mejor de los mundos posibles. También creemos que dicha historia se consumará, no porque el hombre nos introduzca en un reino terrenal, sino mediante una invasión sobrenatural divina desde fuera. Compartimos la creencia en la venida de nuestro Mesías, cuando todos nuestros sueños y deseos se cumplirán.

Antes de seguir adelante, quisiera considerar tres tendencias que se dan en el varón. Para abogar por una espiritualidad masculina característica debemos primero abordar en qué medida nuestro enfoque está determinado por nuestra personalidad, nuestro trasfondo y nuestras experiencias personales. Veo esto en mí mismo y en muchos hombres con los que trabajo: no sabemos por qué creemos como creemos, ni cuál es la causa de que favorezcamos a una tradición sobre otras. Las mayoría de las veces nuestro enfoque de la vida espiritual es una mera extensión de nosotros mismos.

Cómo comprender nuestros impedimentos

La mayoría de los hombres no hablan de la epistemología. Esta es la ciencia que se ocupa del conocimiento, de cómo sabemos lo que sabemos. Nunca escuché ese término hasta que fui al seminario y, francamente, no he vuelto a oírlo desde entonces en la conversación diaria. Sin embargo, en muchos sentidos, esta ciencia debería enseñarse como una de las principales.

Para abogar por una espirituali-dad masculina característica de-bemos primero abordar en qué medida nuestro enfoque está de-terminado por nuestra personali-dad, nuestro trasfondo y nuestras experiencias personales.

Dedicamos poco tiempo a intentar una evaluación de las pretensiones que se hacen en cuanto al conoci-miento de algo. Vemos los anuncios en la televisión y creemos lo que éstos dicen sin investigar su veracidad o preguntarnos: «¿Y cómo lo saben?»

La mayoría damos saltos de fe cada día en cuanto a nuestras creencias, pero por lo general existe alguna relación entre por qué creemos lo que creemos y las razones que tenemos para no creer otras cosas. Y esto se convierte en algo vital en la vida del espíritu, ya que dichas razones determinan nuestras suposicio-nes, nuestras creencias, nuestra dirección y nuestros plantea-mientos.

A lo largo de los últimos veinte años trabajando con hombres, mi tarea más difícil ha sido la de conseguir que pensaran en por qué hacen lo que hacen y creen lo que creen. Como criaturas racionales que somos, nos gustaría creer que todas nuestras convicciones han sido cuidadosamente reflexionadas y contras-tadas con otras ideas erróneas. Pero la verdad es que no lo hemos hecho. Lo que creemos constituye probablemente más bien un reflejo de quiénes somos, dónde hemos estado y lo que nos ha sucedido. Nuestro objetivo en esta sección es ocuparnos real-mente de las influencias a que está sometida nuestra manera de pensar, creer y actuar en la esfera espiritual.

El papel de la personalidad

No sé cuántas horas habré pasado en reuniones de comités y de juntas, pero me parece que ha sido la mitad de mi vida. (No me gustan. ¿Es eso obvio?) En cada uno de esos encuentros aparece la misma gente. Están aquellos a quienes algunos han dado en llamar los pensadores, los intuitivos, los activos y los somnolientos (que nunca dicen nada).[4] Mis propias categorías son las de líderes, contadores de alubias, emocionales, descarriados, payasos, sanadores y buenos tipos. Los he visto en todos los grupos donde he estado. Se presentan como si hubieran sido asignados al grupo (no revelaré de qué tipo soy yo). De poder agrupar a esos individuos en dos categorías relacionadas con la vida espiritual, lo haría dividiéndolos entre los activos racionales y los artistas intuitivos. Estos son los dos enfoques comunes que he observado en base a la personalidad.

Un buen ejemplo del individuo activo racional es el ingeniero o la persona práctica en las finanzas que trae a la vida espiritual una mente con deseos de orden y precisión; a quien le gustan las reglas, las definiciones, la claridad y una organización que funcione bien. Estas son sin duda cualidades magníficas, pero la cuestión real está en si tal persona debería o no intentar construir toda una vida espiritual alrededor de ellas. Y un asunto aún más importante: si debería esperar que otros se conformasen a esos atributos que están tan claros para él, y que le parecen correctos, porque son una extensión de su propia visión sicológica de la vida.

En el terreno espiritual, a este hombre le gusta el orden en su vida cristiana: los devocionales periódicos, el diezmo estricto y una iglesia con base sólida. Se muestra receloso de aquellos que son independientes, sensibles, desordenados y que ofrendan «como el Espíritu los guía». Mi valoración de tal individuo es que entorpecerá su propio crecimiento y desarrollo en el terreno espiritual mientras vea la vida cristiana únicamente a través de su personalidad y no se permita a sí mismo (ni a los demás) crecer más allá de la misma.

En el otro extremo del espectro de la personalidad tenemos al artista intuitivo. (Presento a propósito estos tipos como extremos. Comprendo que la mayoría de los hombres son combinaciones de ambos en distintos grados, pero creo que el uno o el otro predominan en cada varón.) El artista no se opone al orden o a las reglas, pero su corazón late con otras cuestiones. Lo suyo

---

4. Myers-Briggs Personality Inventory [Inventario de la personalidad].

es la percepción intuitiva de las cosas, y le gusta la espontaneidad y el aspecto relacional del mundo. Aprecia las sutilezas de la vida y las ambigüedades de ésta no lo confunden. Obviamente este hombre también puede sentirse atraído por una idea de la vida espiritual que sea mera extensión de su personalidad: le gusta la comunión con Dios, disfruta de los elementos místicos de la fe y quiere experimentar las verdades bíblicas. La arquitectura de la iglesia, y el aspecto y olor que ella tiene constituyen elementos importantes para su culto.

Como cabe esperar, estos dos hombres no verán el mundo de la fe de una misma manera. ¿Pero comprenderán que su forma de creer es semejante a sus personalidades y estarán dispuestos a reconocer el valor de otras expresiones? Creo que no reconocer ni abrazar esto es la causa de muchas divisiones y muchos conflictos extremos en las iglesias. También pienso que Dios querría que superásemos los límites de nuestras personalidades y viéramos la vida espiritual en términos más amplios y nuevos. Él es un Dios infinito y no hay dos personalidades idénticas, de modo que debiera existir una variedad de expresiones espirituales, todas ellas valoradas e iguales en el reino. Basar en mi propia personalidad toda una expresión religiosa constituye un grave acto de idolatría en el que el ídolo adorado es mi carácter. Otro impedimento ha llegado a ser un dios más que recibe culto.

El papel del trasfondo personal

- «¿Por qué no cantamos más los viejos himnos de la fe?»
- «¿Deberían nuestros ministros llevar togas? Así cubrirían sus trajes baratos acompañados de corbatas que desentonan».
- «Un domingo no lo es de veras si no se asiste a un culto matinal y a otro nocturno».
- «La gente no debería hablar una vez que se halla en el santuario. El silencio glorifica más a Dios».
- «Haga un ruido jubiloso ante el Señor. No se siente simplemente ahí callado».

- «¿Por qué tiene esta iglesia dos púlpitos cuando aquella a la que asistía antes sólo tenía uno?»
- «Lo que habían puesto hoy en las copas de la comunión era vino de verdad».
- «El sermón ha sido demasiado largo».
- «Necesitamos más tiempo para la oración durante el culto».
- «No creo que debieran hacerse anuncios una vez comenzado el culto».

> *No hay dos personalidades idénticas, de modo que debiera existir una variedad de expresiones espirituales, todas ellas valoradas e iguales en el reino.*

Todas estas afirmaciones y preguntas ilustran el poder y la fuerza que tiene el trasfondo personal para influir en su enfoque presente de la vida espiritual. El pastor que intenta dar respuesta a todos los comentarios de este tipo en un culto acomete una tarea imposible. Los hombres deben reconocer el origen de tales declaraciones antes de que sean capaces de tomar en serio su peregrinaje espiritual. Hay dos formas de reaccionar a sus propios trasfondos que pueden obstaculizar seriamente su crecimiento y desarrollo en la fe.

La primera de esas reacciones es dejarse atar por esos antecedentes. Si fue criado católico, deberá morir católico; o si de joven disfrutaba del culto del domingo por la tarde, ahora quiere que forme parte de su experiencia eclesiástica. Casi no viene al caso evaluar si los tiempos han cambiado o qué era lo que le gustaba de aquel culto. La persona se sentirá mejor simplemente contando con el mismo para su desarrollo espiritual.

He visto a hombres discutir apasionadamente por tales cosas en la iglesia sin comprender la base de sus convicciones. Uno de ellos trató de argumentar que debíamos tener cultos los domingos por la tarde debido a que todo ese día le pertenece al Señor.

El otro obstáculo relacionado con el trasfondo es consecuencia de una experiencia mala o negativa que se tuvo en el pasado y que determina el enfoque de la vida espiritual del individuo en el presente: Cierto hombre puede haber sufrido en determinado grupo, denominación o iglesia y haber hecho votos de jamás repetir la experiencia. He visto a varones judíos hacerse católicos por la forma en que los trató algún rabino; a católicos convertirse en bautistas debido a la experiencia que tuvieron en las escuelas parroquiales; y a fundamentalistas estrictos llegar a ser carismáticos emocionales a causa de la atmósfera legalista y opresiva en que se criaron. Cuando la gente es herida o ha quedado desilusionada por alguna experiencia espiritual, tiende a irse al otro extremo, incapaz de seguir reconociendo ningún valor en la tradición de la cual procede.

En una ocasión, después de hablar a cierto grupo, un hombre vino a verme y expresó: «Me ha ofendido profundamente lo que ha dicho usted acerca de los curas católicos». Yo había utilizado un ejemplo de mis días como capellán en las Fuerzas Aéreas, cuando me vi gratamente sorprendido de conocer a muchos sacerdotes los cuales amaban profundamente a Cristo y su Palabra. Los comentarios que hice al respecto ofendieron a aquel hermano. ¿Adivine por qué? Exacto: en el pasado fue un católico descontento y no podía valorar ni ver vida espiritual alguna en ninguna parte del catolicismo. A fin de crecer espiritualmente necesitamos ir más allá de las experiencias de nuestro trasfondo, sean éstas cuales fueren.

Un tercer obstáculo implica ciertas experiencias sufridas en la edad adulta. La mayor parte de nuestro desarrollo crítico se produce en la niñez y la adolescencia; pero con frecuencia nuestra exposición a la vida como adultos nos proporciona muchas actitudes que pueden o no beneficiar a nuestro crecimiento espiritual. Conozco a cristianos nacidos de nuevo que han sido miembros adultos de lo que ellos llaman denominaciones protestantes liberales, y que una vez recibida una relación personal con Cristo reaccionan contra su iglesia y toda su denominación. Otra vez, estas personas son incapaces de ver nada positivo en aquellas. Me he dado cuenta de que hay dos clases de «liberales»: los convencidos (que son pocos) y aquellos que han sido educados así; es decir, que han abrazado el sistema de creencias de su escuela. ¿Y acaso no hacemos todos lo mismo?

Algunos han estado expuestos al fundamentalismo más antiguo, con sus listas de «haz esto» y «no hagas lo otro». Esas iglesias eran vigorosas en evangelismo, misiones y decisiones por Cristo; pero también contrarias a la cultura, anticomunistas, antiliberales y mayormente derechistas. Los hombres pueden salir de tales iglesias y perder todo respeto por ellas; su reacción, sin embargo, podría hacer también que se volvieran contra la experiencia de la persona de Cristo, el aprecio de las Escrituras o el alcanzar a otros con el evangelio.

He conocido también a quienes han sufrido con la tradición reformada, cuyos propios adeptos discuten sobre cuando es uno lo suficientemente reformado. Esta tradición ciertamente destaca el señorío de Dios, la gracia soberana, los cinco puntos del calvinismo y la forma propia de ordenar los decretos eternos de Dios (una discusión acerca del orden en cuanto a la elección, la muerte de Cristo, la obra del Espíritu Santo, el arrepentimiento y la fe). Cierto hombre me dijo que, cansado de ese frío y abstracto enfoque teológico, se había hecho episcopal. Espero que no reaccione exageradamente y reste valor a las doctrinas bíblicas de la gracia y la soberanía de Dios, las cuales son decisivas para el crecimiento en la fe.

Luego están los carismáticos. Esta corriente de renovación, que comenzó en los años sesenta durante el movimiento de Jesús, se introdujo de un modo tremendo en casi todas las principales denominaciones cristianas, trayendo consigo un contacto único y especial con el Espíritu Santo, la apertura a lo milagroso y cierta expectación de que Dios obre. La sanidad y el hablar en lenguas han sido consideradas como normativas para los devotos.

Sin embargo, algunas personas se disgustan con sus extremismos, sus elegantes y bien remunerados pastores y evangelistas superestrellas y, por último, con los deslices morales de sus líderes que tanta publicidad han recibido. Mucha gente no ha sido sanada, y algunos reconocen haber fingido la experiencia del hablar en lenguas para ser incluidos en el rebaño. Los hay que han sufrido en el movimiento y no están dispuestos a reconocer nada que suene a «carismanía» en su presente experiencia espiritual.

Esto es lamentable. En mi última iglesia, a algunos miembros no les gustaba que cantáramos coros en vez de los himnos tradicionales. La razón que aducían era que se trataba de coros carismáticos. Supongo que no se daban cuenta de que algunos de esos himnos más antiguos eran metodistas (Wesley) y luteranos, e incluso que a ciertos de ellos les pusieron música de taberna («Castillo fuerte es nuestro Dios»).

> *Antes de poder madurar auténticamente como hombres en la vida espiritual, debemos descubrir dónde hemos sido heridos, qué es lo que todavía nos ata y la forma en que nuestra personalidad determina el enfoque que tenemos hacia Dios.*

Es una pena que cada vez que reaccionamos en exceso a una experiencia negativa seamos incapaces de reconocer ninguna cosa buena en dicha experiencia. Antes de poder madurar auténticamente como hombres en la vida espiritual, debemos descubrir dónde hemos sido heridos, qué es lo que todavía nos ata y la forma en que nuestra personalidad determina el enfoque que tenemos hacia Dios. Esas áreas deben ser identificadas, limpiadas y vaciadas para poder ver a qué se asemeja la verdadera espiritualidad masculina.

Aspectos del desarrollo espiritual

El último capítulo de un afamado libro sobre cuestiones masculinas trata de cómo pueden cambiar o crecer los hombres cristianos. El autor del mismo exhorta a leer la Biblia, testificar y confesar los propios pecados. Todo esto es importante. Sin embargo, cada uno de nosotros conoce a hombres que hacen estas cosas y aparentemente no consiguen obtener el cambio ni el crecimiento que desean. Tal vez eso a lo que llamamos crecimiento espiritual sea algo más complejo e incluso misterioso.

Creo que para tener una mentalidad espiritual es necesario tomar en cuenta ocho aspectos básicos, pero ninguno por sí mismo garantizará el crecimiento espiritual. Centraré mi atención en dos metáforas las cuales considero imágenes antiguas de lo que supone la vida espiritual.

La primera de ellas es la del crecimiento y el desarrollo en el campo de la agricultura. El desarrollo espiritual se compara con los procesos agrícolas naturales que Dios incorporó a la creación (Génesis 8.22). Jesús utiliza esta imagen para describir la forma en que la Palabra de Dios crece en el corazón de una persona. El énfasis del Señor, con frecuencia mal comprendido, es que los hombres jamás sabrán cómo crece en realidad la simiente. El evangelio de Marcos registra las palabras del Maestro: «Así es el reino de Dios, como cuando un hombre echa semilla en la tierra; y duerme y se levanta, de noche y de día, y la semilla brota y crece sin que él sepa cómo» (Marcos 4.26, 27).

Probablemente sea el apóstol Pablo, por encima de cualquier otro escritor neotestamentario, quien más tenga que decir acerca de este tema del crecimiento espiritual; sin embargo, incluso él reconoce que el proceso en cuestión posee su propio misterio. A una de sus iglesias, el apóstol le escribe: «¿Qué, pues, es Pablo, y qué es Apolos? Servidores por medio de los cuales habéis creído; y eso según lo que a cada uno concedió el Señor. Yo planté, Apolos regó; pero el crecimiento lo ha dado Dios» (1 Corintios 3.5-6). Pablo reconoce que lo más que cualquier ser humano puede hacer para facilitar el crecimiento de otro es cooperar con los procesos naturales (sobrenaturales) que Dios ha incorporado a la palabra espiritual. No son los hombres quienes dan el crecimiento, sino sólo Dios.

Dios incorpora ciertas propiedades a la simiente espiritual para que ésta haga aquello para lo cual fue creada si se dan otras condiciones (una tierra desmenuzada, agua, abono, sol y aire). Si apuramos la analogía, lo único que podemos hacer las personas con mentalidad espiritual es asegurarnos de que existan las condiciones adecuadas para el crecimiento. Sin embargo, el proceso mismo del crecimiento constituye un misterio en último término. Aun Jesús lo llama así. Por eso no acepto simples fórmulas en relación con el crecimiento y el cambio cuando estamos hablando del complejo desarrollo humano bajo el ministerio del Espíritu.

Sin embargo, este concepto no tiene mucho éxito en una era tecnológica en la que supuestamente todo debe comprenderse y queda supeditado al descubrimiento del programa adecuado para obtener de ello el resultado que se desea. Los seres humanos no son computadoras, y su crecimiento se asemeja más a una metáfora agrícola que a las alegorías tecnológicas o del mundo de los negocios. No obstante, puesto que no nos gusta el misterio ni las cosas que no podemos explicar debidamente, echamos mano de otras ilustraciones que nos ayuden a comprender el fenómeno, y al hacerlo cambiamos la naturaleza de aquello que implica el crecimiento espiritual.

La otra metáfora antigua para el crecimiento espiritual es aquella de la peregrinación. La vida de fe constituye un viaje. Este es el tema principal de la experiencia del pueblo de Dios en el desierto bajo la dirección de Moisés, que se utiliza como modelo de peregrinaje en el Nuevo Testamento (Éxodo 13.17, 21; 1 Corintios 10.1-11). Jesús llamó a sus discípulos a seguirle, lo cual enseña la cuestión del viaje (Mateo 4.19-20). La esencia del discipulado para sus primeros reclutas consistía en ser seguidores. Y respecto a la doctrina de la santificación, Pablo la considera como un desarrollo progresivo que precisa tiempo; lo cual implica asimismo movimiento y viaje (1 Corintios 1.2; 2 Corintios 7.1; 1 Tesalonicenses 5.23). El autor de Hebreos utiliza esa metáfora del viaje a lo largo de toda la epístola (Hebreos 6.1; 10.39; 11.10; 12.1; 13.14).

Encuentro muy útil esta imagen para ayudar a los hombres a comprender sus luchas en la vida espiritual. Muchos de ellos vienen de trasfondos que enseñan la salvación y la santificación como un único acontecimiento instantáneo el cual debiera producir un cambio inmediato en el interior de la persona. Puede que esto resulte así para algunos, pero la pregunta que oigo a menudo es: «¿Por qué me lleva tanto tiempo mejorar?» Si la vida espiritual se considera una serie de sucesos y actos de consagración que cambian la vida del individuo, habrá muchas más decepciones y tal vez dudas acerca de si Dios está llevando realmente algo a cabo. Pero una vez que se entiende el concepto de peregrinación, las expectativas cambian. El viaje de cada persona es distinto: mi esposa y yo jamás tomamos la misma ruta para llegar a un mismo destino. ¡Ella tiene su propia forma y yo la mía!

Cuando abrazamos el concepto de viaje, todos los demás aspectos de la vida espiritual pueden entenderse con relación al mismo. ¿Cuáles son, entonces, los elementos de esta peregrinación de la fe?

El tiempo

He aquí un aspecto fundamental de los viajes. Se necesita tiempo para llegar adonde vamos. Podemos intentar reducir ese tiempo acelerando o usando un medio de transporte más rápido, pero aún tardaremos algo en llegar al sitio donde queremos estar. Y lo mismo sucede en la vida espiritual. Este elemento básico se pasa a menudo por alto. Los escritores del Nuevo Testamento no hacen de esto una cuestión importante, pero lo dan por sentado a lo largo de todos sus escritos: Pablo esperaba encontrar a los corintios más avanzados en el camino de su experiencia espiritual debido a que había transcurrido cierto tiempo (1 Corintios 3.1-3); y el autor de Hebreos tenía la misma expectativa: creía que había pasado el tiempo suficiente como para que sus lectores estuvieran ya enseñando a otros, pero no lo estaban haciendo (Hebreos 5.12).

Los hombres deben animarse sabiendo que, estén donde estén en su viaje espiritual, todavía no llegan a casa. Se hallan aún de camino. La única cuestión real es si se han quedado tirados en alguna cuneta o han dado la vuelta y van en sentido contrario. Dicho sea de paso: este concepto de la vida espiritual implica que cuando se hallan en la cuneta del pecado o el fracaso no han sido trasladados repentinamente al punto de partida original. Por tremendo que sea el fallo de un hombre, no creo que vuelva a partir de cero. De eso trata la auténtica confesión (1 Juan 1.9).

La verdad

El tiempo, por sí solo, no nos lleva adonde vamos. Es realmente cierta esa ilustración del viejo piloto que habla a sus pasajeros y les dice: «Tengo buenas y malas noticias para ustedes. Las buenas son que estamos logrando un tiempo magnífico. Las malas, que nos hemos perdido». Lo mismo sucede con nuestra vida en el Espíritu. Necesitamos un mapa. A mi esposa le gusta pedir a la Asociación Automovilista de América un mapa por secciones, para ver cómo se revela progresivamente el viaje. Yo, por mi parte, me hago con un mapa general para ver dicho viaje completo. Ambos necesitamos un mapa para llegar adonde vamos.

Esto nos devuelve a nuestra cuestión anterior relacionada con la epistemología: cómo sabemos lo que sabemos. A mí no me gusta que me llamen fanático bíblico o «uno de esos fundamentalistas». En vez de defender mis creencias, por lo general le pregunto al contrario en qué basa las suyas. Y después de algunas vacilaciones él termina casi siempre reconociendo que no tiene ninguna o que lo que cree se basa enteramente en sus propias opiniones. Es entonces cuando le pregunto si desea hacer descansar su destino eterno sobre opiniones personales. Un enfoque así presenta la Biblia bajo una luz completamente distinta.

La Biblia es nuestro mapa. Escrita por muchos autores a lo largo de un período de más de mil años de historia, ilumina nuestro viaje de la vida y aporta información para el mismo. Ella afirma consecuentemente ser la misma Palabra de Dios (Salmo 119.105-107; 2 Timoteo 3.16; Apocalipsis 22.18-19). No tomar en serio esta afirmación es descuidar el mejor mapa provisto para la humanidad. Como dijera Mark Twain: «Lo que me inquieta, no es aquello que no comprendo de la Biblia, sino lo que entiendo de ella».

Cierto hombre se vio atrapado en el proceso de venta de una compañía, y como presidente de la misma los nuevos propietarios le dieron un año para que se buscara otro trabajo, pero su responsabilidad principal consistiría en despedir a quinientos empleados. Cuando entré en su despacho, desde donde se dominaba el centro de Filadelfia, vi abierta sobre su mesa de trabajo una gastada Biblia.[5] «¿Qué hace con esto?», le pregunté. Él respondió: «Aquí me siento como un pastor. Después de crear un trauma a toda una familia, intento proporcionarles algunos recursos espirituales que les ayuden a habérselas con la pérdida de empleo a la que se enfrentan».

Ese hombre entendía el concepto de peregrinaje. La gente necesita un mapa detallado de la verdad para que les ayude a atravesar los tiempos difíciles y a continuar hasta el siguiente recodo de la vida.

Un guía fidedigno

El mapa de las Escrituras nos proporciona una fuente de dirección objetiva para nuestro viaje. Necesitamos un amigo o un guía digno de confianza que conozca el territorio, y tal vez que haya estado adonde nos dirigimos, para saber cómo llegar allí. Muchas veces preguntamos qué dirección tomar y nos han contestado: «Desde aquí no puede usted llegar». O bien: «Lo ignoro por completo». Necesitamos a alguien que permanezca con nosotros y nos ayude en nuestro viaje como guía personal. No pretendo comprender plenamente el concepto de la Trinidad, pero sí entiendo que esas tres personas divinas tienen algo que ver con nuestro viaje. Dios Padre lo ha planeado (Romanos 8.28-30). Dios Hijo lo ha efectuado antes que nosotros y sabe

---

5. He estado también en los despachos de otros hombres que tenían la Biblia en un lugar prominente.

dónde están las dificultades y cómo sortearlas, además nos ha puesto en ese mismo camino (Juan 17.13-18). Para que no nos sintiéramos abandonados por Él, envió al mundo a su propio Espíritu (Juan 15.26), quien será nuestro guía personal y estará con nosotros para siempre (Juan 16.13). Aquí se halla la realidad personal subjetiva que tenemos y necesitamos para nuestro viaje: sin importar lo que suceda en el mismo, contamos con la promesa de que no estamos solos. El propio Dios interviene mucho en nuestras vidas.

Muchas veces esta realidad no me ha parecido cierta. Incluso al escribir la presente sección lo hago por la fe. Mi esposa y yo atravesamos dificultades que parecían no tener motivo alguno. Sentimos que Dios nos estaba guiando en cierta dirección, y en función de ello tomamos determinadas decisiones, pero los resultados fueron desastrosos. ¿Qué podemos inferir de tales experiencias? Que Dios no tuvo nada que ver y que de algún modo erramos su voluntad; o que tal vez los deístas están en lo cierto y Dios no se mezcla realmente en los asuntos de los hombres. O también podemos considerar lo que ha sucedido como parte de nuestro viaje, y quizá algún día, al mirar atrás, comprendamos por qué nuestras vidas siguieron el rumbo que tomaron.

Como dijera uno de mis profesores de teología: «La voluntad divina es lo que *sucedió*. Es lo más lejos que puedo llegar». Esta es otra parte del misterio: Quiero que Dios se me manifieste de maneras que pueda reconocer y entender, pero a menudo su silenciosa presencia me guía de algún modo misterioso a través de este laberinto al que llamamos vida.

Confianza

Confiar en un guía requiere fe. Cuando nos detenemos y preguntamos por una dirección a alguien estamos poniéndonos en la disyuntiva bien de creer en lo que se nos diga o en no hacerlo. Podemos pensar que sabemos mejor que el otro cómo llegar adonde vamos o simplemente confiar en la guía del que nos ayuda.

Los hombres confiamos en muchas cosas cada día; sin embargo, cuando se trata de la vida espiritual, la fe nos parece algo muy arduo, y esa dificultad da como resultado una masculinidad difícil.

Cierto sicoterapeuta alude a la conversación que tuvo con un mentor suyo más experimentado durante su período de formación. Dicho mentor le preguntó: «¿Se ha dado cuenta alguna vez de lo que tienen en común la mayoría de los hombres que necesitan ayuda?» Nuestro hombre dice que la respuesta lo sorprendió viniendo de un terapeuta: «La mayor parte de las veces los varones sufren de problemas de fe».[6] Luego el escritor pasa a señalar que las crisis de fe de los hombres también se manifiestan en incredulidad para consigo mismos y con todo lo demás. La fe en uno mismo y en el mundo guarda relación con la fe en Dios.

Puede haber muchas razones por las cuales a los hombres más religiosos les resulta tan difícil ejercer fe, pero una de ellas se relaciona con el control. Uno de nuestros enfoques distintivos como hombres en cuanto a la vida es que deseamos en gran manera mantener las riendas. La orientación de nuestro ego comienza por nosotros mismos y luego se proyecta hacia nuestro entorno. La orientación del yo de las mujeres, en cambio, comienza por su medio ambiente y luego se proyecta hacia sus propias personas.[7] Cuando los hombres nos trasladamos al entorno más amplio, deseamos sentirnos seguros, y esa seguridad se encuentra en el control de ese entorno.

Durante un viaje, si me doy cuenta de que he tomado una ruta equivocada debo reconocer que en realidad estoy extraviado; y extraviarme significa perder el control y no sentirme ya seguro. Preguntar la dirección a otros me coloca en la posición de tener que confiar en ellos, y eso no me gusta. Hace que me sienta incómodo.

En último análisis, la fe supone renunciar al control sobre mi vida o entregar aquello a lo que me enfrento. La verdadera fe

---

6. Heller, *The Soul of a Man* [El alma del hombre], pp. 79 y 80.
7. Tanenbaum, *Male and Female Realities* [Realidades masculinas y femeninas], pp. 77-83.

siempre comienza con el reconocimiento de que intento controlar la situación con mis propias habilidades, pero fracaso. Entonces debo dar el salto y confiar en alguna otra persona. Poner mi confianza en otros contribuye a mi desarrollo espiritual y humano. David Heller comenta al respecto: «La fe también realza la masculinidad ayudando al hombre a reconocer su impotencia».[8]

Como alguien que ha tomado parte en algún tipo de trabajo cristiano durante veinte años, he aprendido con frecuencia que aquellos que parecen fieles pueden no serlo realmente en absoluto. No pretendo condenarlos, se trata sólo de una observación de mi propia vida y la de otros hombres. Puedo vocear que estoy confiando en Dios, pero si intento controlarlo todo —desde lo que hace mi familia hasta lo que sucede en las reuniones decisivas del trabajo o de la iglesia— demuestro que en realidad no quiero ceder el control sobre los demás y entregárselo a mi Padre celestial. Descubro que ciertas personas que actúan bajo una apariencia de responsabilidad por todo lo que sucede en la iglesia son individuos obsesivos y controladores. Tienen libertad para ser como son, pero no los presentemos como ejemplos de fe. Esta supone renunciar al control y confiar en algo que no podemos ver (Hebreos 11.1). El autor de Hebreos dice: «Pero sin fe es imposible agradar a Dios». Al Señor no le gusta el control, pero sí la fe.

La tensión

El tema de la fe nos lleva a la siguiente realidad en lo referente a las dificultades que afrontamos en el camino. Cuando era niño, mi padre se levantaba siempre muy temprano por la mañana para preparar el comienzo de nuestras vacaciones familiares. Como buen piloto, aplicaba a los viajes en coche toda la planificación que hacía antes de un vuelo. Al lado de todas las maletas, en el cofre, estaba su caja de herramientas adecuada para

---

8. Heller, *op. cit.*, p. 91.

cualquier cosa que hubiese que hacerle a un automóvil, incluyendo desmontar el motor y sustituirlo por otro. Papá estaba preparado. Yo no he sido un buen discípulo: simplemente alzo el vuelo y, si algo se rompe en el camino, me pregunto por qué no habré traído cinta adhesiva o alguna otra cosa. Mi padre reconocía que era de esperar el que algunas cosas fueran mal durante un viaje: las ruedas se revientan, las bombas de gasolina se averían, las carreteras se rompen y hay que tomar desvíos. Cada suceso nos produce una tensión interior.

A menudo se pasa por alto o no se entiende bien el papel de la tensión en la experiencia espiritual. Algunas personas enseñan que, si Dios está de parte de uno, en su camino no habrá obstáculos. Ciertamente el evangelio de la prosperidad no valora la tensión en el desarrollo de la vida cristiana. En realidad, la presencia de tensión se considera una muestra de falta de fe o de espiritualidad.

Hace algunos años decidí leer todo el Nuevo Testamento para ver qué era lo que podía encontrar sobre el tema de la madurez espiritual y su desarrollo. Sólo descubrí un pasaje claro en el que aparecían los conceptos relativos a dicha madurez y alguna cosa que la producía; estaba en la epístola de Santiago, el medio hermano de Jesús. Santiago, que debía ser un hombre realista, escribió: «Hermanos míos, tened por sumo gozo cuando os halléis en diversas pruebas, sabiendo que la prueba de vuestra fe produce paciencia. Mas tenga la paciencia su obra completa, para que seáis perfectos y cabales, sin que os falte cosa alguna» (Santiago 1.2-4).

Está claro que las pruebas ponen nuestra fe bajo tensión y hacen que adquiramos madurez; por eso deberíamos recibirlas como quien recibe a un amigo. He de confesar que esta no es mi posición habitual cuando me pasan cosas en el viaje. Por lo general me enfado tratando de imaginar lo que he hecho mal para recibir ese tratamiento. Sin embargo, bien tengo la posibilidad de aceptar el suceso por la fe y confiar en mi Padre celestial, o bien permitir que dicho suceso me consuma de ira y resentimiento. Esas malas reacciones pueden fácilmente conducir a muchas noches con el alma a oscuras. Cualquiera que se haya quedado toda una noche larga y fría tirado en la cuneta de alguna carretera solitaria sabe de lo que estoy hablando. Muchos hermanos han experimentado igualmente esas oscuras noches espirituales.

La tentación

Nuestro Señor nos dijo que oráramos: «No nos metas en tentación» (Mateo 6.13). Sin embargo, su hermano Santiago daba por hecho que la tentación vendría, y por eso expresó: «Cuando alguno es tentado, no diga que es tentado de parte de Dios[...] sino que cada uno es tentado, cuando de su propia concupiscencia es atraído y seducido» (Santiago 1.13-14). El apóstol Pablo, por su parte, prometió: «No os ha sobrevenido ninguna tentación que no sea humana; pero fiel es Dios, que no os dejará ser tentados más de lo que podéis resistir» (1 Corintios 10.13).

Aunque pedimos que no nos sobrevenga la tentación, probablemente ésta se presentará. Pero cuando lo haga, no podremos culpar a Dios por ello, seremos nosotros quienes debamos aceptar la culpa. No obstante, hay una buena noticia, y es que, de alguna forma, Dios está involucrado en esa tentación: supervisándola y limitando su duración e intensidad.

En mi propio desarrollo espiritual no puedo recordar a nadie que articulara claramente la forma en que las tentaciones se relacionan con mi crecimiento en la fe. La enseñanza que recibí siempre se queda corta diciendo: «No cedas a la tentación». Pero la realidad es que cedemos de continuo. Hay tantas cosas en nuestro viaje que nos alteran, que nos sentimos inclinados a dar media vuelta y regresar a Babilonia. Esas son las noches oscuras del alma.

Aprecio mucho a los escritores católicos sobre este tema. Parecen reconocer que esas noches oscuras resultan decisivas para nuestro desarrollo espiritual y que sin ellas no podemos crecer. Es difícil reconocer que en cierto sentido debamos enfrentarnos a la tentación y ser golpeados por ella para madurar, sin embargo es eso mismo lo que les oigo decir.

Salomón nos explica que una de las características principales del hombre justo es su capacidad de volver a levantarse tras las caídas (Proverbios 24.16); de modo que caer en esas noches oscuras no supone ninguna experiencia extraña para el justo. El padre Benedict Groeschel comenta:

La oscuridad espiritual es un estado sicológico de gran desconcierto, que es precipitado, bien por causas externas tales como una pérdida dolorosa o un trauma, bien por conflictos interiores que conducen a la depresión y a un sentimiento de alienación profunda. Puede venir de fuera, como la muerte de un ser querido o el fracaso de una causa; o de dentro, en cuyo caso se trata de un verdadero fallo de nuestro esquema de defensa o de consunción, una especie de agotamiento emocional y sicológico. Puede ser producido por la enfermedad o el encarcelamiento. Resulta importante tomar nota de esto, ya que a menudo la gente asocia la oscuridad espiritual exclusivamente con la aridez del alma o algún estado interno particular. La causa de este malentendido es, probablemente, que la mayoría de los libros sobre el tema son escritos por personas que no tenían nada más que perder que sus consolaciones espirituales. De ahí que la imagen popular de la «Noche Oscura» sea aquella de una monja arrodillada en el suelo de baldosas de un gélido claustro. Sin embargo, creo que la mayoría de esas negras noches se experimentan ante mesas de cocina y escritorios de despacho.[9]

Me gustaría añadir que esas noches oscuras ocurren, por lo general, a la luz del día. Otras personas nunca llegan a saber por lo que estamos pasando. Piensan que todavía funcionamos, creemos y actuamos responsablemente; pero por dentro nos estamos muriendo, nos enfrentamos a numerosos demonios que

---

9. Groeschel, *Spiritual Discourses* [Discursos espirituales], pp. 131-132.

tratan de destruirnos. Nuestra tendencia es negar la realidad de lo que está sucediendo, tratar de mantenerlo en secreto y afrontarlo internamente. Pero cuando nos quedamos tirados en la cuneta y no podemos hacer nada al respecto, nuestra única solución es permanecer quietos y esperar que nos venga ayuda de algún sitio. El tiempo que estamos «tirados» ofrece una buena oportunidad para pensar seriamente, en la que, según Kierkegaard, podemos oír la voz de Dios:

> La aflicción es capaz de ahogar toda voz terrena, y de eso se trata precisamente, pero no puede apagar la voz de la eternidad que hay en el interior del hombre. O dicho a la inversa: es la voz de la eternidad dentro de uno la que exige ser oída y, a fin de conseguir audiencia, utiliza la fuerte voz de la aflicción. Luego, cuando con la ayuda de dicha aflicción todas las voces inoportunas han sido silenciadas, puede oírse esa voz interior.[10]

Incluso en nuestras tentaciones y pruebas, la voz de Dios nos habla. Se trata de un momento excelente para escuchar lo que Él nos dice.

Las pruebas pueden producir tentaciones extremas, pero incluso en éstas hay posibilidad de oír la voz divina tratando de hacernos volver a Él, mostrándonos quiénes somos realmente y aquello que debemos solucionar en nuestras vidas. Sin embargo, es difícil resolver nada solos.

Un compañero de equipo

La imagen del varón solitario de la frontera americana no muere fácilmente. No estoy seguro de si alguna vez habrá sido verdad, pero otro relato de pioneros nos proporciona un interesante contraste para ella. Después de pasar un verano en Australia y algún tiempo en las llanuras desérticas de aquel país, me sentí fascinado por la diferencia que había entre los hombres

---

10. Kierkegaard, *Christian Discourses* [Discursos cristianos], pp. 113-114.

australianos y los americanos. En los territorios limítrofes de Australia, la vida era tan difícil y el clima tan duro que no se podía sobrevivir sin un compañero. Este compañerismo se describe frecuentemente en las películas australianas, que exaltan los valores del compromiso de unos hombres para con otros, incluso por encima de las mujeres y la sociedad. Para sobrevivir uno tenía que contar con un compañero.

En un viaje necesitamos compañerismo; pero los hombres americanos no hemos descubierto el valor que tienen los compañeros de peregrinación en nuestras vidas. Como señalé en el capítulo 3, idealizamos a los amigos pero hacemos poco por cultivar relaciones entre hombres.

La importancia de contar con un compañero de equipo en el viaje es suprema; especialmente durante esas negras noches en las que un hombre piensa que nadie en el mundo lo comprende y necesita de otro varón en su vida que experimente sus pruebas. Aunque se trata de un elemento corriente en las Escrituras, pocas veces se enseña sobre ese compañerismo.

En el comienzo de su ministerio, Jesús pasó una noche entera orando y luego llamó a doce hombres simplemente para que estuviesen con Él (Marcos 3.14). La formación que dio a sus discípulos consistió mayormente en llevar la vida como un grupo de hombres y hacer que otros se unieran a esa fraternidad (1 Juan 1.1-3).

A veces se tiene la idea de que el apóstol Pablo era un misionero endurecido e individualista, que aguantaba todos los dardos de fuego del enemigo pero seguía adelante solo. Nada hay más lejos de la verdad. Aunque muchos escritores fidedignos consideran plurales exhortativos todos los «nosotros» que aparecen en las cartas del apóstol, la explicación más sencilla es que Pablo no estaba solo cuando escribió tales cartas y que hacía alusión a las personas que le acompañaban en sus viajes (Hechos 20.4). El único ejemplo registrado de soledad paulina fue su espera en Atenas de Silas y Timoteo (Hechos 17.16). Al final de su vida, cuando se halla encarcelado, le preocupa el hecho de haberse quedado solamente con un compañero de viaje. Sólo

Lucas estaba a su lado, en la cárcel, pero el apóstol pide tanto a Timoteo como a Marcos que se reúnan con él (2 Timoteo 4.11, 21).

> *Pablo no es el individualista que a veces se pregona. Tenía compañeros de equipo en su viaje por la vida y en sus empresas misioneras.*

Pablo no es el individualista que a veces se pregona. Tenía compañeros de equipo en su viaje por la vida y en sus empresas misioneras. En ocasiones cuenta que desesperaba por su vida. Aquellas eran noches negras y el consuelo de Dios le llegaba por medio del aliento de algún amigo (2 Corintios 1.3-4; 7.5-7; 11.24-33).

El desarrollo espiritual no consiste en una pista de un solo carril: es comunal y relacional. Los hombres que no tienen amigos que los acompañen en su viaje pueden ser incapaces de crecer de un modo auténtico en la fe. Dudo de veras de la posibilidad de madurar únicamente con una vida espiritual privada. Desde luego resulta difícil aplicar los vocablos en «plural» de la Escritura cuando estamos solos. Es posible que prefiramos viajar en solitario, pero si nos quedamos atascados en el fango necesitaremos un amigo que nos ayude a salir de allí.

El viaje global

La experiencia espiritual jamás termina en esta vida, ya que buscamos una ciudad por venir. Sin embargo, podemos mirar atrás y ver de dónde procedemos. Cuando lo hago, percibo esa realidad global de la providencia de Dios utilizando literalmente cada cosa durante el peregrinaje para hacerme crecer de algún modo. Incluso las veces que me he quedado tirado en la cuneta, las rutas equivocadas que he tomado y los reventones forman parte del viaje de mi desarrollo espiritual. Esto me ayuda a aceptar mejor lo que puede estar esperándome tras el próximo recodo. Tengo la posibilidad de luchar contra ello o de no apreciarlo, pero en última instancia sé que forma parte del desarrollo de mi peregrinación.

Una última visión que relata Juan en su Apocalipsis es nuestra mirada retrospectiva del viaje. Cuando lo vemos, es de nuevas maneras. Como una expresión del diseño creativo de nuestro Señor; nada sucede sin que Él lo deseara de algún modo (Apocalipsis 4.11). Esta verdad hace mi condición de hombre un poco más cómoda.

CAPÍTULO 10

No es fácil concluir
O cómo es la verdadera masculinidad

———— ■ ————

Por toda América los hombres están empezando a hablar de un modo más abierto de sus singulares enfoques de la vida, sus problemas y la relación que éstos tienen con el trabajo, el matrimonio, la crianza de los hijos y toda otra cosa que demanda su tiempo y energía. Hay un movimiento en ciernes. Los hombres se reúnen en grupos pequeños, y de dos en dos, para pasar el fin de semana. Dicho movimiento no parece ser de carácter político, como el de las mujeres hace más de una década. En todo caso es más personal que político, más espiritual que profesional. Los hombres parecen expresar el hecho de que no todo les ha ido bien, y en vez de aceptar las definiciones e interpretaciones de la experiencia masculina que da el movimiento feminista comienzan a articular sus sentimientos con sus propias palabras y a su propio ritmo.

Los Encuentros para Hombres de Robert Bly se han hecho famosos por reunir a varones durante un fin de semana o una velada para tratar de comprender mejor esto que llamamos masculinidad. Bly confiesa: «Los hombres están rodeados de mucho dolor hoy en día, pero ese dolor consiste principalmente en la aflicción no reconocida que soportan. Nuestros héroes nos duran hasta que tenemos treinta y dos o treinta y cinco años de edad, luego comenzamos a afligirnos por algo que nos falta en nuestras almas». Bill Moyers explica esos encuentros diciendo: «Los hombres se sienten atraídos a este tipo de encuentros por un sentido de pérdida, pérdida de mitos familiares y mapas orientativos, pero también por un sentimiento de esperanza: hay algo optimista en la misma disposición de los varones a aprender unos de otros expresando su confusión en cuanto a los problemas de la vida».[1]

Lo que he intentado hacer en este libro ha sido expresar claramente dónde ha estado gran parte de la confusión y dar una visión para la esperanza. En este sentido soy un hombre que expresa su experiencia y sus frustraciones personales junto con las experiencias de otros muchos varones. Unidas, dichas experiencias pueden proporcionar una guía y crear el deseo en los lectores de emprender la misma peregrinación utilizando este libro como punto de arranque para la discusión y el autoexamen. Hasta que los hombres no empiecen a dar a conocer su confusión y sus dilemas, no habrá esperanza de que lleguen a comprenderse a sí mismos. El conflicto y la aflicción en que participamos parecen emanar de un sentimiento de pérdida profundamente arraigado en nuestra propia condición de varones. Si Bly está en lo cierto, y esa «aflicción es la entrada a los sentimientos masculinos», entonces, tal vez las páginas anteriores reventaron la puerta que conduce a algunas de las tensiones y dificultades que confrontamos exclusivamente los hombres y por las cuales nos lamentamos el resto de nuestras vidas.

Para concluir, no intentaré arreglar nada, ni ofrecer soluciones que puedan parecer buenas pero que pocas veces funcionen.

---

1. Moyers y Bly, *A Gathering of Men* [Una reunión de hombres], cinta de audio.

> *Hasta que los hombres no empiecen a dar a conocer su confusión y sus dilemas no habrá esperanza de que lleguen a comprenderse a sí mismos.*

Simplemente trataré de iluminar más la dirección en que los hombres deben moverse para entender mejor cómo encaja su vida interior en una existencia con Dios, y quizá para vislumbrar lo que es la verdadera masculinidad.

Objetivos del libro

A lo largo de todo este libro he intentado identificar las dificultades y tensiones que tienen que afrontar los hombres consigo mismos. En este sentido, el presente volumen guía a los varones en su búsqueda de la autocomprensión y ayuda a las mujeres a entenderlos mejor. Mi esperanza es que el lector hombre se dé cuenta de que es alguien normal en sus sentimientos y experiencias; su vida como hombre es común a muchos y corriente para lo que llamamos masculinidad.

Un segundo objetivo consiste en abogar por un nuevo tipo de hombre: no el que tanto pregona como necesario el movimiento feminista, sino aquel que podríamos llamar el varón singularmente integrado, que experimenta la totalidad de su condición de hombre como una unidad. Vuelvo a pensar de nuevo en mi hijo y en los recuerdos de mi infancia. Pareciera que los jovencitos tienen una personalidad bastante integrada: son espontáneos, expresivos, agresivos pero igualmente divertidos y no muy serios.

Sin embargo, algo les sucede. Aprenden a conformarse, a colorear sin salirse de las líneas, a permanecer limpios y callados, a ponerse chaquetas y corbatas, y a tener el aspecto de niños buenecitos que sus madres siempre quisieron que tuvieran. Aprenden a organizarse, a racionalizar, contemporizar, socializar y a adaptarse.

Nuestra cultura, las escuelas, las iglesias y los padres llaman a esto madurez. Pero en ocasiones me pregunto si verdaderamente lo es o si no habremos perdido algo muy especial, sobre todo cuando las mujeres quieren ver de nuevo en los hombres muchas de esas cualidades. También me pregunto por qué los varones se sienten tan culpables o faltos de naturalidad al actuar un poco alocadamente y salirse de las pautas tradicionales establecidas por todas las instituciones educativas. Gran parte de las crisis de la mediana edad que experimentan los hombres tienen que ver con la liberación de esas ataduras imposibles que no han hecho sino reducirlos a la condición de una máquina institucionalizada y práctica.

No me sorprende en absoluto que a los hombres no les vaya bien. En todas las estadísticas de salud su comportamiento es deficiente comparado con el de las mujeres. El precio que ha de pagarse por ser varón en nuestra cultura es elevado. Leanne Payne ha llamado la atención sobre esta crisis masculina: «Mucho de lo que se denomina enfermedad o inestabilidad emocional hoy en día son simplemente las características masculinas sin afirmar y desequilibradas dentro de la personalidad.» Y añade la señora Payne: «Muy pocos hombres están verdaderamente bien afirmados como varones en la actualidad y muchos se hallan patológicamente cortados del todo de su lado masculino».[2]

El hombre fragmentado

¿Qué es lo que ha originado a este varón fragmentado? El hombre sin fisuras, cuyos dos hemisferios cerebrales funcionan y que tiene ambas partes de su humanidad intactas, es en verdad poco frecuente. Ciertamente el varón de antaño, reverenciado durante mucho tiempo, con toda su fuerza, tenía elementos dignos de elogio. Era heroico, viril, agresivo y en general exteriormente atractivo. Pero había perdido el contacto con las

---

2. Payne, *Crisis in Masculinity* [Hombría en crisis], pp. 12 y 13.

facetas más tiernas de su humanidad; aquellas responsables del interés, la sensibilidad y la solicitud.

El varón más reciente, creado y cincelado por la revolución sexual de los años sesenta, constituye para muchas mujeres una mejora reconfortante. Sin embargo, aunque este hombre quizá esté más en contacto con sus propios sentimientos y los exprese, sea más solícito en el hogar y se haya convertido en un negociador mejor y más flexible en sus relaciones, cada vez resulta más obvia su falta de muchas de aquellas antiguas cualidades de liderazgo. ¿Ha sacrificado este nuevo hombre su ambición, su búsqueda de metas profesionales, su defensa decidida de las creencias importantes y su aceptación de los desafíos y conflictos para convertirse en lo que parece ser un varón más débil y apocado?

Algunas mujeres dicen que les gustaría que sus maridos fuesen más fuertes, les hicieran frente, ejercieran el control, tomaran decisiones y tuvieran más ambición. ¡Me pregunto dónde estaban ellas en los años sesenta cuando las necesitábamos! En un artículo de fondo de *USA Today*, el redactor señala:

> ¿Saben las mujeres qué hacer con ese hombre sensible cuando llega? Al tiempo que los hombres buscan un equilibrio entre machismo y sensibilidad, tanto las mujeres como ellos mismos parecen confundidos en cuanto a cuán susceptible y sensible debería ser el varón de los noventa[...] La mujer actual le dice a su hombre que se manifieste, pero si éste lo hace no sabe cómo reaccionar. Cuando el hombre sensible expresa sus inseguridades y temores, a ella no le gusta lo que ve. En ocasiones le llamará calzonazos, pero esta palabra se ha convertido en una caricatura que describe al varón indeciso y ambivalente, al hombre cuyo caminar es muy cauteloso y que en realidad tiene miedo de decir cómo se siente. Verdaderamente, lo que las mujeres quieren *ahora* son, al mismo tiempo, las cualidades de fuerza y sensibilidad.[3]

---

3. «New Male: Is He Old Hat to Females? [El nuevo hombre: ¿Es el viejo sombrero para mujeres?]»

¿No resulta extraordinario? ¡Ahora las mujeres cambiaron de idea y prefieren lo uno y lo otro porque determinaron que no les gusta el varón puramente sensible! Este es un dilema todavía mayor y que hace casi imposible nuestra condición de hombres.

¿Qué es la masculinidad?

Entonces, ¿en qué consiste eso que llamamos masculinidad? Llegados a este punto quisiera explicar la idea que tengo acerca de la experiencia masculina y cómo podemos llegar a ser varones mejor integrados. Hablar de masculinidad no está de moda hoy. En algunos círculos no puedo siquiera usar el término *virilidad* debido a sus connotaciones masculinas. Debemos hablar en términos asexuales. Después de hablar a un grupo de hombres y mujeres, cierta dama muy sincera y bien intencionada me dijo que se había sentido ofendida por mi lenguaje. Como yo estaba consciente de no haber usado ninguna palabra indecente, le pregunté a qué se refería. Lo que la había irritado era mi uso del término *hombre*; para ella se trataba de una palabra obscena. No obstante, puesto que este libro tiene que ver con los hombres y va dirigido a ellos, *hablaré* de lo que creo que es la *masculinidad*.

La esencia de la persona humana

No se puede hablar de cuestiones relativas a la masculinidad sin abordar primero el más amplio e importante tema de lo que significa ser una persona. Y aquí tengo un prejuicio flagrante. Pienso que la esencia de nuestra condición de personas reside en que somos seres creados. Decir esto es girar en torno a la vieja tradición del hombre genérico como creación singular de Dios. Según la terminología bíblica eso es «la imagen de Dios». El Señor hizo al hombre de dos sexos distintos —hombre y mujer—, y ambos fueron creados «a imagen de Dios». Como ser especialmente creado, no soy ni una bestia ni ninguna forma animal más elevada. Soy único. Tengo un gran valor eterno y temporal.

Con frecuencia, me asombro de que tantos sociólogos y sicólogos defiendan el valor intrínseco de todo ser humano. Gran parte de la enseñanza actual sobre el mejoramiento de la autoimagen está basada en el reconocimiento del valor universal de cada individuo. Pero entonces tengo que preguntarme: «¿Cómo sé realmente que soy valioso? ¿Lo soy porque lo cree tal o cual sicólogo, o porque algún orador motivacional así lo afirma? Si soy meramente el producto de una casualidad evolutiva, ¿cómo derivo mi exclusividad humana de esa ecuación de espacio más tiempo? ¡En todo caso, no soy más que los otros animales que tuvieron también la suerte de sacar el boleto ganador para la supervivencia!»

Una vez que reconocemos que estamos hechos a imagen de Dios y por lo tanto gozamos de una posición singular como criaturas, hay mucho más que añadir. Ser creados significa que algunos aspectos los poseemos por creación: aquellos que nos caracterizan como seres humanos y no pueden explicarse salvo diciendo que Dios los creó. Argumentar que el Señor hizo al hombre varón y mujer no resulta tan explosivo, ya que tanto la masculinidad como la feminidad son bastante obvias desde el punto de vista anatómico. Sin embargo, defender que hay más diferencias que las físicas a menudo lo coloca a uno en una situación precaria y hace que se le considere culpable de un determinismo biológico. Aunque no creo en esa clase de determinismo, que es a menudo atacado por ciertas feministas, sí considero que la biología implica y significa algo. Las diferencias existen y tienen algún sentido. Ignorarlas es pasar por alto una de las realidades más fundamentales de la existencia. Cierto investigador sugiere al respecto:

> Parte de la intolerancia que las mujeres ven en los hombres está directamente relacionada con la opinión sesgada que se tiene de cómo deberían ser las cosas. Ambos sexos poseen un «marco» natural que resulta saludable para ellos pero puede ser perjudicial para el sexo opuesto[...] Es posible que se trate

simplemente de la forma de ser de los hombres, y que las mujeres lo tomen como una ofensa personal; como si estuvieran actuando deliberadamente de esa manera.[4]

Alguien que aboga porque se considere al hombre como un ser creado, ve al varón y a la mujer hechos el uno para el otro. Esta opinión supone que la masculinidad y la feminidad son cosas distintas y no deben confundirse. Las palabras utilizadas en el texto hebreo para hablar de lo masculino y lo femenino tienen raíces arábigas que significan respectivamente «el protuberante» y «el agujereado».[5] La comprensión bíblica de la sexualidad está firmemente arraigada en la anatomía, no en la sicología o la sociología. Si determinada persona tiene una «protuberancia», se le considera varón; si cuenta con un «agujero», es mujer. Esto parece bastante básico y fundamental, pero ya no resulta tan sencillo. Muchos, hoy en día, argumentan que son varones si se sienten como tales (interpretación sicológica) o si hacen las cosas que los varones deben hacer en su cultura (interpretación sociológica).

Al observar su propia anatomía, el hombre debe reconocer en algún momento que fue creado para adaptarse al otro sexo.[6] La conclusión es que los seres humanos fueron hechos para relacionarse entre sí.

Según mi parecer, esta relación es triple: las personas están hechas para el sexo opuesto, para Dios y para una vida integrada dentro de sí mismas. El aspecto relacional en lo tocante al otro sexo resulta obvio; aquel de una relación con Dios no lo es tanto. Probablemente se evidencie mejor por ciertos anhelos insatisfechos y por la incapacidad de otros seres humanos de satisfacer

---

4. Tanenbaum, *op. cit.*, pp. 12-13.
5. Brown, Driver y Briggs, *Lexicon of Old Testament Hebrew* [Diccionario hebreo del AT]. En hebreo *zakar* (varón), p. 271; *niqevah* (hembra), p. 666.
6. Incluso la mayoría de las prácticas homosexuales reconocen este propósito en la creación: el hombre debe encontrar una abertura para su pene, y la mujer buscar un sustituto de aquel.

enteramente a un individuo. Muchos cónyuges quedan decepcionados con el matrimonio debido a que su esposo o esposa no pueden suplir cada una de sus carencias. Tales personas parten con falsas suposiciones acerca de la relación matrimonial y de la naturaleza de la satisfacción humana.

Creo que ningún ser humano puede satisfacer a otro en todos los sentidos. Sin embargo, algo clama dentro de nosotros que debe haber más, que tiene que existir alguna relación satisfactoria en algún sitio. De modo que seguimos buscando. Estos son los anhelos que sentimos como criaturas por nuestro Creador. San Agustín lo expresó sencillamente: «Cada hombre tiene en su corazón un vacío con la forma de Dios, y nuestros corazones no descansan hasta que encuentran en Ti su reposo».

La sencillez fragmentada

Una comprensión de la persona como ser creado muestra también que el hombre es un ser complejo y sencillo al mismo tiempo, algunos más una cosa que otra. La complejidad resulta evidente en los aspectos físico, intelectual, emocional, moral, espiritual y volitivo identificados en diversos estudios. Se han construido sistemas sicológicos completos en cuanto a la interpretación de cada una de esas dimensiones y la forma en que se relacionan con las demás. Sin embargo, los investigadores reconocen también que muchos trastornos patológicos del individuo se producen cuando a éste le falta el equilibrio entre dichos aspectos; es decir, cuando la sencillez con la que el individuo desea que funcionen todos los elementos de su persona se desequilibra.

El profesor distraído resulta cómico para todo el mundo menos para su esposa. Tal vez sea una eminencia en su campo (desarrollo intelectual), pero su capacidad para relacionarse puede ser horrible. Pregúntele cómo se siente y, muchas veces, se encontrará muy incómodo, aunque no pueda explicarlo. Se trata de un experto en intelectualizar, no en sentir. Es un tipo cerebral e interiormente desequilibrado.

Tomemos como ejemplo a Eduardo de la Bolsa. Se trata del popular tipo A, con una maestría en Ciencias Empresariales, determinado, agresivo y voluntarioso. Sabe adónde va y lo que debe hacer para llegar allí. No se interponga en su camino o se verá en un grave conflicto. Eduardo es del tipo volitivo; pero como ocurre con frecuencia hoy en día en la Bolsa de Valores, el lado moral de su personalidad no se ha desarrollado proporcionalmente a su voluntad. Por consiguiente, ni la ética ni las consideraciones morales serias tienen una importancia vital para él; en realidad le son un estorbo para alcanzar su objetivo. Su argumento es: Si se trata de algo legal también debe ser moral.

Luego está Federico Fundamentalista, para quien cada decisión se convierte en una cuestión ética. Las emociones o los sentimientos de otros no tienen cabida en su modo de pensar. El único factor que cuenta para él es lo que «dice» la Biblia. Federico tampoco está en contacto con sus emociones: es un policía determinado a aplicar y cumplir la gran «Ley», y necesita aprender a experimentar el lado emotivo de la vida tanto en sí mismo como en otros.

Para Arturo Artista la vida es igual de limitada. Se mantiene en contacto con sus sentimientos. Es más, no trabaja si no tiene ganas de hacerlo, después de todo su oficio se orienta de un modo importante hacia las emociones. Si se siente mal, no hay razón para que trabaje; ni le preocupan las ramificaciones sociopolíticas o geopolíticas de su profesión. Incluso las finanzas le parecen algo trivial. Las consideraciones morales son ridículas para él, ya que si algo le produce placer debe ser bueno. A Arturo también le falta equilibrio y está desconectado de muchas cosas que son distintivamente humanas y masculinas.[7]

---

7. Me doy cuenta de que algunos de mis lectores posiblemente no aceptarán la interpretación que hago de lo que es un varón desequilibrado o de las cuestiones relativas al desarrollo de la personalidad. Muchas personas se conforman con restar importancia a estas diferencias diciéndose que «son como son» y se olvidan de intentar ver otros aspectos de su condición de persona. Este enfoque trabaja bien hasta que el matrimonio de un hombre fracasa o él pierde su trabajo, salud, posición y/o

Estos breves retratos simplifican en exceso las distintas personalidades humanas, pero ilustran el hecho de que los hombres de hoy están desconectados de muchos de los aspectos que, por creación, caracterizan a su condición de persona.

¿Cuál es la causa de la fragmentación?

Ahora bien, la pregunta clave es: ¿Cómo explicamos esta fractura y destrucción de nuestra condición de personas? ¿Por qué resulta tan difícil encontrar a alguien que posea todos los aspectos creados en una simple unidad? Evidentemente algo ha sucedido.

Si Dios nos hizo para que fuésemos seres unificados que experimentasen un espectro completo de aptitudes personales, ¿por qué luchamos tanto para encontrar esa unidad dentro de nosotros mismos?

Recuerdo haber asistido a un curso de religiones del mundo en el que una de las tareas consistía en determinar las semejanzas y las diferencias decisivas que había entre ellas. Una característica común constante era que en determinado momento de sus historias tempranas, Dios lo había creado todo, y lo había hecho bueno y perfecto, pero luego algo había ocurrido que dejó al hombre y a la creación entera en un estado menos que ideal. Respecto a los detalles había muchas diferencias, pero en los conceptos generales la suposición común de la historia humana era que el hombre, tal y como es ahora, no responde al que fue creado por Dios (o por los dioses). Algo sucedió que produjo ese estado inferior en el ser humano.

Por la Biblia sabemos que este concepto no es otro que el del pecado original de nuestros primeros padres, mediante el cual heredamos una naturaleza que no es aquella que Dios diseñó en

---

dinero. Una pérdida así con frecuencia le lleva a la consulta de un consejero y es el comienzo de un proceso que hace que vea la vida en términos nuevos más relacionados con su desarrollo personal. La pérdida en cuestión lo pone más en contacto con otras áreas de su humanidad que habían sido negadas o desestimadas durante mucho tiempo.

un principio para nosotros. Charles Colson ha dicho en numerosas ocasiones: «Hay más pruebas empíricas de la pecaminosidad del hombre que de ninguna otra doctrina de la historia humana. Y me pregunto por qué, entonces, forcejeamos tanto para reconocerla en nosotros mismos».

Si le resulta difícil aceptar esta doctrina, al menos abrácela por la fe basándose en los varios milenios transcurridos de historia humana. El pecado en la personalidad del hombre implica que existe una contradicción interna en nosotros mismos con lo creado. Un aspecto corrupto entretejido en nuestras personalidades que afecta a lo que somos y a todo aquello que hacemos. Dicho aspecto influye en nuestras relaciones, nuestro trabajo, nuestra sexualidad, nuestros anhelos y nuestras motivaciones, haciéndonos más complicados de lo que Dios quiso que fuéramos y provocando ansias de sencillez e integración por nuestra parte.

Esta contradicción me afecta en muchos niveles. Quiero amar, pero no puedo. Quiero cambiar, pero soy incapaz de hacerlo. Quiero ser más consagrado, y no lo consigo. Más organizado, pero sin jamás hacer nada por lograrlo. Quiero dejar ciertas cosas, pero continuando con ellas. Mejorar mis relaciones, pero destruyéndolas. Tener éxito, pero saboteando mis propios esfuerzos. ¡Miserable de mí! ¿Quién me librará de esta contradicción de criatura? O para expresar la pregunta en términos más relacionados con el desarrollo: Si la integración es posible, ¿dónde y cómo empieza?

La respuesta es tan sencilla como compleja la pregunta. Si somos criaturas atrapadas en una contradicción fundamental de la personalidad, sólo una invasión y una infusión desde fuera puede constituir el remedio. Esto resulta fácil de decir —y es el clásico tema del cristianismo histórico—, pero producir un cambio en la personalidad humana por medio de esta invasión e infusión no es tan sencillo como a veces se pregona. Muchas personas piensan que el mero hecho de nacer de nuevo transforma repentina y mágicamente al individuo en algo que antes no era. Las verdaderas buenas nuevas son que la integración *comienza* con la irrupción de la persona de Jesús en nuestra conciencia y la infusión resultante de un amigable Espíritu (Santo) en nuestras personalidades. Este extraño, pero amistoso Espíritu, llega a ser el importante agente del cambio que tiene lugar en nuestras vidas y produce nuevo crecimiento al tiempo que crea nuevas posibilidades de integración.

El fracaso de las autoayudas

Una extraordinaria suposición del movimiento de autoayuda es que el ser humano tiene la capacidad de producir cambios dentro de sí mismo. Parece que hay muy pocos interesados en cuestionar este axioma básico. Examine la sección de autoayuda en cualquier librería de los Estados Unidos y encontrará en ella toda la gama de experiencias y problemas humanos, bien presentados en términos de programas en diez o doce pasos para conseguir cambios en el carácter del individuo. ¡Y son libros vendibles! Por el número de ejemplares que se venden cada año, uno podría inferir sin riesgo a equivocarse que los americanos somos la gente que más usa la autoayuda en el mundo. ¿Pero producen tales libros algún cambio en realidad?

Los investigadores han sido lentos en cuanto a estudiar esta área para ver si los programas, libros y videos cumplen lo que prometen. Al menos un sicólogo quiso evaluar su propio campo con el objeto de determinar si toda la orientación que se proporcionaba estaba consiguiendo algo y si en el individuo se producía un verdadero cambio sicológico. El título de su libro revela las conclusiones a que llegó: *The Shrinking of America: Myths of Psychological Change* [El encogimiento de América: Mitos de cambio sicológico]. En él expresa:

Nuestra cultura está fuertemente comprometida con la tesis de que las personas son muy maleables. He aquí tres suposiciones clave de la era actual: los seres humanos tienen que cambiar porque no son tan competentes, buenos o felices como debieran; hay pocos límites para las modificaciones que pueden hacerse;

y el cambio es relativamente fácil de efectuar. Simplemente con que se utilicen los métodos adecuados y se tengan las actitudes correctas, la gente puede realizar cambios importantes y convertirse casi en cualquier cosa que desee.[8]

En su conclusión, este sicólogo sugiere otro enfoque del asunto:

> No puedo decir con seguridad que vayamos a ser más felices si nos olvidamos de algunas de nuestras fantasías y preocupaciones en cuanto a cambiarnos a nosotros mismos, pero sí que el hacerlo nos reportará beneficios. Aceptarnos como somos —y eso incluye nuestro deseo de ser diferentes a como somos ahora—, nos causaría menos desengaños y un autoaborrecimiento menor por no ser todo aquello que según nosotros deberíamos ser. También se ahorraría una buena cantidad de dinero que ahora gastamos intentando modificarnos a nosotros mismos; dinero que podría utilizarse mejor para otras comodidades físicas y diversiones. La autoaceptación puede proporcionar una imagen más clara de la realidad —que no se verá ya a través de los lentes de unas posibilidades utópicas—, imagen que resultará reconfortante. Si dejamos de intentar cambiarlo todo en nosotros mismos y en los demás, conseguiremos una mejor comprensión de aquello que se puede modificar sin dificultad (y obtener más éxito al habérnoslas con tales cosas) y aquello otro que no es posible cambiar (dejando así de intentar lo imposible).[9]

El libro en cuestión no constituyó ningún éxito de librería, pero la documentación que aportó fue tan completa como inquietante.

El fracaso de los programas de autoayuda reside en que empiezan y acaban con el «Yo». Resulta muy difícil para ese Yo

---

8. Zilbergeld, *The Shrinking of America* [El encogimiento de América], p. 3.
9. *Ibid.*, p. 270.

> *El fracaso de los programas de autoayuda reside en que empiezan y acaban con el «Yo».*

cambiarse a sí mismo, puesto que siempre producirá modificaciones que reflejen su realidad: su propio Yo. El Yo siempre hace cambios según su misma imagen, por tanto la única modificación verdadera será aquella llevada a cabo por una fuente externa que tenga un punto de referencia en el exterior. Debe ser ajena al Yo humano.

Comienza la integración

Cristo, punto de integración

Jesucristo es capaz de realizar este cambio en sus seguidores. Él nos invita con las palabras: «Venid a mí todos los que estáis trabajados y cargados, y yo os haré descansar[...] Y hallaréis descanso para vuestras almas» (Mateo 11.28-29). Jesús se convierte así en el nuevo punto de referencia para nuestras vidas. Su aceptación y su perdón llegan a ser la clave de un nuevo comienzo dondequiera que nos encontremos en nuestra existencia. Él nos invita a venir, y jamás nos rechazará. Él dijo: «Mis ovejas oyen mi voz, y yo las conozco, y me siguen, y yo les doy vida eterna; y no perecerán jamás, ni nadie las arrebatará de mi mano» (Juan 10.27-28).

Así como fuimos creados para orientarnos hacia el mismo Dios, pero el pecado nos ha desorientado, ahora, al convertirnos en seguidores de Cristo, comenzamos la reorientación y reorganización de nuestras vidas en torno al Creador.

Mucha gente habla de «enfoque» hoy en día. Dicen: «Necesito enfocarme. No me enfoco como debiera». En su humanidad caída están reconociendo que han perdido su punto de referencia, pero estando todavía hechos a imagen de Dios, conservan un anhelo residual de «enfoque». Ese enfoque sólo se encuentra en Cristo.

Un Espíritu amistoso: La fuente de integración

El hecho de contar con un punto de integración, por sí solo, no produce ningún cambio. Para que el cambio dé origen a la integración, debe ocurrir en los profundos escondrijos del espíritu humano. Esta es la razón por la cual Cristo dijo a sus seguidores: «Os conviene que yo me vaya; porque si no me fuere, el Consolador [el Espíritu Santo; Juan 14.26] no vendría a vosotros; mas si me fuere, os lo enviaré» (Juan 16.7). El Espíritu Santo mora en nuestra conciencia, se combina con nuestros propios espíritus (personalidades) y nos infunde vida y aptitudes divinas de alguna manera misteriosa.[10]

El Espíritu comienza un proceso de reintegración dentro del individuo, llevándolo a la unidad que le corresponde por creación y la cual perdió a causa del pecado. Dicho proceso de reintegración jamás se completa en esta vida, debido a nuestra naturaleza caída, pero produce cambios significativos. Aunque no creo que haya transformaciones fundamentales en nuestra personalidad (un extrovertido no se convertirá en alguien introvertido, por ejemplo), sí se adquiere una nueva conciencia de ciertas áreas del yo. Los hombres pueden experimentar nuevos sentimientos de fortaleza o solicitud, según aquello que haya estado subdesarrollado en sus días anteriores a la conversión. Al mismo tiempo, tienen una nueva dinámica para el desarrollo. En esencia, el Espíritu Santo proporciona al seguidor de Cristo tanto una influencia moderadora como una dinámica restauradora.

Como cristiano, desde hace casi veinte años, hay dos cosas que me asombran. La primera, es que no soy todo lo malo que podría ser. Cuando pienso en mi vida, en las cosas que me tientan y en aquellas otras a las que cedo, veo que hay algo dentro de mí que modera mucho de lo que hago. Algunos descartarán esto llamándolo socialización, buena crianza de los padres o miedo

---

10. Véanse Juan 14.17; 16.8-15; Romanos 8.16; 1 Corintios 12.4; Gálatas 5.22-23; y 2 Pedro 1.2-4 para una explicación de cómo obra el Espíritu en la vida de los creyentes.

a las consecuencias, pero sé que se trata de algo más. Tanto dentro como fuera de mí hay una presencia que soy incapaz de explicar, la cual actúa a través de mi mente y de mi voluntad guardándome de ser tan malo y repulsivo como podría ser.

El otro fenómeno que me resulta inexplicable es esa fuerza para resistir que proporciona dicha presencia interior. A pesar de que no siempre actúo según lo que sé que es correcto, esa presencia inquietante sigue convenciéndome de pecado, animándome y guardándome de tirar la toalla. Sé bien que se trata de algo por encima de la mera tenacidad humana. Estoy continua y silenciosamente consciente de que soy algo más que el vástago de un padre terrenal: soy también un hijo de Dios. Aunque falle, Él sigue siendo mi Padre y yo su hijo. Se nos dice claramente que el hacernos saber que «somos hijos de Dios» es obra de un Espíritu diferente al nuestro (Romanos 8.16).

Antes de que intente definir lo que es la masculinidad cristiana, o por lo menos a qué se debería parecer, manifestaré mi dificultad con muchos libros que tratan del tema. Hoy en día contamos con bastantes obras de gran utilidad acerca de cuestiones masculinas, pero todas ellas caen en una de dos categorías. Algunas adoptan un enfoque relacionado con el desarrollo y utilizan los estudios disponibles sobre dichos temas para abogar por una sicología masculina característica. Estos libros son por lo general sólidos en los aspectos sicológico y del desarrollo, pero guardan silencio o tienen poca fuerza en lo tocante a la integración espiritual.

El otro grupo se apoya decididamente en la Escritura y en una interpretación de los hombres desde el punto de vista espiritual, sin embargo se limita a las metáforas y los pasajes bíblicos. Un *best-seller* actual adopta el enfoque problema-solución: el lector varón localiza el problema al que se enfrenta y luego consulta una lista de pasajes que deberá leer con ciertas ayudas sugeridas. Conozco a muchos hombres que han sido ayudados por este enfoque, pero a mí me resulta excesivamente enlatado. La vida no es tan simple, y se pasa por alto todo el campo del desarrollo del varón adulto. En este último capítulo voy a intentar defender un planteamiento de la masculinidad con énfasis distintivo en el desarrollo y la base espiritual.

La masculinidad cristiana

Entonces, ¿qué aspecto tiene la masculinidad cristiana adulta? En primer lugar, se trata de una masculinidad característicamente viril o de hombre. Cada aspecto del ser de un varón se experimenta distintivamente, y de algún modo el Espíritu de Dios se relaciona con esta singularidad masculina. Si las diferencias sexuales tienen algún significado es que ciertas cosas son dominantes y otras secundarias. Aunque siempre hay excepciones, sabemos que, por lo general, los hombres utilizan más el hemisferio cerebral izquierdo que el derecho. Por tanto, sus aptitudes de pensamiento están más en la línea de la lógica, los procesos racionales y la abstracción. Tienden a ser abstractos acerca de cuestiones muy emocionales y relativas a los sentimientos. Herb Golberg alude como sigue a esta habilidad:

> El varón[...] se siente a gusto con ideas y abstracciones, no con sentimientos. Se relaciona de una manera entrecortada, no fluida. Es lo opuesto a la defensiva mujer femenina, que puede hablar sin interrupción acerca de sus sentimientos y escudriñar sin cesar su experiencia pero a quien aburren las discusiones sobre problemas mecánicos o cuestiones abstractas.[11]

También señala Goldberg que esta diferencia en el proceso intelectualizador se convierte en la base para percibir toda el área de las relaciones:

> [El varón] evita cualquier compromiso personal espontáneo que no tenga alguna meta o algún propósito específico, o que no se le vaya planteando poco a poco. Lo experimenta como una presión, una pérdida de control, una exigencia de participación.

---

11. Goldberg, *op. cit.*, p. 259.

Si se retira para recuperar su equilibrio, ella lo considera un rechazo; de modo que el hombre se siente presionado al tener que tranquilizarla constantemente acerca de que no la está rechazando.[12]

Como señalamos anteriormente, el trabajo de Carol Gilligan en la Universidad de Harvard mostró que los hombres consideran amenazadoras las relaciones de proximidad, mientras que las mujeres interpretan como violentas aquellas distanciadas. Estas diferencias fundamentales no dejan de existir por el hecho de que alguien sea discípulo de Cristo.

Incluso en los dilemas morales, los hombres y las mujeres enfocan las cuestiones éticas de maneras distintas. Kohlberg, en sus clásicos estudios sobre desarrollo moral, hacía de nuevo referencia al tan frecuentemente utilizado dilema ético de Joseph Fletcher. Este contó la historia de una mujer judía que se encontraba prisionera en un campo de concentración ruso durante la Segunda Guerra Mundial. Era casada, y su marido y sus hijos estaban en libertad. El dilema lo crea un guardia ruso, que le dice a la mujer que si quedara embarazada podría volver a casa, y se ofrece para hacerlo él mismo.

Kohlberg descubrió que los hombres enfocaban dicho dilema de manera abstracta, casi con frialdad. Si valoraban más la familia que desaprobaban la infidelidad, los varones defendían que era aceptable que la mujer quedara embarazada del guardia. Por otro lado, si creían que la infidelidad constituía un quebrantamiento serio del pacto moral del matrimonio, poco importaba que su familia la necesitara o que ella misma los echara en falta a ellos. En ambos casos, los argumentos masculinos estaban basados puramente en normas éticas.

Las mujeres, por su parte, pedían invariablemente más información para comprender el componente relacional. Su enfoque dependía más bien de la situación. Preguntaban: «¿Cuánto tiempo llevan casados? ¿Qué edades tienen sus hijos? ¿Están

---

12. *Ibid.*, p. 34.

NO ES FÁCIL SER HOMBRE

enamorados? ¿Cuánto lleva la mujer prisionera? ¿Cómo es de apuesto el guarda?»[13] En el caso de los hombres, el proceso completo era bastante estereotipado, sin embargo las mujeres necesitaban más datos antes de poder tomar una decisión.

Otra área de diferencia comúnmente observada, pero pocas veces reconocida, es la del humor. Para demostrar este punto, al hablar a grupos compuestos por hombres y mujeres cuento cierto chiste y veo quién de ellos se ríe y quién se ofende. El chiste en cuestión es el siguiente: Dos hombres, que son buenos amigos, están jugando al golf, y frente a su hoyo pasa un cortejo fúnebre. Uno de ellos se quita entonces la gorra y se la coloca reverentemente sobre el corazón, mientras su amigo, bastante impresionado por su respeto a la comitiva, le dice: «No sabía que tuvieras unas convicciones tan profundas en cuanto a estas cosas». Su amigo le contesta: «Bueno, esta es un poco especial para mí. Es mi mujer quien va en el coche». Los hombres, por lo general aquellos que juegan al golf, suelen reírse, pero las mujeres exclaman: «¡Es un chiste horrible!» De lo que se infiere que existe alguna diferencia fundamental entre ellos.

Para equilibrar este punto jocoso, incluiré una historia verídica narrada en el «Show de Johnny Carson»: Una mujer tuvo la suerte de conseguir una de las entradas para el musical de Broadway «El fantasma de la Ópera», y cuando se sentó en el auditorio vio que la butaca situada a su mano izquierda estaba vacía. Poco antes del comienzo del espectáculo se inclinó sobre la misma y habló con la mujer que estaba al otro lado de ella, reconociendo su sorpresa al ver un asiento vacío cuando escaseaban tanto las entradas. «Bueno», respondió la otra, «el asiento iba a ocuparlo mi esposo, pero murió recientemente». La mujer replicó: «Eso es terrible. ¿No habría podido buscar a alguien que utilizara la entrada?» «No», respondió abruptamente: «No he tenido tiempo. ¡El funeral se está celebrando en este mismo momento!» Las mujeres ríen con este relato, pero los hombres no creen que sea gracioso. El propósito de destacar

13. Gilligan, *op. cit.*, pp. 28-29.

estas diferencias no es sugerir que un sexo tenga más razón que el otro, sino ilustrar que los hombres y las mujeres piensan de un modo diferente en todas las áreas;[14] y esto también afecta a su forma de enfocar la vida cristiana. Si añadimos a esas diferencias aquellas más conocidas en el terreno hormonal, sexual y físico, debería quedar más que demostrado que lo que se necesita no es meramente una distintiva sicología masculina sino también una espiritualidad viril característica.

Con la feminización de nuestra sociedad, me temo que incluso las suposiciones que tenemos acerca de la vida cristiana sean más para mujeres que para hombres. Sostengo que la vida espiritual experimentada por los varones diferirá ampliamente de aquella del sexo femenino.

Lo que me entusiasma a mí espiritualmente puede no causar el mismo efecto en mi mujer, y viceversa. Al igual que en las demás áreas de la vida, cuando empeño mi condición de persona en el reino espiritual, lo hago con mis planteamientos característicamente masculinos. Oro como un hombre, soy solícito a la manera de los varones, me comprometo como hombre, y reacciono y respondo como un varón. No dejo mi virilidad a la entrada del templo. Una iglesia sabia comprenderá este hecho evidente y se preguntará qué puede hacer para adaptarse de un modo más singular a los hombres.

La masculinidad de Cristo

La segunda parte de la respuesta a mi pregunta sobre la masculinidad consiste en reconocer que el hombre cristiano tendrá como distintivo la semejanza con Jesús. Ciertamente no nos falta material en cuanto a lo que implica ese ser semejantes a Cristo. Sin embargo mi experiencia con dicho material es que de algún modo siempre termina diciendo: «Sé bueno». Saber que invariablemente fracasaré cumpliendo las normas

---

14. Véase el cuadro de resumen de las diferencias en el libro de Tanenbaum *Male and Female Realities* [Realidades masculinas y femeninas], pp. 48, 53.

que impone la semejanza con Cristo no me anima en cuanto a la vida cristiana.

La mayoría de los hombres adoptamos una relación soportable con las normas cristianas, con esperanzas mínimas de cumplimiento, y llamamos a eso cristianismo. En todo caso la vida cristiana queda reducida a intentar hacer las cosas lo mejor que sabemos en cualquier situación; sin embargo, con frecuencia esto engendra más fracasos y vergüenza, y refuerza el ciclo de inaceptabilidad que parece acompañar a tanto de nuestra experiencia espiritual. Necesitamos un modelo distinto, verdadero. Y el único modelo que conozco que equilibra la verdadera humanidad con la vida divina es la vida de Jesús.

Para comprender qué es realmente la experiencia cristiana, los hombres necesitamos considerar la vida de Cristo. En ella tenemos una verdadera vida masculina manifestada en compromisos espirituales. En Jesús estas cosas jamás fueron contradictorias, categorizadas o descompensadas, sino que vemos en Él toda la gama de experiencias de un varón impulsadas por la vida divina. Creo que esta vida plenamente integrada es lo que el Espíritu Santo está tratando de producir en los hombres hoy en día. No una experiencia eclesiástica, fingida y poco realista, sino una vida llena de desafío, emoción humana, sentimiento y tensión, pero jamás desprovista de perspectiva divina, significado y propósito. Es el tipo de vida que, según creo, los hombres están buscando en otros muchos lugares.

La vida de Jesús estuvo perfectamente integrada, pero no fue perfecta en el sentido que solemos entenderlo nosotros. Al leer su historia puede usted experimentar algunas sorpresas. El retrato de la vida de Cristo nos muestra lo que Dios quisiera ver en las nuestras.

Integración de la fuerza y la compasión

La compasión de Cristo es bien conocida. Sin embargo, a veces el habitual cuadro «pálido y débil» del Señor nubla sus aspectos fuertes. Cuanto mayor me haga, tanto más aprecio a los hombres capaces de defender la verdad y sus creencias. Jesús lo hizo, hasta el punto de echar fuera a los mercaderes del templo judío (Mateo 21.1-13). Esto podría compararse con el hecho de entrar en la Bolsa de Nueva York y desenchufar las computadoras, sembrando la confusión por todo el lugar.

Muchas veces Jesús fue en contra de las normas culturales y se negó a someterse a las tradiciones de los hombres, que no tenían sentido o presentaban una falsa idea de la espiritualidad (Lucas 11.37-41). Él no jugaba con las vidas o la fe de las personas. El Señor corrió graves riesgos allá donde fue y también defendió a sus seguidores de los ataques (Mateo 15.1-14). Aparentemente no permitía que la oposición lo afectara, y preparó a sus discípulos para hacerle frente (Mateo 10.16-23). En cierta ocasión llamó «sepulcros blanqueados[...] llenos de huesos de muertos» a un grupo de dirigentes religiosos (Mateo 23.27). En aquella cultura, y para ese grupo de personas, sus palabras fueron probablemente equiparables a blasfemias, ya que el Señor estaba profanando lo que se consideraba sagrado. Jesús no anduvo con pequeñeces con aquella gente, y les dijo lo que pensaba de ellos (lo que eran en realidad) pronunciando sobre sus vidas una serie de severos «ayes».

Cuando consideramos a Jesús de esta forma, no nos extraña que terminara crucificado. A muchas personas poderosas les parecía un adversario cultural, un religioso reaccionario y, a veces, un revolucionario político. Desde luego no se parecía a muchos varones de hoy en día, que sólo siguen el juego para sobrevivir comprometiendo al hacerlo muchas virtudes masculinas.

Sin embargo, Jesús no era todo fuerza, su compasión resultaba evidente. Lloró por un amigo muerto (Juan 11.35), tuvo misericordia de los leprosos (Lucas 17.12-14), se acercó y sanó a mujeres «inmundas» (Marcos 5.25; 7.26), su corazón se mostró compasivo con un rico *yuppie* que no estaba dispuesto a abandonar sus juguetes materiales (Marcos 10.21). Cuando miró a las multitudes lo único que pudo ver fue su necesidad de liderazgo, lo cual le movió a la compasión por ellos (Marcos 8.2). La lista podría ser más larga.

Resultaría difícil abrir cualquier pasaje de los evangelios sin encontrar algunos elementos de la compasión del Señor; y lo mismo puede decirse de su fuerza. ¿Qué conclusión sacamos de ello? Que ambas cualidades no eran contrarias ni estaban descompensadas, sino integradas de un modo perfecto en una Persona, un Hombre. Creo que nuestro ajeno pero amistoso Espíritu trata de formar esas mismas cualidades en nosotros.

Algunos hombres pueden necesitar más fuerza; otros más compasión. De alguna manera extraña, la compasión no tiene sentido sin la fuerza, ni ésta sin la primera. Hasta que no seamos capaces de poseer ambas cosas, aquella que tengamos perderá su valor. Un hombre que es compasivo todo el tiempo puede ser también un alfeñique, necesita fuerza. Aquel que demuestra fortaleza sin cesar es posible que sea un tirano o un joven o viejo furibundo.

Integración del intelecto y la emoción

Joe Tanenbaum señala que los hombres se relacionan con el mundo y con su entorno inmediato mediante sus cerebros o con sus cuerpos.[15] Si no son capaces de resolver algo (intelecto), reaccionan físicamente (cuerpo). Sin embargo, el lado sentimental (emociones) se mantiene bien escondido. Los hombres no realizan su trabajo de averiguación en el nivel de los sentimientos. Ese es el campo de la mujer. Tanenbaum cuenta que los estudios que ha llevado a cabo con varones homosexuales confirman sus suposiciones acerca del cerebro y el cuerpo. El hombre homosexual alardea de estar más orientado hacia el sentimiento y de ser capaz de comprender mejor a las mujeres que la mayoría de los hombres. Sin embargo, Tanenbaum dice que no les va mejor que a los heterosexuales.[16]

¿Qué descubrimos en la vida de Cristo? A un hombre que se relacionaba magistralmente con su entorno en el nivel intelectual.

---

15. Tanenbaum, *op. cit.*, pp. 72-73.
16. *Ibid.*, p. 11.

A la edad de doce años, su diálogo con los rabinos causó sensación en todo el recinto del templo (Lucas 2.46-47). Sus argumentos y su lógica silenciaron incluso a los más inteligentes de su época (Marcos 22.46), y el Señor parece haber dejado sin palabras incluso al procurador romano: Poncio Pilato (Juan 18.36). No podemos menos que sonreír ante sus aptitudes para crear ingeniosos dilemas intelectuales a sus adversarios (Mateo 22.41-45).

Incluso su forma de utilizar la Escritura era novedosa. La única vez que le vemos dar algo parecido a un «estudio bíblico» es después de su resurrección, cuando demostró quién era por medio del Antiguo Testamento (Lucas 24.27). Las demás referencias que se hacen a su uso de la Escritura están en el contexto de la vida, en forma de alusiones o preguntas, interrogando a otros sobre lo que significaba para ellos un determinado pasaje (Mateo 9.13; 21.42; 22.42-44). Jesús conocía las Escrituras, pero las citaba hábil y sensiblemente para revelar dónde se encontraban los otros en su peregrinación. No obstante, en todos los casos vemos en Cristo el corazón de un emotivo y el cerebro de un pensador.

Jesús amaba a los hombres (Marcos 10.21; Juan 13.23), y algunos miembros del grupo homosexual han intentado convertirlo en uno de ellos debido a la relación especial que tenía con los varones. En realidad, estos esfuerzos no hacen sino destacar lo inconcebible que resulta en nuestra cultura el que un hombre ame auténticamente a otro en formas no sexuales. El Señor disfrutó de la compañía de hombres y les pidió que lo amaran a Él y que se amasen entre sí (Juan 13.34; 21.15-17).

Jesús experimentó asimismo otras muchas emociones humanas: fatiga (Marcos 6.31), enojo y tristeza a la vez (Marcos 3.5), perplejidad y maravilla por la fe de alguien que no hubiera debido tenerla (Mateo 8.10). Cuando miró por última vez a Jerusalén antes de su muerte, emitió un lamento emocionado sobre su querida nación (Mateo 23.37-39). También sintió angustia y ansiedad (Lucas 22.44), y sufrió tentaciones (Mateo 4.1). Participó de las alegrías sociales de la vida y las ceremonias comunitarias (Mateo 9.10; Juan 2.1), contó relatos maravillosos y pronunció dichos que reflejaban un gran sentido del humor (Mateo 19.24).

En Jesús vemos las aptitudes intelectuales funcionando al unísono con las emociones: el Señor pasa de unas a otras sin incurrir en ninguna contradicción. Estas cosas no estaban en conflicto en su vida, como sucede en las de tantos hombres hoy en día. Para Él no era antimasculino el llorar o el mostrarse cansado, el enojarse o el sentir ansiedad; como tampoco lo era el disfrutar de una fiesta. Al iniciar un diálogo serio acerca de temas importantes, no estaba siendo un intelectual.

Muchos varones de hoy en día creen que uno no es en realidad un hombre a menos que se dedique a los negocios (lo cual se interpreta a menudo como ser un no pensador pragmático). Según ellos, los hombres que piensan, que reflexionan seriamente sobre las cosas, deberían estar encerrados en alguna torre; preferiblemente una torre cubierta de hiedra. Sin embargo, hay una gran necesidad de reflexión seria en las calles: en los negocios, la iglesia, la política y los asuntos internacionales. La supervivencia de nuestra forma de vida depende de ello. Tenemos que vivir en el presente pero también pensar en el futuro.

Integración del presente y el futuro

Una de las aptitudes que más admiro en Jesús es su forma de tratar a la gente. Jamás les preguntaba cómo se habían metido en aquellos líos. No inquirió de la mujer sorprendida en adulterio: «Y bien, ¿por qué cometes este horrendo crimen con ese hombre?» Jesús no indagaba en el trasfondo de nadie (naturalmente, siendo omnisciente no tenía necesidad de hacerlo). Se encontraba con la gente en el presente, en ese momento de sus vidas. Fuera cual fuese la situación, el Señor era realista: los encontraba a todos —ya fueran líderes religiosos, leprosos, mujeres, niños o sus propios discípulos— donde estaban y trataba con ellos en consecuencia. Sin embargo, no dejaba a los hombres donde los había encontrado.

También era un idealista, en el sentido de que introducía a la gente en el futuro. No estaba dispuesto a que la mujer sorprendida en adulterio siguiese en su pecado, de modo que la animó a ir y no pecar más (Juan 8.11). Dijo a los leprosos sanados que se mostrasen a los sacerdotes, y a Zaqueo que hiciese restitución (Lucas 17.14; 19.1-10). Después de enfrentarse al rechazo de sus pretensiones mesiánicas por parte de sus paisanos, se extendió hacia el futuro y pronunció la esperanza de una Jerusalén venidera y la restauración nacional (Mateo 23.39; 24.29). En Jesús el presente y el futuro estaban siempre integrados, a diferencia de lo que sucede con muchos hombres hoy en día.

Algunos hombres viven únicamente en el pasado. ¡Uno de ellos me dijo que su vida empezó a decaer desde la secundaria! Estos hombres están en cierto modo vivos en el momento presente, pero anhelan el pasado y sus efímeras glorias como atletas, líderes e individuos populares.

Otros varones no quieren realmente pensar en el futuro. Están demasiado ocupados luchando por sobrevivir para meditar seriamente en lo que podrían ser sus vidas dentro de diez años. Siguen gastando y pidiendo prestado para suplir sus necesidades actuales.

Otros hombres, todavía, viven para el futuro esperando y orando que sea mejor. Sacrifican el presente en el altar del porvenir, y sus esposas, hijos y relaciones sufren con frecuencia por ello. Tal vez podamos aprender de Jesús que nuestra relación con el tiempo es nuestra relación con la vida, con toda ella, y no meramente con la presente o la futura.

Integración de todos los aspectos de la vida

He llegado a la conclusión de que los hombres actuales necesitan una fe no religiosa. Aborrecen tanto la religión, o lo que ella representa, que de algún modo hemos de enseñarles que pueden ser irreligiosos y al mismo tiempo espirituales. El artículo de la revista *Leadership* que cité antes sobre los hombres, revelaba también que éstos «quieren tener comunión con otros hombres sin adoptar posiciones «de iglesia». Para muchos varones, dichas posturas equivalen a una falta de naturalidad y una retirada del mundo real. No quieren saber nada de ellas».[17]

Creo que es eso precisamente lo que veo en la vida de Jesús. Una expresión no religiosa de la vida espiritual masculina. El Señor no hizo ninguna de las cosas que debía hacer para ser considerado religioso por su cultura. Venga de donde venga, los hombres tienen un miedo profundamente arraigado a que se los considere religiosos o excesivamente piadosos.

> *Los hombres tienen un miedo profundamente arraigado a que se los considere religiosos o excesivamente piadosos.*

Este miedo se hace patente cuando almuerzo con algunos en un restaurante. Como hombres cristianos sabemos que lo adecuado es dar gracias antes de comer, pero ¿qué me dice cuando están con nosotros nuestros socios o algún no creyente?

Cierto hombre me dijo: «¿Nos frotamos juntos las cejas?» En otras palabras: Démonos la impresión el uno al otro de que estamos orando, pero que los que nos rodean no sepan que hacemos una cosa tan rara como orar en un restaurante. Cierto amigo judío dio una bendición permanente a los restaurantes que frecuentábamos, la cual era válida hasta que cambiaran ya fuera la comida o los precios; de esa manera podíamos empezar a comer antes y más fácilmente. Dicho sea de paso, no creo que se trate de ningún absoluto escritural; hay muchas maneras de dar gracias sin tener que cerrar los ojos.

¿Qué pasa entonces con Jesús y con esa fe no religiosa? Considere lo que Él hacía. El Señor pescaba y cocinaba al aire libre (Juan 21.12); disfrutaba comiendo, bebiendo (creo que vino de verdad) y festejando (Marcos 2.16); asistía a bodas (Juan 2.2),

---

17. «What Do Men Want?» [¿Qué desean hacer los hombres?], *Leadership*, p. 40.

funerales (Juan 11.17) y a las fiestas judías de la Pascua y los Tabernáculos (Lucas 22.15; Juan 7.2). Se sentía a gusto con muchas personas a las que evitaba la comunidad religiosa: samaritanos (Juan 4.5-6), los niños (Mateo 19.13), un centurión romano (Mateo 8.5), una mujer cananea (Mateo 15.21-22) y otra inmunda a causa de un difícil período de menstruación (Marcos 5.25).

Cuando pensamos en nuestra época, con la acostumbrada lista de cosas que los hombres deberían hacer para ser religiosos, no veo ninguna de esas cosas en la vida de Cristo. El Señor no asistía a estudios bíblicos ni a reuniones de oración; tampoco «salía a testificar». Su asistencia a las reuniones «religiosas», por lo general, causaba problemas, y ciertamente no iba a las mismas por el mero hecho de asistir. Lo que sí hacía era estar plenamente integrado en la vida. Es verdad que oraba, y daba testimonio de Dios allá donde iba; como también que conocía y usaba la Escritura, y que disfrutaba de la comunión de creyentes que tenían su misma mentalidad. Pero todas esas actividades estaban genuinamente integradas en la vida.

Los hombres tenemos tanta tendencia a organizar nuestras vidas que la experiencia espiritual queda encerrada en la categoría de «iglesia», y puesto que no nos gustan la iglesia o las cosas religiosas perjudicamos nuestro crecimiento espiritual. Necesitamos entender que la vida del espíritu puede impregnar toda nuestra existencia. Podemos orar en el trabajo o en el coche y no hacerlo cuando comemos si nos parece inadecuado, o disfrutar de cosas no cristianas puesto que Jesús lo hizo.

No necesitamos atarnos a las formas tradicionales de catalogar a las personas, y podemos apreciarlas por sí mismas sin referencia alguna a la posibilidad de venderles algo u obtener algún beneficio personal. Nos es posible disfrutar de nuestros deportes, pasatiempos y familias como una verdadera expresión de nuestra fe. Escogemos hacer lo que hacemos en la iglesia, no porque queramos ser más religiosos, sino porque nos importa verdaderamente lo que allí sucede; entretanto, manifestamos una verdadera existencia integrada, y dicha existencia termina siendo un testigo de la vida de Dios en todas nuestras relaciones.

Integración del propósito y la libertad

Como señalé anteriormente, los hombres tratan de controlar su entorno, están orientados hacia la consecución de objetivos y actúan en función de propósitos. Las mujeres pueden ir de compras sin llegar jamás a comprar, pero para un hombre el hacer una expedición de esa clase y volver de ella sin adquirir nada concreto no tendría sentido. ¿Por qué ir a ver tiendas si no piensas comprar nada? Por consiguiente, a los varones les resulta difícil seguir la corriente y adaptarse a la novedad o a lo inesperado. Estas características confieren a la dificultad de integración un sentido de propósito y libertad. Examinemos nuevamente la vida de Jesús.

Ciertamente el propósito vocacional de Jesús se hallaba establecido desde una época bastante temprana de su carrera (los calvinistas dirían que desde toda eternidad). Los evangelios dejan claro que el Señor se sentía constreñido a llevar a cabo la voluntad de su Padre en el mundo y a hacer la obra de su Padre (Juan 17.4). Cristo reconoce haber realizado esa obra y se siente molesto cuando sus discípulos no toman en serio el sentido de la misión con todas sus implicaciones (Mateo 16.23).

Jesús afrontó con pasión su tarea y el cumplimiento de ésta, (Lucas 9.51) y luego traspasó su obra a sus discípulos (Juan 17.18). Como hombre, sabía adónde tenía que ir y lo que debía hacer, y no permitió que nada, incluyendo las fuerzas del mal, estorbara su misión. Sin embargo, al leer los relatos evangélicos jamás percibimos que el Señor obrara apresuradamente, tratara con la gente de manera compulsiva u obligase a las personas a hacer aquello que Él quería que hiciesen.

Al contrario, Jesús dijo desde el comienzo que el convertirse en seguidores suyos era algo voluntario basado en el propio deseo (Mateo 16.24), y sólo pidió a los hombres que fueran con Él y vieran su vida y adónde se dirigía (Juan 1.39, 43). No hubo ninguna coacción ni manipulación de sentimientos de culpabilidad por su parte. Preguntó a las personas afligidas si querían ser sanadas (Juan 5.6). No impuso su programa a otros. Permitió

> *A muchos varones orientados hacia la consecución de objetivos, el dejar que la gente hiciera lo que quisiese, y no tener ellos el control para que los resultados pudieran ser predecibles, mensurables y alcanzables, les parecería una debilidad.*

que su propio pueblo lo rechazara, aunque hubiera podido utilizar sus facultades divinas para demostrar quién era; pero dijo que no habían «querido» aceptarle sobre la base de lo que pretendía ser (Mateo 23.37). También añadió que no volvería *hasta* que no estuvieran dispuestos a hacerlo (Mateo 23.39). Él no obliga a nadie a que crea, pero otorga los derechos filiales a aquellos que le reciben (Juan 1.12).

A muchos varones orientados hacia la consecución de objetivos, el dejar que la gente hiciera lo que quisiese, y no tener ellos el control para que los resultados pudieran ser predecibles, mensurables y alcanzables, les parecería una debilidad. Jesús tenía sus prioridades, pero aparentemente no había sido adiestrado para ser esa clase de «director»; en todo caso, su «dirección» la ejercía según los objetivos de la otra persona.

En cierta ocasión hizo esperar a un dirigente muy importante de la sinagoga, con quien se había comprometido anteriormente, para ayudar a una mujer que llevaba veinte años con un problema (Marcos 5.21-43). Su retraso fue algo más que un agravio para el dirigente: le costó la vida a la hija de éste. Naturalmente, Jesús luego la curó, pero ¿cuántos hombres hubieran incumplido el programa «previsto» para satisfacer un problema espontáneo que no era urgente? Ese comportamiento no encaja en el mundo laboral corriente de hoy. Sin embargo, para Jesús ser resuelto y conceder libertad a las personas, así como mostrarse libre Él mismo, no suponía una contradicción.

Probablemente el primer conflicto que tuve en mi matrimonio fue sobre este particular. Mi esposa es muy espontánea. Cuando hicimos uno de esos inventarios de nuestras personalidades yo me salía de la gráfica en disciplina y ella en flexibilidad.

Después de más de veinte años casados creo que he aprendido a ser más flexible y a reconocer que eso no es contrario a tener metas y planes. Todavía debo planear la espontaneidad, pero al menos a mi mujer le parece que soy flexible. En Jesús, esas cualidades se encontraban perfectamente integradas, y confío que el Espíritu de Dios siga produciendo la misma integración en mi vida y haga más fácil mi matrimonio.

Hablando de mujeres, también tenemos que ver cómo se relacionaba Jesús con el sexo opuesto.

Integración de la fuerza y la sensibilidad con las mujeres

Después de la década de los sesenta, Jesús se convirtió en un héroe para las feministas. A éstas les gustaba la forma en que el Señor se relacionaba con las mujeres y exaltaba su condición, a menudo en contra de las normas culturales dominadas por los varones. Algunos hombres de hoy en día se sienten consternados y furiosos por aquellas cosas que hizo Jesús.

Sin embargo, ciertas feministas no contaron la historia completa. Jesús exaltó la condición de las mujeres en el siglo I, incluso hasta el punto de alabarlas por lo que constituía entonces un papel puramente masculino: sentarse a los pies de un rabino (Lucas 10.38-42). Afirmó el rol de María por encima de los tradicionales de las mujeres en la cocina, donde se encontraba su hermana Marta. También aceptó el apoyo económico de un grupo de mujeres (Lucas 8.3), lo cual suscita toda clase de cuestiones interesantes tanto para su cultura como para la nuestra. Jesús defendió asimismo a la mujer sorprendida en adulterio y sacó a la luz la injusticia de todo el proceso (Juan 8.10-11). Su sensibilidad hacia el sexo femenino es bien conocida.

Sin embargo, a menudo se pasan por alto las veces que el Señor parece en cierto modo brusco, si no rudo, con las mujeres. Se mostró muy enérgico con su madre cuando, impropiamente, le pidió que hiciera algunas cosas que no formaban parte de su plan mesiánico (Juan 2.4; véase también Mateo 12.46-50). Y también olvidamos el hecho de que al afirmar el rol de María, estaba rebajando el interés compulsivo de Marta por la cocina.

¿Y qué diremos de cuando Jesús le pide a la mujer al lado del pozo que llame a su marido? El Señor sabía que había tenido cinco esposos, y que aquel con el cual vivía en ese momento no lo era (Juan 4.16). Esa declaración bastante inequívoca fue directo al centro de sus fracasos.

También la respuesta de Jesús a la mujer cananea parece una gran muestra de insensibilidad. Ella tenía la necesidad urgente de que se echara al demonio fuera de su hija; sin embargo, el Señor le dijo: «Deja primero que se sacien los hijos [de Israel, se entiende], porque no está bien tomar el pan de los hijos y echarlo a los perrillos» (Marcos 7.27). A los cananeos se les llamaba corrientemente perros, un término nada halagador ni entonces ni ahora. Y no obstante, Jesús la llama «perro».

Ella lo oyó claramente y siguió con la metáfora: «Sí, Señor», le respondió, «pero aun los perrillos, debajo de la mesa, comen de las migajas de los hijos». Entonces Jesús le dijo que su hija estaba curada.

Recuerdo estos pasajes al lector para que no dejemos por conveniencia fuera del perfil algunos fragmentos que no encajan en nuestra «ilustrada» perspectiva masculina contemporánea. Este perfil equilibrado me dice que en Jesús se integraban la fuerza y la sensibilidad respecto de las mujeres. Siento tener que hacer la siguiente afirmación, pero creo que estoy obligado a ello: Parece que el Señor sabía cuándo tenía que ser sensible con el sexo opuesto y cuándo debía ser más firme con las mujeres y ponerlas en su sitio. ¡Ay! ¿Por qué les resulta esto tan difícil a los hombres hoy en día?

Primeramente, hay importantes cuestiones laborales relacionadas con ello. Intente ser firme hoy en día con las mujeres en el trabajo y ellas gritarán que se las discrimina por causa de su sexo.

A los hombres se los despide sin explicación alguna.

En cierta ocasión le pregunté a una sicóloga: «¿Por qué les resulta tan difícil a un grupo de líderes de iglesia que son varones tratar eficazmente con mujeres problemáticas?» Me contestó sin vacilar: «¡Porque los hombres no deben golpear a las mujeres! Creo que aquí hemos comprometido algo importante. De igual modo que algunos hombres necesitan compasión y otros una patada en el trasero, lo mismo sucede con las mujeres, ¡lleven o no pantalones!

Una masculinidad y una espiritualidad verdaderas implican la capacidad de ser fuertes y sensibles con las mujeres sin contradecir o comprometer ni una cosa ni la otra.

Una masculinidad y una espiritualidad verdaderas implican la capacidad de ser fuertes y sensibles con las mujeres sin contradecir o comprometer ni una cosa ni la otra. Esta misma cualidad se extiende a otra relación importante de nuestras vidas: el trato con nuestros padres.

Integración de la honra a los padres y nuestra independencia de ellos

Todos los domingos, el presidente de una sociedad anónima bastante grande se veía obligado a cenar en casa de sus padres. Las presiones de las expectativas familiares en cuanto a él como varón adulto, su esposa y sus hijos fueron aumentando con el tiempo, hasta que por último me preguntó mi opinión sobre lo que debía hacer. La respuesta franca que le di tenía por objeto hacerle ver que honrar no es lo mismo que obedecer. Evidentemente se aproximaba una confrontación decisiva, y le animé a no perderla: necesitaba afirmar su condición de varón adulto por su propio bien y el de su familia.

Aparentemente eso mismo hizo Jesús. Obedeció a sus padres mientras fue niño, e incluso a los doce años, la edad adulta en el varón para los judíos (Lucas 2.51), pero al hacerse mayor su relación con su madre cambió.[18] Tuvo que hacerle ver a ella muy

---

18. No vuelve a mencionarse a José después del relato de Lucas, probablemente había muerto cuando Jesús comenzó su ministerio.

claramente que su llamamiento vocacional establecía una relación distinta entre ambos (Mateo 12.46-50). También aclaró a sus seguidores que toda relación humana debía estar por debajo de la lealtad que le profesaban a Él (Mateo 10.37). E incluso a pesar de que Jesús cumplió la petición de su madre en la boda, dejó bien claro que aquel no era ya su rol de Hijo (Juan 2.4). Sin embargo, de acuerdo con la tradición judía de honrar a las madres (Éxodo 20.12), antes de que lo crucificaran se aseguró de que uno de sus discípulos cuidase de ella (Juan 19.27).

Jesús ejemplifica para nosotros, los varones, un difícil aspecto de nuestra condición de hombres: la liberación de nuestros padres. El Señor honró a los suyos, pero también fue independiente para seguir su llamamiento. Estas cosas no eran contradictorias entre sí, sino que formaban una unidad. Los varones adultos no deberían sentirse culpables (ni ser censurados) por independizarse de sus padres; sin embargo, la responsabilidad de honrarlos es para toda la vida. Honrar significa apreciar y tener el respeto debido a los progenitores de uno simplemente porque lo son.

Conclusión de la conclusión:
¿Adónde han ido a parar todos los mentores?

Lo que todas estas cualidades ilustran en la vida de Jesús es una combinación única de gracia y de verdad encarnadas en un Hombre (Juan 1.17). La verdad es el factor fuerte. Saber lo que uno cree y está dispuesto a poner en práctica para demostrar aquello que es verdaderamente importante. Los hombres necesitan la verdad para ser los guerreros de los negocios, los defensores de esos valores trascendentales de nuestra sociedad. Ser masculino significa vivir en función de la verdad; no sólo tener relaciones basadas en hablar lo que es cierto, y en un trato honrado con la gente, sino también llevar una vida de tal integridad interior que la persona real jamás transija en sus convicciones.

Gracia es la cualidad que da y cede cuando la situación lo permite. Esto, sin embargo, no se trata de una forma de ceder apocada, sino más bien altruista, basada en la verdad y en el actuar correctamente. Cuando me sacrifico por causa de valores y principios más altos, eso no es debilidad, sino una fuerza que escoge la entrega propia por razones más importantes. Otorgar gracia cuando el otro no la merece tampoco es pusilanimidad, ni el ceder equivale al amedrentamiento cuando se hace por amor. Dios amó de tal manera al mundo que dio y sacrificó a su propio Hijo para encontrar al hombre en el punto de su mayor necesidad. Él no comprometió su carácter al hacerlo: aquello fue una pura expresión de su naturaleza misericordiosa. Y lo mismo sucede con los hombres.

Que estas cualidades estén en perfecta armonía dentro de nosotros mismos no lo conseguiremos jamás en la vida presente. Ser así es una tarea imposible. Y todavía más si tenemos en cuenta el deseo que expresan las mujeres de que los hombres seamos al mismo tiempo fuertes y sensibles; cuando lo que por lo general domina en mi vida es una cierta confusión de esas cualidades o un desequilibrio poco saludable entre ambas. Me gustaría tener las dos por igual. No obstante, me anima saber que ambas existían armoniosamente en mi Señor, y que si Él tiene parte en mi vida todavía no ha acabado conmigo. Aún estoy creciendo y desarrollándome. Como peregrino todavía no he llegado a casa. Sigo buscando la ciudad venidera; y conocerlo a Él y saber que Él me conoce a mí hace mi masculinidad considerablemente más fácil, aunque jamás vaya a resultarme cómoda.

No obstante, al igual que Jesús es el modelo de hombre que estimo en más alta medida, todavía me pregunto dónde están los hombres modernos que aprecian los valores del alma y desean una experiencia tutorial con otros varones. Aquellos que han tenido mentores o cuya visión es serlo ellos mismos y educar a los hombres más jóvenes.

Robert Bly y otros investigadores del desarrollo sugieren que para que los chicos se conviertan en hombres debe contarse con la intervención activa de varones mayores en las vidas de los más jóvenes. Muchas veces, sin embargo, los hombres maduros han traicionado a los jóvenes con su silencio o su competencia activa contra ellos, y ahora éstos desconfían. Al mismo tiempo, los más jóvenes anhelan la interacción con los mayores y la instrucción acerca de la vida que pueden recibir de ellos. Sin el beneficio de una contribución mutua, los problemas y misterios de la masculinidad seguirán siendo un secreto. El axioma de «los hombres no hablan» se perpetúa, y los varones lloran silenciosamente la pérdida de una comprensión y aceptación masculina significativa. Los hombres mayores aceptan trágicamente su pena no reconocida y creen simplemente que esa es la forma de ser de los varones. Aparentan que la vida les va bien y no comparten sus luchas y sus opiniones con los más jóvenes. Como resultado de ello, estos últimos se hacen adultos perpetuando el mito y traicionando los mismos sentimientos que tanto querían que otros hombres comprendiesen.

> *Los más jóvenes anhelan la interacción con los mayores y la instrucción acerca de la vida que pueden recibir de ellos.*

Lectores varones, les pido que piensen cuáles han sido sus heridas, dolores y luchas. Si usted es joven, busque a su alrededor hombres maduros con quienes pueda sincerarse y que sean capaces de corroborar sus sentimientos. Si es maduro, identifique aquellas experiencias de la vida que han sido más importantes para usted. Reflexione sobre cuál podría ser el mensaje de su existencia para los hombres más jóvenes. Comprenda que aunque usted piense que los varones más jóvenes tal vez crean que no tiene nada que ofrecerles, cuenta con mucho que ellos necesitan y anhelan. Se le ha confiado una vida, a usted y sólo a usted, y si no la comparte con alguien más habrá desperdiciado una de las mayores oportunidades de la existencia.

Una generación más joven de hombres está expectante y necesita desesperadamente oír su voz. ¿Quién afirmará la masculinidad de los varones más jóvenes en esta cultura sin padres y los iniciará en los ritos de la experiencia masculina? Si usted no define lo que es esa masculinidad en la cultura presente, los jóvenes seguirán mirando a las mujeres para obtener una definición y afirmación de la misma. Y cuando se les permite a ellas que determinen nuestras identidades, nuestros sentimientos y nuestros límites, el resultado es una sensación de pérdida. Esta emoción se experimenta por lo general como una silente rabia interior hacia la vida y todas sus expectativas. La culpa no es de ellas, sino nuestra. Nos hemos contentado con una masculinidad hecha a imagen de las mujeres y no de los hombres. Debemos centrarnos y ser, en primer lugar, hombres entre los hombres. Luego, podremos formar relaciones auténticas y desempeñar nuestras responsabilidades sin poner en juego tanto de nuestra frágil identidad. Empezaremos a crecer como hombres sea cual sea la edad que tengamos. Si no entendemos esto, seguiremos teniendo una masculinidad dificultosa.

Epílogo

———■———

Un encargo de nuestro mentor

1. No tienes que controlarlo todo ni tener todo bien atado.
2. No importa que llores de vez en cuando.
3. Puedes ser manso y obtener muchas recompensas.
4. No necesitas todos los juguetes, adornos y aventuras amorosas para ser feliz.
5. Los demás te tratarán como tú los trates a ellos. Sé amable.
6. No tienes que abarcar tanto que jamás puedas ver a Dios.
7. No necesitas ganar todas las discusiones, cerrar todos los tratos o tener éxito para ser un buen hijo.
8. Puedes arriesgar tu trabajo si crees que tienes razón.
9. No te preocupes por lo que la gente piense o diga de ti si estás haciendo lo correcto.

10. No eres el único al que se ha despedido por hacer lo que
    está bien. ¡Regocíjate! ¡Formas parte de una larga cola de
    verdaderos hombres!

—Paráfrasis del autor de Mateo 5.1-12.

Bibliografía

Allis, Sam, «What Do Men Really Want» [¿Qué quieren realmente los hombres?], *Time* edición especial, otoño de 1990.

Andersen, Christopher, *Father: The Figure and the Force* [El padre: La figura y la fuerza], Warner Communications, Nueva York, 1983.

Appleton, Williams S., *Fathers and Daughters* [Padres e hijas], Berkley Books y Doubleday, Nueva York, 1981.

Barry, Theodore, y Asociados, *Greatest Management Principle* [Los mayores principios de gerencia], Berkley Books, Nueva York, 1985.

Biggart, Nicole, *Charismatic Capitalism* [Capitalismo carismático], University of Chicago Press, Chicago, 1989.

Blitchington, W. Peter, *Sex Roles and the Christian Family* [Los roles sexuales y la familia cristiana], Tyndale House, Wheaton, IL, 1984.

Blumenthal, D.R., *Understanding Jewish Mysticism: A Source Reader*, Vol. II [Cómo entender el misticismo judío: Recurso del lector], Ktav Publishing House, Hoboken, NJ.

Bronfenbrenner, Urie, *The American Family* [La familia americana], audiocasete, Harvard Seminar Series, 1981.

Brown, Francis, S.R. Driver y Charles A. Briggs, *Hebrew and English Lexicon of the Old Testament* [Léxico Hebreo-Inglés del Antiguo Testamento], Clarendon Press, Oxford, 1907.

Cox, Harvey, *The Secular City* [La ciudad secular], ed. rev., Macmillan, Nueva York, 1965.

Dalbey, Gordon, *Healing the Masculine Soul* [Cómo sanar el alma masculina], Word Books, Waco, TX, 1988.

Dittes, James, *The Male Predicament: On Being a Man Today* [La condición de hombre: Acerca de cómo ser hombre hoy], Harper and Row, San Francisco, 1985.

Druck, Ken, con James C. Simmons, *The Secrets That Men Keep* [Secretos de hombres], Ballantine Books, Nueva York, 1985.

Elkind, David, *The Hurried Child: Growing Up Too Fast Too Soon* [El niño apresurado: Creciendo demasiado rápido], Addison-Wesley Publishing Co., Reading, MA, 1981.

Ellul, Jacques, *The Technological Society* [La sociedad tecnológica], Vintage Books, Nueva York, 1964.

Fracher and Kimmel, «Counseling Men About Sexuality» [Cómo aconsejar a los hombres acerca de la sexualidad], *Handbook of Counseling and Psychotherapy with Men* [Manual de consejería y sicoterapia para hombres], Murry Scher et al., eds., Sage, Newbury Park, CA, 1987.

Frankl, Viktor, *Man's Search for Meaning* [La búsqueda de significado del hombre], Pocket Books, Nueva York, 1959.

Gerzon, Mark, *A Choice of Heroes: The Changing Faces of American Manhood* [Héroes selectos: Los cambiantes rostros de la masculinidad estadounidense], Houghton Mifflin Co., Boston, MA, 1984.

Gilder, George, *Men and Marriage* [Los hombres y el matrimonio], Pelican Publishing Co., Gretna, 1986.

Gilligan, Carol, *In a Different Voice: Psychological Theory and Women's Development* [Una voz diferente: La teoría sicológica y el desarrollo de las mujeres], Harvard University Press, Cambridge, MA, 1982.

Goldberg, Herb, *The Hazards of Being Male: Surviving the Myth of Masculine Privilege* [Los riesgos de ser hombre: Cómo sobrevivir al mito del hombre privilegiado], Signet Books, Nueva York, 1976.

————,*The Inner Male: Overcoming Roadblocks to Intimacy* [El hombre interior: Obstáculos poderosos para la intimidad], Signet Books, Nueva York, 1987.

Greeley, Andrew M., *Sexual Intimacy* [Intimidad sexual], Seabury Press, Nueva York, 1973.

Groeschel, Benedict J., *Spiritual Passages: The Psychology of Spiritual Development* [Etapas espirituales: La sicología del desarrollo espiritual], Crossroads Books, Nueva York, 1984.

Halverson, Richard, Mensaje ofrecido en un desayuno de pastores, Hotel Ala Moana, Honolulú, Hawai, enero 1979.

Heller, David, *The Soul of a Man* [El alma del hombre], Ballantine Books, Nueva York, 1990.

Hendricks, Bill y Douglas Sherman, *Your Work Matters to God* [Su trabajo es importante para Dios], NavPress, Colorado Springs, 1987.

Hicks, Bob y Cinny, «How to Obtain and Maintain Sexual Intimacy» [Cómo conseguir y mantener una intimidad sexual], *Husbands and Wives* [Esposos y esposas], Howard Hendricks et al., eds. Victor Books, Wheaton, IL, 1988.

Joy, Donald, «The Innate Differences Between Males and Females» [Las diferencias innatas entre los hombres y las mujeres], entrevista grabada con James Dobson para «Enfoque a la familia».

NO ES FÁCIL SER HOMBRE

————, «Is the Church Feminized?» [¿Está la iglesia feminizada?], *Challenge to Evangelism Today* [Reto al evengelismo actual].

Kierkegaard, Soren, *Christian Discourses* [Discursos cristianos], Oxford University Press, London, 1939.

Knott, J. Eugene, «Grief Work with Men» [Cómo tratar el dolor de los hombres], *Handbook of Counseling and Psychotherapy with Men* [Manual de consejería y sicoterapia para hombres], Murry Scher et al., eds., Sage, Newbury Park, CA, 1987.

Kohlberg, Lawrence, *Essays on Moral Development* [Ensayos acerca del desarrollo de la moral], vols. I, II Harper and Row, Nueva York, 1981.

Lamb, Michael, ed., *The Role of the Father in Child Development* [El rol del padre en el desarrollo del niño], John Wiley and Sons, Nueva York, 1981.

Levinson, Daniel J., et al. *The Seasons of a Man's Life* [Temporadas de la vida del hombre], Ballantine Books, Nueva York, 1978.

Lewis, Robert A., y Marvin B. Sussman, *Men's Changing Roles in the Family* [Cambios de roles masculinos en la familia], Haworth Press, Nueva York, 1985.

Madison, Ford, Extraído de unas notas personales sin fecha tomadas en una entrevista con el autor; reunión de profesores del Seminario Teológico Dallas.

Merkle, John C., *Abraham Joshua Heschel: Exploring His Life and Thought* [Abraham Joshua Heschel: Cómo explorar su vida y sus pensamientos], Macmillan Publishing Co., Nueva York, 1985.

Moyers, Bill, y Robert Bly, *A gathering of Men* [Reunión de hombres], Mystic Fire Audio, audiocasete, Nueva York, 1990.

Naifeh, Steven, y Gregory Smith, *Why Can't Men Open Up?* [¿Por qué no puede sincerarse el hombre?], Clarkston N. Potter, Nueva York, 1984.

«New Male: Is He Old Hat to Females?» [El nuevo varón: ¿Es el antiguo sombrero de las mujeres?], *USA Today*, 20 de diciembre 1990.

Newman, Katherine S., *Falling from Grace: The Experience of Downward Mobility in the American Middle Class* [Caído de la gracia: La experiencia del descenso de la clase media estadounidense], Vintage Books, Nueva York, 1989.

Nicholi, Armand, *Changes in the American Family* [Cambios en la familia estadounidense], reimpresión del Family Research Council, Capitol Hill, Washington, D.C.

Osherson, Samuel, *Finding Our Fathers* [En busca de nuestros padres], Macmillan Publishing Co., Nueva York, 1986.

Payne, Leanne, *Crisis in Masculinity* [Hombría en crisis], Crossway Books, Westchester, IL, 1978.

Penner, Clifford, y Joyce Penner, *Gift of Sex* [El don del sexo], Word Books, Waco, TX, 1981.

Pleck, Joseph H., Artículo aparecido en *Men's Changing Roles in the Family* [Los cambiantes roles de los hombres en la familia], Robert A. Lewis y Marvin B. Sussman, Haworth Press, Nueva York, 1985.

Restak, Richard, *The Brain: The Last Frontier* [El cerebro: La última frontera], Warner Communications, Nueva York, 1979.

Rohrbaugh, Joanna B., *Women, Psychology's Puzzle* [Mujeres, el rompecabezas de la sicología], Basic Books, Nueva York, 1979.

Scher, Murry, et al., eds., *Handbook of Counseling and Psychotherapy with Men* [Manual de consejería y sicoterapia para hombres], Sage, Newbury Park, CA, 1987.

Sine, Tom, *The Mustard Seed Conspiracy* [La conspiración de la semilla de mostaza], Word Books, Waco, TX, 1981.

Smith, David W., *The Friendless American Male* [El solitario hombre americano], Regal Books, Ventura, CA, 1983.

Tanenbaum, Joe, *Male and Female Realities: Understanding the Opposite Sex* [Realidades de los hombres y las mujeres: Cómo entender al sexo opuesto], Candle Publishing, Co., Sugarland, TX, 1989.

Wagner, *The New Pilgrims* [Los nuevos peregrinos], Ronald N. Haynes, Palm Springs, 1980.

Wallerstein, Judith, y Sandra Blakeslee, *Second Chances: Men, Women and Children a Decade After Divorce* [Segundas oportunidades: Hombres, mujeres y niños una década después del divorcio], Ticknor and Fields, Nueva York, 1989.

Wheeler, John, Citado en «What Do Men Really Want?» [¿Qué quieren realmente los hombres?], *Time*, edición especial, 1990.

White, John. *Parents in Pain* [Padres heridos], InterVarsity Press, Downers Grove, IL, 1979.

Grupo de trabajo de la Casa Blanca sobre la familia. *The Family, A Report to The President* [La familia, un informe al presidente], Family Research Council Publication, reimpresión sin fecha, Capitol Hill, Washington, D.C.

Wingren, Gustaf, *Luther on Vocation* [Lutero, sobre la vocación], Muhlenberg Press, 1957.

Zilbergeld, Bernie, *Male Sexuality: A Guide to Sexual Fulfillment* [La sexualidad masculina: Guía para la satisfacción sexual], Little, Brown and Co., Boston, 1978.

————. *The Shrinking of America: Myths of Psychological Change* [El encogimiento de América: Mitos del cambio sicológico], Little, Brown and Co., Boston, 1983.